Epee Edition
1. Auflage Juli 2012

Herausgeber: Epee Edition e.K., Kehl a.Rh.
Einband- und Innengestaltung: Nicolas Emmert
Lektorat: Ellen Sommer
Korrektorat: Christian Winkelmann
Titelbild: Legionäre der 2^e^ Cie. des I/5^e^ REI im April 1950 in den Bergen der Küstenregion Tonkins. Aus der Sammlung von Lars Metzger.

ISBN 978-3-943288-10-0

www.epee-edition.com

Barfuss im Reisfeld

Indochina-Krieg 1949 – 1953

Biografische Erinnerung eines Fremdenlegionärs

Karl-Heinz Krause

Vorwort

Der bei seinem Eintritt in die französische Fremdenlegion im Februar 1948 erst 15-jährige Karl-Heinz Krause schildert in Tagebuchform seine Erlebnisse während der Ausbildung in Nordafrika und seines Kriegseinsatzes in Indochina.

Was sich zu Anfang wie ein jugendlicher Abenteuerroman liest, lässt zum Ende die erbarmungslose Härte des Krieges im Fernen Osten erkennen.

Die Veröffentlichung der Texte wurde ermöglicht, nachdem in diversen Internet-Foren ehemalige Kameraden, aktive Legionäre und Interessierte Auszüge aus den Aufzeichnungen von Karl-Heinz Krause lesen konnten und sich mehr davon wünschten.

Leider konnte der Autor das Erscheinen dieses Buches nicht mehr erleben, da er wegen seiner schweren Erkrankung nicht in der Lage war, die Einzelberichte zu einem Ganzen zusammenzufassen. Er verstarb 2011 an seinem 79. Geburtstag.

Mit diesem Buch konnte sein letzter Wunsch, und der vieler Ehemaliger, doch noch erfüllt werden.

Algerien, Nordafrika

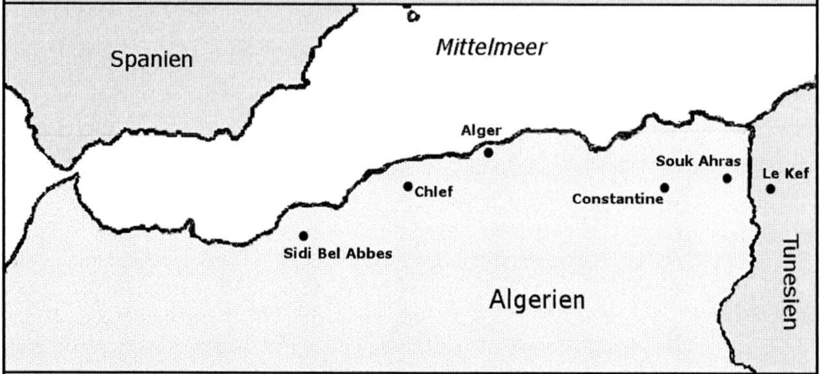

Vietnam, Süd-Ost Asien

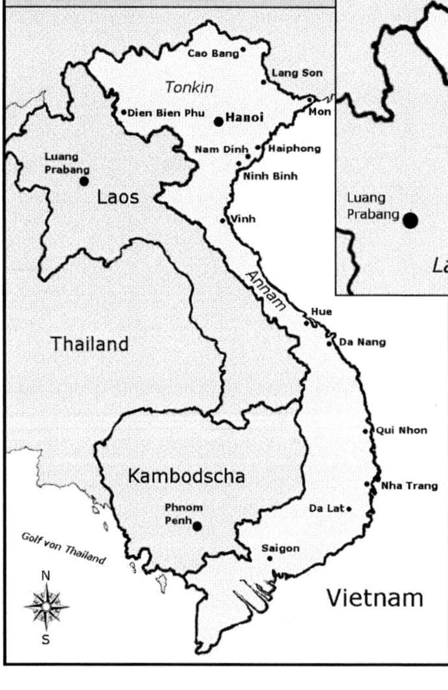

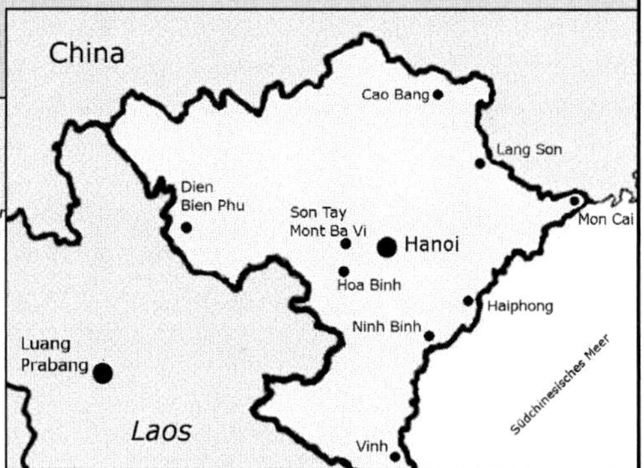

10.02.1948
Koblenz

Festung Ehrenbreitstein, französische Besatzungszone - Meldestelle für Männer, die in Frankreich im Bergbau oder in der Landwirtschaft arbeiten wollen. Als Fremdarbeiter für Frankreich war ich nicht angenommen worden.
Zu jung, zu mager!

Da saß ich nun, und mir war eigentlich egal, wohin die Reise gehen sollte. Hauptsache raus aus Deutschland. Ich hatte keine Angehörigen in den Westzonen, und eine Rückkehr in die Russenzone war nicht möglich. Also keine Wohnung, keine Lebensmittelkarten und Arbeit nur ohne Anmeldung. Der Wochenlohn reichte für eine Zigarette, die man nur auf dem Schwarzmarkt kaufen konnte. Keine Aussicht auf Änderung der Lage, also nichts wie weg!

Durch den Warteraum, in dem ich mit vielen jungen Männern saß, die alle in der gleichen, verzweifelten Lage waren, ging mehrmals ein Soldat in einer uns fremden Uniform. Die Brust voller Orden, bunte Schnüre an den Schulterstücken und mit einer weißen Mütze. Einer sagte: „Das ist ein Fremdenlegionär. Der sucht Leute für die französische Fremdenlegion. Lasst euch nicht mit dem Kerl ein, der sucht Kanonenfutter!"
Der Soldat sprach mehrere Leute an, nachdem er diese genau gemustert hatte, und forderte sie dann auf, mitzukommen. Neugierig, wie ich nun einmal war, schloss ich mich einfach an. Wir gingen ein Stockwerk höher in die Annahmestelle der FREMDENLEGION.

Viel brauchte der Legionär, ein Deutscher, nicht zu erzählen. Seine Argumente für eine Bewerbung bei der Fremdenlegion waren sehr einfach. „Was wollt ihr denn in Frankreich, so kurz nach dem Krieg, dort schuften doch noch deutsche Kriegsgefangene. Euch wird man nicht viel anders behandeln. Viel Arbeit und wenig Lohn, vielleicht wird man euch noch anspucken. Der Krieg ist in Frankreich noch nicht vergessen und die Franzosen haben auch noch nicht genug zum Essen. Dort werdet ihr nicht als Freunde empfangen. Die Legion ist in Afrika stationiert und sie braucht Männer wie euch! Es gibt immer gutes Essen, jeden Tag

eine Ration Wein umsonst wegen der Hitze und guten Sold. Nach der Ausbildung in Nordafrika könnt ihr dann wählen, wo ihr euren Dienst machen wollt. In Afrika oder Asien. Ein wenig Wache schieben oder arbeiten, dann unter Palmen liegen, Wein trinken und die hübschen Araberinnen oder Negermädchen vernaschen!"
Die bunten Bilder an den Wänden zeigten genau das, wovon der Soldat erzählt hatte. Tunesien, Marokko, Mexiko, Palmen, Südsee, und immer ein Soldat mit dieser weißen Mütze mitten im Bild. Alles in der Sonne, und wir schlotterten in der Kälte des Februars 1948 und der Magen knurrte.

Das genügte. Ich war sofort bereit und viele andere meldeten sich ebenfalls. Geschickt wurde noch ein wenig Druck ausgeübt: „Beeilt euch, morgen geht der Transport ab, wer weiß, wann der nächste geht." Und tatsächlich ging es bereits am nächsten Morgen mit etwa 40 Bewerbern nach Kehl am Rhein.

Im Lager Kehl wurde sofort mit den ärztlichen Untersuchungen begonnen. Zahnkontrolle, Röntgen, aber auch ständig Vernehmungen, über die Gründe für einen Eintritt in die Fremdenlegion.
Noch gründlicher wurde aber über die Herkunft der Kandidaten nachgefragt. Wer keine Personalpapiere hatte, so wie ich, der musste ganz schön erzählen. Viele, die vermutlich krank waren oder zu viele Gründe hatten, in die Legion abzutauchen, wurden sofort entlassen. Oft wurde beim Abschieben aus dem Lager ein wenig nachgeholfen und auf der anderen Straßenseite stand dann immer sehr auffällig ein deutscher Polizeiwagen.

Die Untersuchungen hatte ich schnell geschafft – der Arzt bescheinigte mir Untergewicht. Ich sollte in der Küche arbeiten und kräftig zulangen. Er sagte mir sehr ernst, dass ich in Afrika so schnell keine Möglichkeit haben würde, mir ein paar Kilos anzufressen. Die Verhöre zur Person waren da schon aufregender. Ich hatte mein Alter um 5 Jahre höher angegeben, weil mir klar war, dass man einen 15-Jährigen nicht annehmen würde. Aber ich wollte nach Afrika!
Man wollte von mir meine genauen Soldatenzeiten und Einheiten wissen. Damit war ich ganz schnell aufgeschmissen. Da war mein Latein

am Ende und es half kein Herumreden. Mancher, der sich gerühmt hatte, bei Sondereinheiten der SS gewesen zu sein, der bekam jetzt aber das „Fracksausen". Die vernehmenden Officiers hatten sehr genaue Bücher über deutsche Einheiten und deren Einsatzzeiten, teilweise waren diese auch mit Fotos von Offizieren ausgestattet. Die Franzosen suchten besonders Soldaten, die in Frankreich „gesäubert" hatten. Wir wurden Augenzeugen, wie ein Jugoslawe als Offizier der Polizei enttarnt und in Handschellen von der Militärpolizei abgeführt wurde. Er soll als Kriegsverbrecher von den Amerikanern gesucht worden sein. Offenbar gewährte die Legion doch nicht jedem Unterschlupf.

Mir blieb keine große Wahl, wenn ich nicht vor die Tür gesetzt werden wollte. Ich musste schon Farbe bekennen, weshalb ich nicht in die Hände der Russen geraten und in der Legion bleiben wollte. Ich blieb also bei der Wahrheit und erzählte ihnen meine Geschichte.

Die Besatzungs-Russen hatten im Herbst 1947 bei einer ihrer „Besorgungsfahrten" in unserem Dorf das Motorrad meines Bruders mitgenommen. Eigentlich hatte es ja unserem Vater gehört, aber er war am 13.05.1945, also nach Ende des Krieges, in Dänemark verstorben. Er war in den letzten Kriegswochen beim letzten Luftangriff auf deutsche Truppen in Dänemark schwer verletzt worden. So blieb uns als jugendlichen Helden nichts anderes übrig, als das Krad aus der russischen Garnison an den heimatlichen Standort zurückzuführen. An Worte wie Diebstahl und Todesstrafe verschwendeten wir keinen Gedanken, es war ja schließlich unser Eigentum. Die ganze Aktion klappte auch vorzüglich, aber als wir zuhause ankamen, war unsere Mutter wie vom Blitz getroffen. Etwas von den Russen klauen, das konnte nur in sofortiger Verhaftung durch den NKWD (der russischen Gestapo) Folter und anschließender Erschießung enden. Das wurde uns dann auch klar und somit blieb uns nur die Flucht. Das Ziel war schnell ausgemacht - ins verschnarchte Thale in den Harz, wo unsere Oma wohnte. Es ging auf den Winter zu, da wären wir in der tief verschneiten Einöde sicher. Am nächsten Morgen machten wir uns auf den Weg.

Übernachtet hatten wir in einer Scheune des Nachbarn, aus Angst, dass der Russe uns schon in der Nacht holen würde. Zu Fuß ging es

Richtung Altenburg, wo wir mit dem Zug weiterfahren wollten. Unterwegs reifte bei mir die Erkenntnis, dass auch der Harz möglicherweise nicht weit genug weg war, denn auch dort war russische Besatzungszone. Wir sollten doch einen etwas größeren Abstand zwischen uns und die Russen bringen. Ich schlug also meinem Bruder vor, sich in die Westzonen abzusetzen, was er aber absolut nicht wollte. Die Mutter hatte es angeordnet, also blieb es auch beim Harz. Das wollte ich mir als gestandenem Fünfzehnjährigen nicht sagen lassen, und so trennten sich unsere Wege nur knapp 20 Kilometer von zuhause entfernt.
Meine wochenlange Irrfahrt durch das zerstörte Nachkriegsdeutschland endete jetzt hier, im Büro der Fremdenlegion in Kehl.

Ich brachte meine winzigen Französischkenntnisse an und erzählte von meinen Erlebnissen mit den französischen Kriegsgefangenen. Sie wurden im Kriege auf dem Rittergut im thüringischen Ehrenhain interniert und mussten uns in der Forstwirtschaft helfen. Mein Vater war im Krieg und daher führte meine Mutter bei uns das Regiment. Die Gefangenen konnten so bei uns ein verhältnismäßig freies Leben führen – daher rührten auch meine Kenntnisse der französischen Sprache. Ich konnte nicht viel, eben nur das, was die Soldaten uns Kindern so beibrachten.

Der Officier war offensichtlich beeindruckt, dass wir es den Franzosen ermöglicht hatten, heimlich bei uns ihre Sender und auch Radio London abzuhören. Mein Vater war im Zivilleben Radiotechniker und wir hatten ein Radiogeschäft. So war es ohne großen Aufwand möglich, Fremdsender abzuhören. Besonders zum Kriegsende wussten wir, und somit auch die Franzosen, besser über den Vormarsch der Amerikaner Bescheid als die bei uns stationierten deutschen Soldaten. Wir wussten aber auch, was passiert wäre, wenn uns jemand angezeigt hätte. Nach dem Einmarsch der Amerikaner im April 1945 hatte ich die Franzosen mit einem Pferdewagen zu einem Sammellager gefahren. Aus Freude schrieben mir einige Franzosen ihre Heimatadressen auf, zum Teil mit Widmungen. Ein besonders inniges Verhältnis hatte ich zu Monsieur Legalle. Bevor mein Vater eingezogen wurde, war Monsieur Legalle schon bei uns untergebracht. Sie hatten sich auf Anhieb verstanden, was nicht alle Nachbarn gut fanden. Meine Mutter munkelte, dass dies der Grund für den späten Kriegseinzug meines Vaters war. Auf jeden Fall hatte ich dieses Heftchen noch in meinem Besitz und legte es vor. Der Officier hat sich diese Adressen sofort notiert. Er wollte versuchen, ob mich vielleicht einer der Franzosen beschäftigt, wenn ich nicht in der Legion bliebe.

Der Vernehmungsoffizier gab mir mein Adressbuch zurück und wünschte mir viel Glück. Er sagte nur, dass sein Vater auch in deutscher Gefangenschaft gewesen sei und ähnlich gute Bedingungen gehabt habe. Er hätte mich eigentlich entlassen müssen, aber er meinte, ich solle doch ruhig bis Sidi Bel Abbès fahren. „Dort ist es jetzt schon schön warm, wenn man dich von dort aufgrund des Alters noch zurückschickt, dann ist es auch in Deutschland bereits Frühling und du hast Afrika gesehen. Oder es meldet sich jemand, der dich in Frankreich aufnimmt."

Nach einigen Tagen war das Lager Kehl überfüllt. Bewerber, deren Vernehmungen und Untersuchungen abgeschlossen waren, wurden abgesondert und für den Transport nach Marseille zusammengestellt. Zufall oder nicht: Beim Morgenappell wurde ich aufgerufen. Ich war dabei.

21.02.1948
Von Straßburg bis Marseille

Zu Fuß über die Rheinbrücke nach Straßburg zum Bahnhof, dort in einige Güterwaggons, die als Truppentransporter ausgerüstet waren. Über 100 Bewerber, meistens Deutsche, aber auch Polen, Tschechen und Russen, die als Strandgut des Weltkrieges nicht mehr in ihre Heimat zurückkehren wollten oder konnten, weil sie auf der Seite der Deutschen gekämpft hatten.
Es geht auf die Reise nach Marseille.

Mir ist nicht viel davon in Erinnerung geblieben. Einmal sah ich an einer Mauer die Aufschrift: Banlieue de Paris (wörtlich „Bannmeile" = Vororte um Paris). Sonst nichts.
Unterwegs wurde noch ein Waggon angehängt. Die Neuen kamen aus

Bregenz, einer weiteren Annahmestelle der Legion in Österreich. Jetzt wurde die Truppe schon international. Außer den „Spezis" kamen auch Ungarn, Jugoslawen und Schweizer dazu. Nach 5 Tagen Bahnfahrt kamen wir in Marseille an.
Einige Stunden mussten wir auf dem Bahnhof warten. Erst nach Einbruch der Dunkelheit marschierten wir durch Marseille zum alten Fischerhafen und von dort sahen wir schon das Fort Saint Nicolas, das die Einfahrt zum Vieux Port beherrscht. Jetzt war es die Sammelstelle der Fremdenlegion in Europa.

Wir waren ungefähr 10 Mann. Ein Sergent, mit zahlreichen Orden an der Brust, holte uns ab und brachte uns zur Chancellerie, dem Hauptbau im Quartier Viénot. Dort hatten der Chef der Fremdenlegion und sein Stab ihre Büros. Wir marschierten neben der Voie Sacrée („Heilige Straße") zur Chancellerie. Die Voie Sacrée begann am Hauptportal des Quartier Viénot, führte bis vor die Chancellerie und teilte somit das Quartier. Vor dem Haupthaus wurde die heilige Straße durch ein mächtiges Denkmal abgeschlossen - die Weltkugel aus Erz, die an jeder Ecke von 4 Legionären in den Uniformen der Jahre 1831-1931 bewacht wird. Der Legionär mit dem schweren, hohen Tschako der Gründerjahre, der mit dem Tropenhelm der Indochina-Kriege vor der Jahrhundertwende, der des Ersten Weltkrieges mit dem Poilu-Stahlhelm und der mit dem weißen, ausgebleichten Képi mit Nackenschutz aus den Marokkokämpfen der zwanziger Jahre, der Unterwerfung Marokkos.

Der Sergent hatte eine nette Art und verkürzte uns die Wartezeit. Erst brachte er unsere Uniformen auf Vordermann und zeigte uns, wie wir uns beim Eintritt in die Büros verhalten sollten. Er erklärte uns die Inschrift über dem Haupteingang:
Legio Patria Nostra - die Legion ist unsere Heimat.

Am Monument war eine Tafel mit den vielen Schlachten, welche die Legion geschlagen hatte. Von 1833 gegen den Berberfürsten Abd el Kader, Sewastopol 1855, Solferino 1859, und dann Camerone in Mexiko, am 30. April 1863. Camerone, das Fest der Fremdenlegion. 1884 in Tuyen Quang in Indochina, Verdun 1917, Marokko 1925, Narvik 1940,

1941 Bir Hakeim gegen Rommel, Monte Cassino 1943 und so weiter. Wir waren ungläubig. Wer hatte schon von diesen Schlachten gehört, wer kannte diese Orte? Der Sergent hatte schon die Antwort bereit: „Ihr habt in Deutschland von Hitler nur die Sachen gehört, die zur Ehre der Deutschen gedient haben. Dass in der Welt auch andere Kriege geführt wurden, das hat niemand erzählt. Besonders nicht, wenn es nicht günstig für Hitler war. Ich bin Elsässer und habe in der französischen Armee gedient. 1940 war ich dann Deutscher in der Wehrmacht und jetzt bin ich wieder Elsässer in der Legion. Ich habe auch zwei Wahrheiten im Leben erfahren und beide waren sehr bitter. Ich bleibe jetzt in der Legion bis zum Ende. Hier gibt es keine Nationalitätenprobleme, sondern nur Legionäre."

Dann kam der Aufruf in das Bureau de Statistique de la Légion étrangère. Vier oder fünf Officiers und Schreiber an einem langen Tisch - wie ein Gericht. Vor der Tür nochmals eingepaukt: Eintreten, Hacken zusammenknallen, stillgestanden und dann die Meldung: Legionär Krause!

Ein Officier sprach mit mir und ich verstand nichts. Ein Dolmetscher sagte, dass in den Papieren steht, ich würde Französisch sprechen. Ich habe nur mit den 3 Schlagworten geantwortet, die ich auf Französisch konnte. Ein Grinsen ging durch den Raum, dann sagte einer der Officiers, das genügt, und den kleinen Rest der französischen Sprache müsste ich bis zum Ende der Ausbildung beherrschen.

Dann wurde es ernst. Eine Frau fragte sehr laut und knallhart, ob es stimmte, dass ich jünger sei, wie ich es angegeben hatte. Und ob ich mich stark genug fühle, in der Legion zu dienen. Ich habe natürlich alles bejaht. Die Frau hat mir noch erzählt, dass meine Angaben beim Eintritt überprüft wurden und ein Steinmetz in der Bretagne geantwortet habe, der mich bei sich beschäftigen wollte. Ich konnte mich so schnell nicht an diesen Gefangenen erinnern, der bei uns gearbeitet hatte, somit hatte ich die Antwort schon parat: „Ich will Legionär werden!"

Eine kurze Beratung, dann musste ich ein Papier unterschreiben. Ich war der Meinung, es war der Vertrag über die Legionszeit, aber es war nur die Verpflichtung, während der Zeit in der Legion ein anderes Alter, bei mir Geburtsjahr 1927, anzunehmen. Das war das Geburtsjahr meines Bruders, etwas Besseres fiel mir auf die Schnelle nicht ein. Eine Änderung des Namens lehnte ich ab. Es wurden noch einige Fragen gestellt, dann erklärte mir der Offizier, der in der Mitte saß (es war der damalige kommandierende Colonel der Légion étrangère, Gaultier), dass ich nicht in die Schnellausbildung nach Algerien kommen werde, sondern nach Tunesien zum 1. Bataillon des 1. Regiments. Der Chef des 1. Bataillons, Commandant Thomas, sei ein guter Chef und er werde sich für mich einsetzen. Abtreten, Kehrtwendung, draußen war ich und wusste, ich bin angenommen!

Einige Tage später dann der große Augenblick: Antreten von etwa 150 „Blauen", wie die Neuen in der Legion genannt werden, entlang der Voie Sacrée – betreten durfte man diese Straße nur bei besonderen Anlässen. Gegenüber eine kleine Truppe alter Legionäre, die entlassen wurden. Daneben eine größere Gruppe, in der die Männer eine merkwürdige, gelbliche Gesichtsfarbe hatten: Rückkehrer aus Indochina. Dann spielte die große Militärkapelle der Legion auf, Kranzniederlegung, die Ehrenwache präsentierte die Waffen, die Verpflichtung der Blauen durch Colonel Gaultier, Begrüßung der Indochina-Kämpfer und die Entlassung der „Alten", die 15-20 Dienstjahre in der Legion absolviert hatten. Anschließend eine Feier, die bei allen Beteiligten eine tiefe Wirkung hinterließ. Feiern konnte die Legion, das hatte jeder jetzt begriffen.

26.02.1948
Marseille, Fort St. Nicolas

Was hier passierte, da war die Bahnreise aber eine Goldfahrt dagegen. Das war fast wie im Gefängnis in Altenburg beim NKWD. Die Festung an der Einfahrt zum alten Hafen sah von außen sehr wuchtig aus. Senkrecht aus dem Wasser aufsteigende, dunkle Mauern im Kontrast zur hellen Stadt, die sich östlich davon die Berge hinaufzog. Gekrönt auf der Höhe von der Kathedrale Notre-Dame de la Garde, mit der weißen Frau auf der Kuppel, die jeden Seefahrer nach Übersee verabschiedet und auch bei der Rückkehr wieder empfängt. Die Legionäre haben diesen Ritus auch für sich in Anspruch genommen und unsere Begleiter hatten uns auch sofort darauf eingestimmt.

Von innen sah das Fort trostlos aus. Über 300 Jahre alt, Militärunterkunft, Festung, Gefängnis, jetzt Sammelstelle der Fremdenlegion - kein Anblick für zarte Gemüter. Der Kommandoton der Legionäre hatte sich auch gewaltig geändert. Kräftige Kommandos auf Französisch, auch wenn diese kaum jemand verstand. Nach kurzer Einführung in die Kasernenordnung erhielten wir uralte Uniformen, dann folgte der Gang zum Frisör. Es gab den Einheitsschnitt - Glatze.
Sofort wurden Passbilder von uns gefertigt. Über diese „Verbrecherfotos“ haben wir uns doch gewundert, denn man hatte Mühe, sich selbst wiederzuerkennen.
Freunde musste man erst wieder neu suchen, und es war ein Freudenfest, als ich meinen Freund Kuttel unter den vielen Glatzen fand.

Dienst wurde streng nach Stundenplan durchgeführt. Antretübungen und Marschieren auf den kleinen Höfen zwischen den Kasematten. Ich hatte gemeinsam mit Kuttel Glück, wir wurden in dasselbe Arbeitskommando eingeteilt. Wir fuhren mit einem freundlichen Kleinhändler und seinem Lieferwagen Waren in Marseille aus. Mit dem „Patron“, wie wir den Herrn nennen mussten, belieferten wir kleine Bistros, Kioske und ältere Herrschaften mit Lebensmitteln sowie Wein und anderen Getränken. Oft dauerten die Gespräche länger, und wir zogen uns dann wartend auf den Lieferwagen zurück. Wenn der Patron viel Zeit hatte, dann ließ er sich mit Freunden auf ein oder mehrere Gläser nieder. Wenn es sehr spät wurde, dann bekamen wir Baguette und Rotwein und wir haben gerne auf das Mittagessen in der Kaserne verzichtet. Wir gaben dem Patron zu verstehen, dass wir lieber auf dem Lieferwagen saßen und uns so die Stadt und die Menschen ansehen konnten. Eine ältere Dame, die wohl Mitleid mit uns hatte, schenkte uns etwas Geld. Ich kaufte mir davon eine Ansichtskarte von Marseille und mit vielen Grüßen ging diese Karte an Mutti in die Sowjetzone. Natürlich hatte ich nicht gewagt zu schreiben, dass ich Fremdenlegionär werden wollte. Kuttel machte von seiner Karte keinen Gebrauch. Er hatte niemanden verständigen müssen. Ich hatte schon gelernt, dass man nicht viele Fragen stellen soll, wenn der andere nicht antworten möchte. Jeder spricht von selbst, wenn er sprechen möchte.

6. März 1948
Aufbruch nach Sidi Bel Abbès

Es kam Freude auf! Ich wurde mit vielen anderen aufgerufen, Schlafsäcke und Decken abzugeben und mit allen persönlichen Sachen anzutreten. Wir wurden restlos gefilzt. Alle persönlichen Kleidungsstücke und Gegenstände, mit Ausnahme von Fotos und Adressbüchern, steckte man in einen Wäschesack, der verplombt wurde. Wiedersehen bei der Entlassung in 5-? Jahren!
Antreten und Vorbeimarsch an der Küche. Dort wurde ein Brotbeutel mit Marschverpflegung für 3 Tage ausgehändigt. Nochmals Appell, bis die Brotbeutel bei allen gleichmäßig mit dem Hinweis hingen: Fresst nicht alles sofort auf, es gibt erst in Sidi Bel Abbès wieder etwas aus der Küche!

Der Marsch durch Marseille zum Überseehafen dauerte fast 1 ½ Stunden. Während es in der Stadt nur einzelne Buhrufe gab, wurde es im Hafen schon mulmiger. Offenbar streikten die Hafenarbeiter, was damals sehr oft der Fall war, und diese hatten nun viel Zeit, uns anzupöbeln. Die Gesten waren eindeutig. Unsere Begleiter hämmerten uns immer wieder ein: Nicht hinsehen, nicht antworten, die suchen nur Streit!

Bald waren wir an Bord der „Marigot", einem Linienschiff Marseille-Oran. Man hatte auf uns gewartet. Kaum war der letzte Mann an Bord, wurde das Fallreep eingefahren und das Schiff legte ab. Nach der Platzeinweisung im Ladedeck wurde sofort die Rettungsübung durchgeführt. Als diese Übung beendet war, hatten wir den Hafen schon verlassen und es bot sich ein Blick auf Marseille. Wahrhaftig! Die Stadt versank im grauen Dunst, aber oben erstrahlte die Notre-Dame de la Garde und verabschiedete uns mit erhobener Hand!

Viele hatten sich an der Reling eingefunden. Die Gespräche und die Freudenrufe, wenn etwas Neues zu sehen war, wurden leiser, die Gesichter wurden nachdenklicher. Ich durchlebte auch ein Wechselbad der Gefühle, so stark, wie es kaum nochmals im Leben auftreten kann.

Der Traum einer Seereise, an die man niemals geglaubt hatte, begann.

Ein großes Schiff, wie ich es noch nie zuvor gesehen hatte, und ich war an Bord, fuhr nach Afrika. Ebenfalls ein Traum, der eigentlich unerfüllbar war in dieser Zeit. Nicht nur Deutschland lag noch in Schutt. Die Leute hatten Hunger und bestimmt keine Idee, eine Schiffsreise nach Afrika zu unternehmen. Hinter uns versank Europa in Regenschauern, wir fuhren in eine völlig unbekannte Welt und keiner wusste, was uns erwartete.

Erstmals wurde mir auch bewusst, dass man für 5 lange Jahre von der Heimat und den Angehörigen getrennt war. Urlaub - ein Wort, das in der Fremdenlegion unbekannt war.
Das Schiff begann im Seegang zu rollen, die ersten Schauer gingen über Deck. Die Matrosen räumten selbiges rabiat, alle Mann auf die Plätze unter Deck. Vom Mittelmeer und der Ankunft in Oran sah ich nichts, das Wetter spielte nicht mit. Wir waren froh, als der Befehl zum Ausschiffen kam. Im Hafen wurden wir sofort in Güterwaggons verfrachtet, und dann Abfahrt in das 80 Kilometer entfernte Sidi Bel Abbès, die Stadt der Fremdenlegion!

Der Traum von der großen Oase inmitten der Sanddünen, wie auf den Werbefotos in den Annahmestellen, der war schnell ausgeträumt. Eine typische, französisch-mediterrane Mittelstadt, die in jeder Ecke der Provence liegen könnte. Nur die Palmen und die Araberhütten gleich neben den Hauptstraßen erinnerten daran, dass es doch Sidi Bel Abbès war.

Neugierig zog die Kolonne der Blauen in das DCLE (Dépôt Commun de la Légion étrangère - Hauptlager der Fremdenlegion) ein. Großes Aufsehen erregte es nicht, wenn wieder einmal Blaue ankamen. Die Kaserne hatte dieses Schauspiel seit 1864 oft schon erlebt, so lange war die Legion hier mit ihrem „Mutterhaus" ansässig. Die CP3, die Durchgangs-Compagnie 3, hatte jeder Legionär beim Eintritt und bei der Entlassung durchlaufen. Die Frage, wie viele auch den Entlassungsdurchlauf geschafft haben, stellte sich uns noch nicht. Sofort am nächsten Morgen begann der Dienst im vollen Programm der Legion. Wecken, waschen, Bettenbau. Alles im Gleichschritt und Minutentakt. Und schon hagelte es vom Stubenältesten: „Das soll ein Bettenbau sein, so schlafen doch nur Schweine!“ Alle Stubengenossen, 30 an der Zahl, mussten dann zusehen, wie der Ausbilder ein Bett legionsmäßig baute. Er konnte es. Danach sein Kommentar: „So sieht das Bett eines Legionärs seit 100 Jahren aus, egal wo er seinen Dienst versieht. Auch im Knast, nur da muss dann das Bett noch besser sein!“

Frühstück wie gewohnt, ein Stück Weißbrot, ein Riegel Blockschokolade und Kaffee, stark und gut. Beim morgendlichen Antreten war der Zugführer schon davon überzeugt, dem Chef eine Paradeeinheit melden zu müssen. Da wurde unendlich lange ausgerichtet – Seitenabstand, Kopfhaltung, Fußstellung, die Hände in richtiger Haltung an die Hosennaht, bis der Chef dann kam. Der nahm die Sache genauso ernst. Alles wurde nochmals verbessert, bis wir endlich in Formation standen und der Compagnie-Chef zum Appell erschien. Wer nicht zu irgendeinem Bureau aufgerufen wurde oder zum Arzt zum Spritzen musste, der marschierte auf einem der zahlreichen Exerzierplätze und bekam französische Kommandos eingebläut. Wer sich dämlich oder absolut stur anstellte, der bekam sofort ein paar Runden Laufschritt um den Platz verordnet. Ein Tritt in den Hintern brachte auch die Lahmen auf Tempo! Wurde der Lerneifer allgemein etwas schwächer, dann trabte die ganze Einheit einige Runden. In den kurzen Pausen sahen wir, wie auf den danebenliegenden Plätzen die schon etwas älteren Bewerber an Waffen ausgebildet wurden. Da mussten Gewehrgriffe geklopft und Bajonettangriffe auf aufgehängte Strohpuppen durchgeführt werden. Alles im Takt: Stich von oben, Stich von der Seite, Stich von unten. Die Legionäre übten mit uralten Lebel-Gewehren mit seltsamen Dreikant-Bajonetten. Diese Waffe war höher als der Soldat, der sie trug, ein seltsamer Anblick. Die alten Weltkriegssoldaten waren geschockt, mit derartigen Waffen, die Museumsreife hatten, wollte man nicht mehr kämpfen. Man hatte doch schon in Monte Cassino 1944 mit dem MG42 ganze Divisionen Amis aufgehalten. Nach den Sprüchen zu urteilen, mussten wir ein guter Jahrgang werden, es waren doch fast alle Fallschirmjäger, U-Bootfahrer, Soldaten aus der Leibwache von Hitler oder Tito oder eben Einzelkämpfer. Die wenigen, die nie Soldat gewesen waren, staunten nur über die Heldentaten der Erzähler. In den Pausen wurden natürlich die Ausbilder ausgefragt und diese ließen sich auch gern ausquetschen. Und wir hörten selbstverständlich die schlimmsten Horrorgeschichten und Heldentaten der Legionäre. Respekt bekamen wir vor den „Alten", die manchmal 15 oder mehr Jahre Legion hinter sich hatten und uns nun das kleine 1x1 der Legion beibringen mussten. Die Ausbilder verstanden ihr Handwerk eben sehr gut. Es wurde ganz strikt nur in Französisch kommandiert. Aber wenn es nicht klappte, dann wurde erst mal auf Deutsch geflucht und je nach Ausbilder auch auf Spanisch oder Russisch erklärt.

Sehr schnell machte eine neue Sprache Furore: Legionsdeutsch! Nach dem Zweiten Weltkrieg war der Anteil der Deutschen in der Legion sehr hoch, dazu kamen die Osteuropäer, die fast alle Deutsch sprachen. Die wenigen Spanier, Italiener usw. waren gezwungen, neben Französisch auch Deutsch zu lernen, wollten sie sich mit der Mehrheit unterhalten. Den Vorgesetzten blieb auch keine andere Wahl, wenn 80 und mehr Prozent Deutsch sprachen und Französisch nicht verstanden. Immer wieder die gleichen Sprüche, wenn mal jemand sich beschwerte: „Wir haben euch nicht gerufen oder geschanghait, ihr seid freiwillig gekommen und habt auch nicht gezeigt, was ihr könnt! Wir zeigen euch aber, was ihr könnt. Ihr habt doch nur alten Frauen die Brotmarken gestohlen oder auf dem Schwarzmarkt die letzten Schuhe eures Opas für 5 Zigaretten verkauft, und der Opa musste deswegen barfuss zur eigenen Beerdigung gehen. Aus Angst vor einer Tracht Prügel von der Oma zur Legion gegangen und hier sofort die große Klappe aufmachen. Hier haben wir das Sagen, und nach der Ausbildung, wenn ihr keine Blauen mehr seid, dann könnt ihr zeigen, was in euch steckt. In 5 Jahren, dann seid ihr wieder hier und könnt eine große Fresse riskieren, aber dann sagt ihr nichts und der Grund ist einfach: Ihr seid dann gute, brave Legionäre, und die halten die Fresse!"

09.03.1948
In der Kaserne von Sidi Bel Abbès

Und wieder das ewige Warten auf dem Platz. Aufruf, ab zum Arzt, röntgen, Zahnarzt, Bureau sowieso, Bureau soundso. Ich bekam meine erste Lektion, was es bedeutete einen Befehl nicht auszuführen. Zwei

Ausbilder riefen Namen in die Menge, die dann zum Arzt usw. gebracht wurden. Ein Spanier oder so rief Kausee, Krosser und so weiter. Ich fühlte mich nicht angesprochen. Bis mein Nebenmann sagte: „Geh mal vor, der meint dich!" Der Chef fragte: „Bist du der Hund, den ich hier immer aufrufe?", und schon hatte ich einen Schlag ins Gesicht, der gesessen hatte! Das war einmal und nie wieder! Dann Antreten vor Colonel Gaultier. Und wir waren für 5 Jahre engagiert!

Ich musste noch einmal in ein Büro, mehrere Papiere unterschreiben, und bin damit umgetauft worden. War ab da 1927 geboren, und mein wahres Alter durfte ich unter Androhung von Strafe nun niemandem mehr sagen! So einfach ging das.
Am 17.03. war mein Geburtstag, den hatte ich vergessen, so ohne Kalender!

Wir wurden nun wie eine Herde Schafe in der Compagnie Passage, der Ausbildungs-Compagnie, gescheucht. Exerzieren und nochmals Exerzieren, niemand verstand die Kommandos, und wir waren doch sehr bereit, zu verstehen. Denn das Missverstehen tat sehr weh und in Sidi Bel Abbès gab es die besten Schleifer der Legion! Da war ich auch mit meinen sieben Worten Französisch schnell am Ende. Aber es hatte mir geholfen, damit bin ich zur Legion gekommen. Eigentlich war ich für die Legion viel zu jung, aber ich hatte ja ein Empfehlungsschreiben eines ehemaligen französischen Kriegsgefangenen, der in meinem Heimatdorf von 1940 bis 1945 gelebt hatte und der weiterhin mit meiner Familie Kontakt hielt. Mein Vater, der 1940-1942 in Frankreich stationiert war, hatte für Monsieur Legalle etliche Kontakte für seine Familie hergestellt, die eigentlich streng verboten waren. Es war uns Kindern nicht alles auf die Nase gebunden worden. Aber als mein Vater schon lange in Russland kämpfen musste, kamen immer noch Feldpostpäckchen von ihm aus Frankreich bei uns an, die teils für uns, aber meist für Robert Legalle bestimmt waren. So gut war die Kontrolle der Nazis nun doch nicht, die Paketsendungen wurden nie kontrolliert. Wie die Familie die Päckchen in das deutsche Postnetz brachte, haben wir nie erfahren. Ich hatte jedenfalls die Adresse von Monsieur Legalle im Gedächtnis und setzte mich sofort mit ihm in Verbindung, um im Falle, dass die Legion mich ablehnt, eine Bleibe in Frankreich zu finden.

Eine Rückkehr nach Deutschland kam für mich nicht in Frage. Ich hatte Angst, dass die Engländer in Hannover mich, schon auf Grund meines Alters, doch noch mal an die Russen auslieferten. Und der Grund meiner Verhaftung - Sabotage - wurde von den Tommys auch noch mit Todesstrafen geahndet.

So schnell macht mir das niemand nach, mit ganzen 15 Lebensjahren in die Legion aufgenommen zu werden. Ja, ich wurde aufgenommen, und dafür bin ich bis heute immer noch dankbar!

Bei der Überprüfung im Bureau de Statistique hatte man mir schon zugesagt, dass ich nicht in eine normale Ausbildung komme, sondern nach Tunesien in das 1. Bataillon der Legion.
Ich konnte mit Tunesien und dem 1. Bataillon jedoch zunächst nichts anfangen, aber es bedeutete sehr viel. Ich kam nicht in eine Schnellausbildung, 3 Monate, und danach ab nach Indochina als Nachschub in die kämpfenden Regimenter! Das 1. Bataillon in Tunesien war dort fest stationiert und brauchte von Zeit zu Zeit neue Kräfte, man konnte auch nach 2 Dienstjahren in Tunesien noch 2 Jahre nach Indochina gehen. Ein „Séjour" waren eben 2 Jahre, in der Dienstsprache wurde nach Monaten gerechnet - eben 24 Monate!

24.03.1948
Abfahrt nach Tunesien

Am 24. März wurden wir endlich aufgerufen: circa 100 Blaue, einige Begleiter und eine Gruppe Indochina-Rückkehrer, die sich für Tunesien als Urlaubsland entschieden hatten. Alle empfingen ihr Gepäck, Marsch zum Bahnhof und ab in Richtung Tunesien! Ab Sidi Bel Abbès mit 20 Mann in einen Güterwagen, jeder bekam einen Brotbeutel mit Marschverpflegung für die gesamte Reise. Ölsardinen, Blockschokolade, Käse in Dosen, Kekse, das war's! Wir hatten ja unsere Engagement-Prämie (1.700 FFR) erhalten, die sollte ja auch alle werden!

5 Tage dauerte die Reise, irgendwo wurden wir dann abgekoppelt und

standen auf einsamen Bahnhöfen herum. Ab Algier hatten wir dann wenigstens Personenwagen, aber dort stiegen dann auch arabische Reisende ein, manchmal mit Hühnern im Reisegepäck, aber das hatten wir schnell im Griff. Weinflasche in der Hand und grölen, bis die Zugestiegenen vor Ekel weitergingen. So hielten wir unser Abteil für 4 Legionäre frei. Die Schaffner kümmerten sich nicht um uns, wir waren „militaire", das war nicht ihre Sache! Und nachts fuhren die Züge nicht, da standen wir dann irgendwo, nicht einmal in einer größeren Stadt, sondern immer auf dem Lande.

Herrliche Gegenden wechselten mit völlig trostlosen Gebirgsregionen. Man war froh, wenn mal eine Araberhütte mit ein paar Ziegen zu sehen war. Öde die meisten Bahnhöfe, einige Güterwagen, das Bahnhofshäuschen und der Wassertank für die Loks, obwohl hier keine Dampflokomotiven mehr fuhren. Nur Diesellloks waren zu sehen. Und wir waren immer froh, wenn wir endlich irgendwo abgekuppelt wurden und auf ein Abstellgleis rangiert wurden. Meistens hatten wir dann Stunden oder die ganze Nacht Zeit, bevor es weiterging. Wir hatten unsere Engagement-Prämie bekommen und die Indochina-Rückkehrer hatten sowieso das Geld locker sitzen. Also wurden die Stunden genutzt und gefeiert. Mancher kleiner Bistro-Besitzer an den Haltestationen wird noch Monate erzählt haben, wie er aus heiterem Himmel erleben musste, dass sein Bistro leer getrunken wurde. Zuletzt hatten die Bistros derartige Anstürme beim Vormarsch der Amerikaner 1943 erlebt, als sie zum Angriff auf das deutsche Afrikakorps unter Rommel in Tunesien hier durchzogen. Falls mal ein Bordell in der Nähe war, ebenfalls Hochbetrieb bis zur Abfahrt! Algier, Sétif, Constantine und viele andere Städte und Marktflecken zogen vorüber und dann Souk Ahras, nicht weit von der tunesischen Grenze. Halt, Aussteigen, Endstation!

Das kam ein wenig plötzlich, aber so war es. Weitertransport mit Transportfahrzeugen der Legion, die aber erst am anderen Morgen kamen, der Zug war zu schnell! Zum Glück konnten wir die Nacht noch in den Waggons verbringen, es war schließlich nachts noch saukalt. Aber am Abend war ein riesiges Fest, jeder sagte sich, lasst heute noch mal die Sau raus, ab morgen beginnt der Dienst in der Legion!

Die Transportfahrzeuge des 1. Bataillons, der einzigen Legionseinheit, die in Tunesien stationiert war, trafen erst gegen Mittag ein. Regenfälle hatten die direkte Straße Le Kef bis Souk Ahras unpassierbar gemacht, und so musste ein großer Umweg gefahren werden. Ohne viel Aufwand wurde die Verpflegung verteilt, die Transportführer riefen ihre Leute auf die LKW. Die LKW wurden aus Kanistern nachgetankt, Kontrolle, ob der Lagerplatz auch gesäubert war, und Abfahrt. Man hatte es eilig, musste schließlich 150 Kilometer fahren. Die erlaubte Geschwindigkeit von 50 km/h konnte bei diesen Straßenverhältnissen nie eingehalten werden. Die Grenze Algerien/Tunesien wurde ohne Aufenthalt passiert, die Zöllner hatten keinen Blick übrig für einen Militärtransport. Nach einer Passstraße ging es in das Flusstal des Medjerda, der jetzt stark Hochwasser führte. Mehrfach fuhren wir auf überschwemmten Straßenstücken. Die Polizei ließ PKW und Kleinwagen nicht mehr weiterfahren. In der Stadt Jendouba ließ die Polizei auch unsere Kolonne nicht mehr auf die Gebirgsstraße in Richtung Le Kef einbiegen, wir mussten weiterhin die Nationalstraße befahren, über Beja und Medjez el Bab wären das 4 Stunden längere Fahrt gewesen. Aber nicht für Legionsfahrzeuge! Nach einigen Kilometern Fahrt wurde eine kurze Pause eingelegt, der Transportführer telefonierte aus einer Tankstelle vermutlich mit dem Bataillonsstab. Als kein Gendarmeriefahrzeug zu sehen war, fuhr die Kolonne weiter und bog kurz darauf von der Hauptstraße ab. Einige Kilometer auf einem Mauleselpfad, und wir waren abermals auf der direkten Straße nach Le Kef. Bald waren wir auch wieder an einem Bach, der jetzt ein reißender Fluss war. Hier war keine Brücke, nur eine Furt. In Tunesien üblich, da es doch nur in den Wintermonaten manchmal regnet und man deshalb keine Brücken benötigt. Etwas abseits der Straße war eine weitere Furt – von den Amerikanern aus Panzerketten und einer Behelfsbrücke während des Krieges gegen Rommel gebaut. Bei diesem Hochwasser sah diese Brücke nicht sehr vertrauenswürdig aus. Absteigen, hinter den LKW zu Fuß über die Brücke, aufsitzen und weiter. Einige Zivilfahrzeuge hatten sich in die Kolonne eingeschmuggelt und fuhren mit uns. Auf einem verschlammten Aufstieg wurden die PKW mit Abschleppseilen mitgezogen. Die PKW waren völlig von rotem Lehm verdreckt, und die Fahrer hatten Mühe, etwas durch die Windschutzscheiben zu sehen. Aber alle fanden es lustig, und die PKW kamen auf diese Weise auch an ihr Ziel. Die 40 Kilometer durch das Gebirge wurden ohne Zwischenfall geschafft. Für uns Blaue war das schon ein bleibender Eindruck.

Wir waren in Le Kef. Der Empfang war entsprechend - müde und fröstelnd, wollten wir nur ein Bett. Das Camp stand total unter Wasser, alles grau und trübe! Trotz der späten Stunde ließ es sich der Commandant Thomas nicht nehmen und begrüßte uns, und wir wurden den einzelnen Compagnien zugeteilt. Mit 24 Blauen wurde ich der 2. Compagnie übergeben. Mit einer großen Routine empfingen wir Betten und die gesamte Ausstattung, die ein Soldat so benötigt, gemeinsam bezogen wir eine leere Baracke. Einige Alte halfen uns beim Bettenbau, Ordnung war auch in diesem Chaos angesagt. Die Küche hatte für ein sehr gutes Essen gesorgt, man wusste genau, wie es schmeckt, wenn man 5 Tage keine warme Mahlzeit bekommen hat. Nach dem obligatorischen Becher Rotwein war ich reif für das Bett.

Am nächsten Morgen dann die Viehauktion. Alle antreten, von jeder Compagnie erschienen ein Officier und mehrere Sous-Officiers und suchten sich aus dem Haufen die passenden Leute aus. Ein spanischer Sous-Officier versuchte alle Spanier in seine Compagnie zu bekommen, ein Russe suchte sich die Russen aus, und klar, ein Deutscher natürlich seine Landsleute. So entstand eine Auslese, die eigentlich nicht im Sinne der Fremdenlegion war.

Ich landete bei der 2. Compagnie. Zum Glück mit vielen Kameraden, man hatte sich ja schon in den 4 Wochen kennen gelernt! Natürlich Deutsche oder Deutsch sprechende Polen, Russen, eben alle Osteuropäer!
Das war ein Glückstreffer, die 2. Compagnie war die sogenannte Sport-Compagnie. Alle Sportler waren dort, die Compagnie hatte eine Section Montagne, Gebirgsjäger mit Mauleseln, und eine Scharfschützen-Abteilung.
Bei der Vorstellung ließ der Officier sich viel Zeit für jeden Neuen. Mit Hilfe von Sous-Officiers, die jeweils die Sprache der Neuen sprachen, unterhielt er sich mit jedem in seiner Sprache. Fragte vor allem nach sportlicher Betätigung und besonderen Fähigkeiten. Danach wurden wir auf die einzelnen Züge verteilt. Gemeinsam mit Freund Kuttel wurde ich der Section Montagne - Gebirgsjäger - zugeteilt.

Der Compagnie-Führer, Lieutenant Juan de Ballabrigda, legte sehr viel Wert auf sportliche Ausbildung. Die Älteren waren völlig vom Chef begeistert, und er hatte unter den Officiers des Bataillons die höchsten und meisten Orden. Er war ein spanischer Adliger, hatte auf der Seite der Republikaner gegen Franco gekämpft und musste nach dem Sieg der Faschisten natürlich fliehen. Irgendwann war er dann in die Legion eingetreten und musste bei dem Rückzug der Briten und Franzosen 1940 bei Dünkirchen Heldentaten vollbracht haben. Seit 1940 hat er unter anderem die höchste englische Tapferkeitsauszeichnung, dazu amerikanische Orden und natürlich eine ganze Palette französischer, als Krönung die Légion d'honneurs, das rote Band. Kein anderer Officier war damit ausgezeichnet. Wir wurden gewarnt, dass er schwul sei, aber mit seinem Putzer zufrieden war.

Bei den ersten Übungen, die wir Blauen mitmachten, war der Chef immer anwesend, kommandierte selbst. Lobte und stauchte die Ausbilder auch zusammen, wenn es nach seiner Meinung nicht richtig klappte. Ich fiel beim ersten Schießen auf. Erst wurden wir Neuen schussfest gemacht. Eine einfache Sache, wir mussten in den Scheibengraben am Ende der Schießbahn und die Schießscheiben hochhalten, wenn ein Trompetensignal geblasen wurde, und dann wurde geschossen. Nächstes Trompetensignal - die Treffer mit einer roten Kelle anzeigen, dann abkleben und beim nächsten Signal die Scheiben wieder hochhalten. Der Scheibengraben war mit Bruchsteinen gemauert, dahinter auch Felsen. Die Oberkante war mit Sandsäcken abgesichert, damit keine Querschläger nach unten entstehen konnten. Aber insgesamt war das Scheibenkommando schon eine harte Sache, mindestens 2 Ausbilder waren mit im Graben und passten höllisch auf, damit kein Kopf zu hoch kam, denn auf 100 Meter Entfernung hilft kein Stahlhelm gegen Kopfschüsse.
Nachdem der Zug durchgeschossen hatte, Wechsel der Scheibenmannschaft. Leicht schwerhörig von der Knallerei und noch schwach in den Knien, mussten wir uns sofort auf die Rampe legen. 10 Schuss Munition in einem Karton neben den alten Karabiner, der kein Magazin zum Laden hatte. Also jeden Schuss aus der Kiste nehmen, laden und schießen. Leere Patronenhülse in die Kiste zurück, damit sichergestellt war, dass man auch zehnmal geschossen hatte und nicht Munition

„bunkern“ konnte. Ein schweres Vergehen, wie wir bald erfuhren, wenn jemand mit scharfen Patronen erwischt wurde. Der Wechsel zwischen Scheibenhalten und anschließendem Schießen hatte Methode: Wir sollten nicht nur das Knallen unserer Waffen kennen lernen, sondern auch, wie es war, wenn man beschossen wurde. Ob man selbst beschossen wird oder der Kamerad 5 Meter daneben. Lebenswichtig für einen Soldaten im Nahkampf!

Ich hatte bei Kriegsende schon mal mit einem Karabiner geschossen und wusste, dass man einen Schlag in die Schulter erhält, wenn man nicht richtig das Gewehr einzieht. Aber beim ersten Schuss hatte ich das Gefühl, mich tritt ein Pferd und ich fliege 2 Meter rückwärts. Kein Kommentar der Aufsicht, also weiter. Der Schütze neben mir wurde zusammengestaucht, er solle auf die Scheibe schießen und nicht die Sicherheitsposten auf den Bergen zum Hinlegen zwingen. Ich ballerte meine 10 Schuss raus und passte nur auf, dass ich immer auf meine Scheibe zielte. Der Aufseher hatte mich nach dem ersten Schuss darauf aufmerksam gemacht, dass ich wohl vor Schmerzen in eine andere Richtung gezielt habe. Das Schießen war zu Ende, wir mussten nach vorne laufen und die Scheiben zurückholen. Trefferabnahme durch den Chef! Mir fiel nicht auf, dass neben dem Chef die ganze Aufsicht mich und mein Schießresultat anstarrte. 10 Treffer, und alle im mittleren Kreis. Der Chef ließ fragen, ob ich Wilddieb gewesen sei oder Bandit. Ich war der Beste des Tages! Preis des Chefs: ein Gutschein für einen Liter Wein aus der Kantine und eine Schachtel Zigaretten.

Die Ausbildung in der Section Eclaireur Montagne begann. Eine besondere Auszeichnung, wie die „Alten“ uns sagten.

März 1948
Ausbildungsbeginn

Jede der 4 Compagnien des 1. Bataillons war völlig unterschiedlich in Kleidung, Bewaffnung und Fahrzeugen.
Die 1. Compagnie war auf einer Anhöhe über dem Camp in einfachen

Steinhäusern zu je 30 Personen stationiert. Dort befanden sich auch der Sanitätsbereich und die Transmission (Funk). Im Camp mit Exerzierplatz, Foyer, Küche, Kino und der Hauptwache lag die 2. Compagnie in alten Holzbaracken, direkt an der Straße von der Stadt zur Kasbah, einer mächtigen Zitadelle aus der Römerzeit, die oben auf dem Berg thronte. Auf der anderen Seite des Camps, im Olivenhain, lag die 3. Compagnie. Ebenfalls in Baracken, aber diese waren versetzt in den Olivenhain gebaut und nicht so der Sonne ausgesetzt wie die der 2. Compagnie.

Die 4. Compagnie, die CA (Compagnie Artillerie) war oben auf der Kasbah stationiert. Mit dem Stab- und Bataillons-Chef Commandant Thomas waren dort das Offizierskasino und die Wohnungen der ledigen Officiers. Unterhalb der Kasbah waren der Sportplatz, dahinter der Steinbruch und der Schießplatz.

Die 4. Compagnie war mit Granatwerfern 81 mm und kleinen Geschützen 3,7 cm und 5 cm ausgerüstet. Dort waren auch die Pferde und die Maulesel untergebracht, nicht zu vergessen,:Père Philipp, das Gefängnis!

Die 3. Compagnie besaß circa 25 Bren-Carrier, gepanzerte Raupenschlepper für 6 Personen, oben offen, die von den Tommys im Wüstenkrieg als Munitionsschlepper eingesetzt wurden. Und die 3. hatte nur englische LKW, Bedford, mit der stumpfen Schnauze und riesigen Ballonreifen!
Diese Compagnie hatte den Ruf, die Straf-Compagnie zu sein, hatte auch den größten Anteil an Leuten im "Bau" und Deserteuren.

Die 2. Compagnie hatte neben der Section Montagne mit ihren Mauleseln eine sehr variable LKW-Flotte für alle möglichen Zwecke und 2 italienische T-27-Panzer, die eigentlich als Denkmal am Eingang des Lagers standen. Für Manöver wurden sie von ihrem Sockel geholt und auf Tiefladern mitgenommen!

Die 1. Compagnie hatte das Material für Straßenbau und Steinbruch und war die Arbeits-Compagnie.

Also, das 1. Bataillon der Legion war mit Material aus allen Armeen ausgerüstet. Auch die Bewaffnung war sehr unterschiedlich, eine Compagnie hatte italienische Gewehre, eine englische, wir hatten den französischen Mousqueton 8 mm, jeweils nur 3 Patronen zum Unterladen! Nur die Section Montagne hatte den Karabiner MAS 36, aber nur 30 Stück. Die Fahrer und Mulitreiber, Küche usw. hatten nach wie vor den Mousqueton! Die Section Montagne hatte auch bessere Kleidung: US-Windblusen, Tiroler Schuhe mit Bergnägeln und Tiroler Rucksäcke, ein Emblem auf dem rechten Arm - blauer Kreis mit grünem Stern in der Mitte - und noch weitere Sachen. Diese Sachen wurden aber nur zur Wache, Paraden oder eben Einsätzen der Section angezogen.

Wir Blauen wurden getrennt ausgebildet. Es ging in erster Linie darum, die Kommandos zu verstehen und die Gewehrgriffe in Legionsmanier zu beherrschen. Man gab sich sehr viel Mühe mit uns in der 2. Compagnie. Bei den anderen Compagnien war das schon anders. Wichtig war, dass die Gewehrgriffe saßen, das musste klatschen, wenn die Hände auf den Schenkel knallten. Auch bei „Rührt euch" und „Stillgestanden!". Hier zeigt sich die Legion von ihrer harten Seite. Das war der Teil des Gehorsams, der den Korpsgeist einforderte: Wer da 'nachknallte', der drehte seine Extrarunden, die es in sich hatten. Das war harter Drill für denjenigen, der aus der Reihe tanzte. Es durfte einfach nicht sein, dass einer ausbrach und sich nicht an den Takt der Griffe halten wollte. Mir war von Anfang an klar, hier darfst du nicht auffallen. Wer da mehr als einmal auffiel, dem unterstellte man, dass er kein guter Legionär werden will! Wer bei den Ausbildern im negativen Sinn auffiel, der erlebte die Hölle.

Hasso Hassenpflug war so ein Typ, immer die große Klappe, äffte immer den Sergent nach, und dann war er immer dran, ob er der Verursacher war oder nicht. Hasso bekam die leichten, körperlichen Verwarnungen ab und drehte endlose Runden auf dem Exerzierplatz. Lernte es aber nie, die Schnauze zu halten! Diese negative Einstellung brachte ihm später in Indochina bei einem Vergehen 5 Monate Straf-Compagnie ein. Andere wären dafür mit 30 Tagen abgestraft worden. Aber wenn man als „tête carrée" (Dickkopf) bekannt war, dann musste man damit rechnen! Und Straf-Compagnie in Indochina, darüber sprach man nicht!

16.04.1948
Biwak in den Bergen von Kessera

Am 16.04. durften wir Blauen mit der Section Montagne zu einer Forststation in den Bergen um Kessera zu einem Biwak fahren. Das erste Manöver mitten in der Wildnis. Wir jagten Wildschweine und klauten den Arabern ein paar Ziegen, wurden von den „Alten" wie Brüder aufgenommen, eine echt dolle Sache. Wildschweinjagd und Weinbergschneckensuchen waren die Hauptbeschäftigungen, und natürlich eine Zeltstadt bauen. Jeder Weg zu den Zelten wurde mit Steinen verschönert und mit Kalk geweißt, und abends wurde am Lagerfeuer gesungen und vor allem viel gefeiert. Das Essen wurde dort gemeinsam eingenommen. Wir hatten immer Gäste von der Forststation und auch Kriegsgefangene des Afrikakorps, die dort noch Minen räumten, aber wie Zivilisten behandelt wurden.

Der Kontakt zur arabischen Bevölkerung hielt sich sehr in Grenzen. In unseren Camps waren sie nicht geduldet, in ihrer Armut konnten sie uns leid tun. Die Mehrzahl versuchte aber auch zu stehlen, was es eben zu stehlen gab. Und für eine abhanden gekommene Hose gab es harte Strafen, Knast war immer angesagt! Das hieß aber auch, dass dem Araber, der seine Ziegen morgens immer durch unsere Zeltstadt trieb, dann mal 2 fehlten. Und dieser Ziegenhirte hat es bemerkt und versucht, die Tiere wiederzubekommen. Großer Auftritt unseres Lieutenants, der den Ziegenhirten dermaßen abservierte, dass dieser Ahmet sich nie wieder bei uns blicken ließ. Sicherheitshalber wurde einen Tag gewartet, dann gab es leckeres Ziegenfleisch vom Grill. Der Förster war Gast des Lieutenants und bekam auch ein Stück davon ab. Man hat es natürlich als Wildschwein angeboten, er wusste doch vom Verschwinden der Ziegen. Sein Kommentar: „So ein zartes Stück Wildschwein, dazu noch gegrillt, habe ich noch nie gegessen. Respekt, mon Lieutenant, ihre Legionäre können aber gut kochen!" Dieser Ausspruch machte natürlich die Runde durch das Camp. Der Förster war von da an ein Ami (Freund) der Legionäre!

Wir Blauen wurden weiter gedrillt, uns wie Legionäre zu verhalten! Aber in einer Art, die nicht legionstypisch war – keine Schikane, niemand wurde geschlagen oder gedemütigt. Wir wurden von den Sergenten und Caporalen der Section ausgebildet, das waren keine typischen Ausbilder, sondern Freunde! Wir wurden kameradschaftlich eingebunden, in einer Art, die die ganze Legionszeit bei allen Legionären hielt und die unvergesslich war. Die Section Montagne war eine Eliteeinheit mit Extra-Uniformen, die eigentlich nur die Officiers trugen. Und mit einem Abzeichen auf dem rechten Arm, einem grünen Stern auf blauem Grund. Die feierliche Verleihung des Emblems war genau wie ein Schwur auf die Section, wie heute die Verleihung des Képi blanc an die Legionäre nach Abschluss ihrer Grundausbildung. Es wurde abends ein Biwak veranstaltet mit großem Menü, Wein und Gesang. Jeder Neue bekam sein eigenes Bergseil ausgehändigt und musste auf Befehl hin einen bestimmten Knoten einbringen. Dann wurde das Seil um den Körper geschlungen, wie zum Abseilen. So hatten wir uns in die Mitte um das Lagerfeuer zu stellen und unser Edelweiß-Lied zu singen. Bis zum Ende des Liedes mussten wir jeder eine Flasche Rotwein geleert haben. Danach wurden wir von jedem der Section Montagne mit Handschlag begrüßt und mit Vornamen angesprochen. Das war die Aufnahme in die Section Montagne.

Auch der Lieutenant wurde so Mitglied der Section, verbat sich aber, den Vornamen innerhalb des Dienstes zu benutzen. Es entsprach der Tradition der Legion, keinen Officier mit Namen anzureden, es war eben nur der „mon Lieutenant", „mon Capitaine". Daher auch die Sitte, die meisten Officiers mit Spitznamen zu belegen, die sie manchmal während ihrer gesamten Dienstzeit in der Legion behielten.

Section Montagne de la Légion étrangère

Bis auf wenige Ausnahmen bestand die Section nur aus Deutschen und Österreichern - Leuten, die klettern konnten. Gern erzählte man die Story von Sergent Assad, einem Araber, der unbedingt in die Section wollte. Beim ersten Gang am Seil wurde er von hinten immer auf Zug gehalten, er musste den Hintermann mit hochziehen. Beim Abseilen ließ man ihn ein paar Mal ins Seil fallen. Er meldete sich freiwillig wieder ab. Die Tschechen und Russen in der Section waren Kerle, die sich der

Truppe verschworen hatten. Und man hatte auch einen Farbigen in der Section, als 2. Koch. Das füllte Achmed voll aus, freiwillig spülte er das gesamte Geschirr. Und das dauerte natürlich bis zum Abendbrot, so konnte er seine Zeit in der Küche verbringen und war somit von der Formalausbildung am Nachmittag immer freigestellt.

24.04.1948
Im Ausbildungscamp Souk el Djemaa

Am 24.04. war die schöne Zeit für uns Blaue zu Ende. Wir wurden in das Ausbildungscamp Souk el Djemaa gebracht. Das Camp lag etwa 12 Kilometer von der Stadt Maktar entfernt, eine Einöde. Nur die 4 Steinhäuser für die Sectionen in einer Mulde, eine Ansiedlung kleiner Häuser für den Chef des Camps, Adjudant Mueller. Ein Schweizer mit einer Silberplatte auf der Stirn für einen Kopfschuss, den er immer noch hatte! Ein Haus für die Officiers, eins für die Sous-Officiers und die Küche. Nicht zu vergessen eine Quelle mit einer Zisterne, unser Trinkwasser! Wasser zum Waschen und Reinigen gab es in einer anderen Quelle, gut einen Kilometer entfernt. Dort konnte man mit 3-4 Mann auch baden. Es war ein kleiner Badesee in die Felsengrotte gesprengt worden. Ideal für uns, aber das Araberdorf wurde von dort durch einen Bach mit Trinkwasser versorgt. Und die beschwerten sich, wenn zu viel Seife im Wasser war. Aber 100 Legionäre wollten sauber sein, und die Tenues auch.

Bis Maktar, der nächsten Stadt, waren es 12 Kilometer. Ausgang dorthin nur sonntags, jeweils 4 Mann pro Section, zu Fuß. Am 14. Juli war ich auch bei den Eingeladenen in Maktar. Während des Feuerwerkes hatten wir uns über das Büffet hergemacht, bevor es eröffnet wurde. 8 Tage Bau!

Und man brachte uns jetzt bei, dass die Legion eine Eliteeinheit ist. Wir wurden geschliffen. Wehe, jemand blockierte und stellte den harten Hund zur Schau. Dann waren sich die Ausbilder einig und der jeweilige Standort-Officier stellte keine Fragen, wenn da jemand mit geschwollenem Gesicht ein paar Runden auf dem Sportplatz drehte! Disziplin ging über alles!

Bau in Souk el Djemaa zu bekommen, hieß, die Legion von der harten Seite kennen zu lernen. Ohne Matratze in den eiskalten Steinzellen und jede Nacht ein Kübel Wasser über den Kopf. Da wurde man noch härter! Aber auch diese Ausbildung ging vorüber. Einen Vorteil hatte das Camp in Souk el Djemaa - abends ging um 20 Uhr der Generator aus, kein Licht mehr. Unser Sergent Franz Sippli setzte sich zu uns vor die Baracke, wenn er nicht zu betrunken war, und gab uns Unterricht in Französisch. Das war nicht üblich, aber der Franz machte es. Ich nahm da also regelmäßig teil und hatte damit einen sehr großen Vorsprung bei der Verständigung, auch wenn es uns so manche Flasche Wein kostete, denn wir mussten den Sergenten auch bei Laune halten. Aber jede Zeit geht vorbei und wir mussten unsere Abschlussübung noch durchziehen - le grand parcours!

Jeder Legionär musste am Ende der Grundausbildung diese Prüfung bestehen. Natürlich immer anders, immer den Gegebenheiten angepasst. In Souk el Djemaa gab es keinen Stacheldraht, also fiel die Hauptschikane, das Robben unter Draht, weg. Dafür mussten wir einmal um den „Sportplatz" robben. Alle Ausbilder gingen mit und wehe, der Hintern war zu hoch. Schon bekam man einen Treffer des Feindes - hier ein Tritt in den Hintern -, und der tat auch weh!

Alles im Laufschritt zur Fontaine, über einen nassen Baumstamm jongliert, und jeder zweite lag natürlich unten im Modder. Da halfen die Ausbilder schon kräftig nach. Irgendwann knallten Handgranaten, und das uralte Hotchkiss-MG wurde auch eingesetzt und ballerte beim Robben über die Köpfe. Da hatte aber niemand Respekt, keine Angst, man wird uns nicht erschießen!

Zusammenbau einer Waffe unter der Zeltplane mit der Schikane, dass beim MG ein Teil einer Pistole dazwischen lag. Das musste man mit dem Pistolenmonteur tauschen, der natürlich das Teil einer MP zu viel hatte. Aber das war ja x-mal geübt und klappte.

Mit dem Seil den Baum hochklettern, das war schon ein Kraftakt. Da durfte kein Kamerad helfen, während der größte Teil der Übung im Team geleistet wurde. Die Zeiten einer Gruppe wurden gestoppt, und wenn man das Schlammbad als letzten Parcours hinter sich gebracht hatte, dann ging es in Formation zur Abschlussprüfung.

Auf den 200 Metern bis zum Tribunal wurde mit dem Handtuch oder Halstuch schnell die Waffe gereinigt. Mit schmutziger Waffe paradieren, die ganze Gruppe wäre den Parcours noch mal gelaufen. Vor dem „Tribunal“ Inspektion der Waffen und des Bidon (Feldflasche), der noch voll sein musste. Weil während der Prüfung niemand das Trinken befohlen hatte!

Letzte Prüfung: Sprache. Die Officiers und mehrere Sous-Officiers saßen an Tischen, jeder stellte eine Frage und die galt es, zu beantworten. Natürlich en français. Dieser Teil der Prüfung war wichtig und das Ergebnis fiel auf die Ausbilder zurück, die zum Teil selbst noch nicht gut Französisch konnten! Die eigenen Ausbilder stellten ganz leichte Fragen, wollten doch selbst gut dastehen. Den Holzköpfen hat man die Antworten vorher eingebläut. Einige hatten dann die Antworten verwechselt, das trug zur Erheiterung bei. Unser Schwaga, ein Slowake, konnte noch nicht mal Tschechisch, nur 4 Worte Deutsch. Er hat immer nur „links“ und „rechts“ auf Französisch gesagt. Mehr konnte er nicht, und selbst dieses Französisch haben die Franzosen nicht verstanden!

Ende der Ausbildung.

Ich wurde wieder zur Section Montagne eingeteilt, ein Glückstreffer. Diesen konnte ich Sergent Sippli verdanken, der auch wieder in diese Section versetzt wurde.

Kaum in Le Kef zurückgekommen, ging die 2. Compagnie ins Erholungscamp Oum el Djedour. Compagnie-Chef Juan de Ballabrigda ließ uns alle Freiheiten - jede Gruppe oder Section konnte den Tag gestalten, wie der Zugführer es wollte. Wir waren fast nur baden, wenn wir unsere Formalausbildung zur Zufriedenheit durchgeführt hatten. Wir fingen Chamäleons und dressierten diese als Seiltänzer. Und natürlich gab es Wettbewerbe, wessen Tier am schnellsten über das Seil hangelte.

Jeden Abend Compagnie-Besäufnis mit Artistik und viel gemeinsamem

Gesang. Ballabrigda ließ sich von seinem Putzer Löffler, als Höhepunkt der Schau, mit der Winchester eine Zigarre aus dem Mund schießen.

Ich durfte den Führerschein machen. Verkehrsregeln gab es kaum, rechts vor links - fertig. Hand raushalten, und wir hatten Vorfahrt. Die Fahrpraxis wurde natürlich legionsmäßig durchgeboxt. Nicht auszudenken, wenn jemand den Motor abgewürgt oder beim Schalten die Getriebezähne zum Singen gebracht hätte.
Im Steinbruch wurde ein Parcours aufgebaut, immer nur Millimeter Platz zum Wenden und ein Baumstamm im Wassergraben, den man überwinden musste. Aber es machte Sinn. Fahrpraxis war eben wichtig, denn normale Straßen waren wenige zu finden, und in Tunesien musste man schon über Schotter und Steine fahren können. Jeder Chauffeur erzählte die Geschichte der Brücke von Le Kef nach Tunis. Zwischen El Krib und Dougga war in einer Schlucht immer noch eine US-Brücke, eine so genannte Grandby-Pont, die als Schnellbrücke zusammengesetzt wurde. Diese Brücke war also immer noch da. Die Amis hatten sie nicht mitgenommen und sie hatte eine Tücke. Am Ende der Schlucht mit einer sehr engen Kurve zur Auffahrt, da war schon Erfahrung erforderlich. Aber die Schikane war, dass die Fundamente aus alten Panzerraupen bestanden, und aus den Gummiraupen schauten jede Menge Stahldrähte raus. Wer beim Einbiegen auf die Brücke nur ein wenig von der Ideallinie abwich, der hatte die Hinterreifen aufgerissen. Und so etwas kostete bei der Legion Soldabzug. Bei der erbärmlichen Besoldung noch 15 Tage Soldabzug für einen Reifen, das wollte keiner. Und meistens waren dann auch noch beide Reifen hin.

Wer Interesse zeigte, konnte alle möglichen Lehrgänge belegen: Koch, Kellner, Feuerwerker, Granatwerfer usw. Steinbrucharbeiter wurden wir alle, einen Tag in der Woche ging es in den Steinbruch oder zum Straßenbau oder zum Bau des Schwimmbeckens. Als Angehöriger der Section Montagne wurde ich dieser als Fahrer zugeteilt. Natürlich war ich als Jüngster erst einmal Fahrer des „Schweinecamions“. Ein kanadischer Dodge, der als Transporter für die Maulesel benutzt wurde. Und weil er deshalb schon mal stank, galt er in der Kaste der LKW-Fahrer eben als Schweinetransporter und ich musste ihn abseits parken. Und die Kaste der Chauffeure war sehr streng. Alleine Fahrer zu sein, das war schon ein Privileg, ebenso wie einen Jeep zu fahren oder den beliebten 3-Achser-1,5t-Dogde. Und jeder fing mal klein an.

Ich war mit der Section Montagne im Raum Zaghouan/Pont du Fahs unterwegs. Anstrengend, die Section machte ihre Touren durch die Berge. Wir mussten mit Wasser und warmem Essen an einem bestimmten Punkt sein, wenn die Section zum Tal kam. Wenn dann die Punkte nicht übereinstimmten, dann lag es immer an den Küchenbullen und an den Fahrern, die keine Karten lesen konnten!

Es war immer wieder ein Erlebnis, wenn die Legion durch eine kleine Ortschaft oder Stadt marschierte, natürlich mit Gesang. Die Legion war in Tunesien noch von 1943 als Gegner von Rommel in guter Erinnerung, seitdem war die Legion ja dort nicht mehr präsent. Bei einigen Offiziellen kamen böse Erinnerungen auf, waren doch bei der Section Montagne circa 90% der Legionäre deutschsprechend, und wir sangen fast immer deutsche Lieder! Und auch die Ausrüstung, die genagelten Bergstiefel und die Tiroler Rucksäcke plus die US-Windbreaker, erinnerten stark an das deutsche Afrikakorps.
Öfters wurde noch eine Leiche eines Soldaten aus dieser Zeit von uns in den Bergen gefunden. Wenn es sich um Deutsche oder Italiener handelte, hatten wir Schwierigkeiten mit der Bestattung auf den Friedhöfen, soweit war die Völkerverständigung 1948 noch nicht.

Mitten in einer schönen Feier in Zaghouan, arrangiert vom Bürgermeister, einem ehemaligen Capitaine der Legion, kam eine schlimme Meldung: Unser Compagnie-Chef, Juan de Ballabrigda, war tot. Bevor wir unser Lager abgebrochen haben und Fahrzeuge zum Rücktransport eintrafen, war der Tote bereits unterwegs in eine Familiengruft nach Spanien. Tote Adlige lässt Franco heimkehren. Wir bekamen einen neuen Chef, Capitaine Denis Darès, ein Senegalese. Es wehte sofort ein anderer Wind, Sport ade, harte Disziplin war angesagt. Einige Sous-Officiers, die mehr an der Theke als bei den Legionären waren, wurden ausgewechselt.

Ich hatte wieder mal Glück, beim Schießen hatte ich ein sehr gutes Ergebnis. Darès belohnte es mit einer Schachtel Camel – in Tunesien ein Luxus! Und ich musste mit seiner Mauserbüchse schießen und war besser als er. Seitdem hatte ich gute Karten bei ihm, er forderte mich öfters als Fahrer an. Und bei jedem Schießen durfte ich mit seinem Mauser-Jagdkarabiner schießen und anschließend putzen!

Capitaine Darès wurde unsterblich bei seiner 2. Compagnie beim großen Manöver in Ferryville/Mateur. Die Legion spielte das Afrikakorps, der Rest der Armeen Algeriens und Tunesiens spielten die späteren Sieger. Die 2. Compagnie lag auf einer Farm im Mist und Schlamm, es regnete die ganze Nacht. Auf einer Anhöhe befand sich ein Senegal-Bataillon und Artillerie mit 8,8 cm-Geschützen, die wir angreifen und die dabei natürlich nach dem Manöverplan abgeschossen werden sollten. Noch in der Nacht zog Capitaine Darès an der Spitze von 2 Sectionen los, alle hatten die Gesichter geschwärzt. Darès brauchte das nicht, der war ja schwarz. Darès redete sich auf Senegalesisch durch die Posten an der Straße. Wir gaben keinen Ton ab, bei dem Regen wollte niemand etwas von uns wissen. Wir umstellten die Artillerie und das Camp mit dem Generalstab. Der Schiedsrichter erklärte, dass die Artillerie vernichtet und der Generalstab gefangen wurde. Manöver aus!! Die Küchenbullen des Stabes mussten leider mit Gewalt überzeugt werden, dass sie ebenfalls gefangen waren, und dass die Legion jetzt Vorrang beim Frühstück hatte, welches sehr reichhaltig mit Sardinen und Blockschokolade war. Wir hatten uns gut bedient! Kriegsrecht eben!

Parade in Mateur, die Legion erscheint mit total verschlammten Uniformen. Die anderen Einheiten konnten vorher in die Kasernen zum Uniformwechsel zurück. Die Legion hatte 2 Tage bis Le Kef und zurück gebraucht. Nur dasKépi blanc und die Gamaschen waren schneeweiß. Wozu gab es denn die blendend weiße Zahnpasta! Der Beifall war trotzdem wie immer bei der Legion. Und weil auch die Militärmission der Sowjets auf der Tribüne saß, sang die 2. Compagnie natürlich „Katjuscha", das beliebteste Lied der russischen Soldaten. Wir natürlich mit Legionstext. Der Anschiss von Darès hielt nur 5 Minuten, bis er den Text übersetzt bekam. Wenn unsere 4 Russen das Lied mit voller Stimme sangen, brauchten wir nur den Refrain zu grölen. X-mal geübt bei unseren abendlichen Gesangsturnieren. Und in der Presse stand dann wieder einmal: „Legion singt Nazilieder beim Défilé", als hätten wir „Westerwald“ oder „Edelweiß“ gesungen. Und die konnten auch die wenigen Italiener und Spanier in der Compagnie.

Unsere Fahrzeuge standen auf einem Plateau, zusammen mit den Fahrzeugen der Kolonialarmee und der Tunesier. Auffallend viele Fahrer und Fußkranke der Legion blieben während der Parade bei den Fahrzeugen. Das hatte einen dringenden Grund. Auf der Straße von Dougga nach Teboursuk war die Granby-Brücke. Die kurvige Auffahrt zur Brücke war sehr eng und viele Fahrer streiften die Fundamente, aus denen unzählige Stahldrähte herausragten. Also war der äußere Reifen hin, besonders bei den Anhängern, und das kostete die Legion Geld. Da nicht alle Fahrer viel Fahrpraxis hatten, wurde bei der Legion eben marschiert. Das kostete kein Geld und Benzin wurde auch gespart. Frankreich war in den Nachkriegsjahren sehr arm, das bekam auch die Armee zu spüren!

Also wurden Reifen von den Fahrzeugen der Coloniale geklaut oder, besser gesagt, nur ausgewechselt, während die Truppen an der Parade teilnahmen. Beliebt waren die einachsigen Anhänger, da brauchte man keinen Wagenheber. 5 bis 6 Mann konnten den Hänger zur Seite kippen und das Rad war gewechselt. Selbstverständlich haben wir unsere kaputten Schwarten wieder anmontiert, wir waren doch keine Strauchdiebe.

27.05.1948
Souk el Djemaa

Circa 10 Kilometer von Maktar, Mitteltunesien, auf dem halben Weg nach Le Kef. Kairouan, unser Ausbildungslager – 5 Steinbaracken und Wirtschaftsgebäude inmitten von Steinen und Brousse (Dschungel). Wir wurden aus der Section genommen. Jede Compagnie bildete eine Ausbildungs-Section, die Auszubildenden sind jetzt auch Ausbilder: Schleifer hoch 4! Hier gibt es nun die berühmte Ausbildung, keine Zeugen, keine Klagen. Der Zug der 2. Compagnie war noch human, andere hatten es härter.

22.06.1948
Le Kef

Ich wurde erneut nach Le Kef gebracht, man prüfte noch mal meine Identität. Musste zeigen, was ich als Auto-Elektriker so drauf hatte.

27.8.1948
Souk el Djemaa

Wieder zurück nach el Djemaa. Ende der Ausbildung - wir sind jetzt vollwertige Legionäre! Braungebrannt, das letzte Mama-Söhnchen hatte jetzt Härte, wir waren willkommen in der Legion!

05.09. - 19.09.1948
Oum el Djedour

Die 2. Compagnie im Erholungslager Oum el Djedour. Herrlich!

Fermez les portes - La Légion vient!

In Tunesien war 1948 und 1949 nur das 1. Bataillon des 1. Regiments der Legion stationiert, das Bataillon Thomas, benannt nach seinem Commandanten.

In der Kasbah von Le Kef und ein paar Baracken außerhalb der Stadtmauer lebte dieses Bataillon. In den Bergen Tunesiens, im Sommer kaum Trinkwasser und im Winter schon mal Schnee. Eine kleine Stadt mit Bars und Bordell und einem deutschen Metzger, übrig geblieben vom Afrikakorps. Seine Wurst war so gut, dass viele Legionäre dort einen guten Teil ihres Solds ließen. Weit und breit gab es in Tunesien keinen Metzger, der Fleischwurst machen konnte oder Grillwürste!

Und Monsieur Kammerer hatte sich nicht ohne Grund in einer Garnison der Fremdenlegion niedergelassen! Ein Kino in der Kaserne, 2 Filme wöchentlich, das war's. Wenige Europäer, reichlich Araber, die uns nur zum Geldabnehmen akzeptierten, und wir hatten nur Interesse an ihren Frauen.

Mit der Section Montagne auf Tour: Beja, Medjez el Bab, zwischen den abgeschossenen Panzern aus dem Endkampf des Afrikakorps. Hier lagen noch viel Munition und auch Gräber in den Feldern. Wir bargen viele Tote. Im Handstreich holten wir bei einem Araber eine schussbereite deutsche 5 cm PAK aus einem Heuhaufen. Das Bataillon war um eine Kanone reicher!

Es gab Zoff mit Arabern. Bourguiba war aus der Haft in Frankreich entlassen und kehrte im Triumph zurück nach Tunesien. Wir lagen als Reserve in Tunis und hatten dort dann Residenzwache.
Unser Lager war in Catharge. Wir beteiligten uns an den Ausgrabungen, das brachte Taschengeld.

Kaum noch Drill nach der Grundausbildung. Exerziert wurde natürlich sehr viel, und nach dem Exerzieren wurde gebaut. Straßenbau, ein Freibad wurde in völliger Eigenregie erstellt und der Steinbruch wurde von den Compagnien täglich wechselnd genutzt. Nur kein Leerlauf. So etwas war in der Legion einfach nicht drin!

Samstags ging es kompanieweise zum Fluss am Feldflughafen. Das Rollfeld von den Steinen säubern, die die Araber während der Woche hingeworfen hatten. Die gesamte persönliche Wäsche im Fluss waschen, baden, Fußball spielen, grillen und dann mit Gesang die 10 Kilometer wieder zurück nach Le Kef. Anschließend in das Foyer, und Wein bis zum Abwinken, für den, der noch die nötigen Sous dafür hatte. Oft blieben die Compagnien bis in die Nacht für die beliebten Biwaks am Fluss. Spiele, humorvolle Vorträge Einzelner oder von Nationen vorgetragene Lieder und Tänze, jeder wollte dort glänzen und bei den Vorgesetzten gut auffallen! Und dann die gemeinsamen Lieder am Lagerfeuer, herrliche Gesänge und Solisten. Wenn die Legionäre sich zum Schlusslied im Rund aufstellten und Arm in Arm das Compagnie-Lied sangen, dann strahlten die Officiers. Man wusste, wieder einmal hatte man den wilden Haufen Legion zusammengeschweißt, aus den vielen Nationen wurde eine Familie.

Kasernentrott kam nie auf. Ließ die Moral nach, wurde unbarmherzig gedrillt, bis Zug oder Compagnie wieder den Vorstellungen des Chefs entsprach! Eine Ausnahme war mal wieder die Section Montagne. Wir hatten ja jetzt eine deutsche PAK, die wir bei einem Araber aus einem Strohhaufen gezogen hatten. Völlig intakt, als ob sie gestern den letzten Schuss auf die US-Panzer gemacht hätte. Drei weiße Ringe am Rohr waren nicht ohne Grund dort aufgemalt. Damit und mit den beiden italienischen Panzern, die normalerweise als Denkmal gedacht waren, haben wir das Manöver in Ferryville-Bizerta 1949 total umgedreht. Sie wurden für das Manöver fahrbereit gemacht, und zusammen mit den 18 englischen Kettenfahrzeugen (Bren-Carrier) der 3. Compagnie zogen wir in das Manöver. Wir sollten eigentlich als Infanterie im alten Stil gegen die Panzer und 8,8 cm-Kanonen der Kolonialarmee verbluten. Leider haben die Spahis und Nationalgardisten sich in die Hosen gemacht und ergeben, als wir mit der PAK, den Bren-Carriers und den beiden Panzern auftauchten, die im Manöverplan nicht vorgesehen und bekannt waren.

Die Section Montagne selbst war selten in Le Kef, immer in „Campagne", im Zeltlager irgendwo in Tunesien, und kletterte über Bergketten. Machte die kleinen Städte unsicher, marschierte in den Dörfern und Städten singend mit dem Sectionslied „Edelweiß" ein. Der Beifall der französischen Siedler war immer garantiert, die Legion war noch aus den Kämpfen gegen Rommel 1942 in guter Erinnerung. Die alten Kampfstätten wurden alle abgegrast, das war auch Sinn der Section Montagne. Kriegsgerät stand noch genug herum. Panzerwracks waren noch reichlich vorhanden, besonders wenn sie in Minenfeldern standen, die noch längst nicht alle geräumt waren. Bei unseren Biwaks machten wir immer Funde. Waffen, Minen, Flugzeuge, die in den Bergen abgestürzt waren. Von den Arabern zwar geplündert, die Besatzungen aber nicht bestattet. Wir bargen Soldaten aller Nationen in den Bergen und bestatteten sie auf Friedhöfen.

Die 3 Gruppen der Section mussten verpflegt werden. Das machte die Groupe Service: Funker, Sanitäter, die Köche, die Fahrer, die Mulitreiber. Ja, wir hatten 5 Mulis, die die schweren Waffen und Granatwerfer schleppen mussten.

Chef der Groupe Service war der Sergent-Chef Schürmann, in der Legion mit 25 Dienstjahren nicht unbedingt in Ehren ergraut, aber ein Schlitzohr. Er wusste nicht mehr, wie oft er degradiert und befördert worden war. Und er hatte reichlich dazu beigetragen, dass die wilden Geschichten über die Legion sich vermehrt haben. Keine Fahrt in eine Stadt mit Chef Schürmann, von der nicht alle Beteiligten, ob 3 oder 10, volltrunken zurückkamen.

Schürmann hatte eine Nase für Bars und Bistros, wenn der Patron ein Franzose war. Schürmann kannte den Patron immer, in 3 Minuten hatte er herausgefunden, wo der Mensch als Soldat Dienst versehen hatte. Und eben da war Schürmann auch gewesen. Ob Senegal oder Frankreich, Schürmann war schon mal da. „Wie hieß denn bloß dein Capitaine, der kleine Mistkerl? Ach, der hieß Morisot, jetzt kann ich mich erinnern. Der war nicht gut zu dir oder verwechsele ich ihn, ist so lange her!“ Sollte es mal nicht so gut mit den Runden laufen, dann zog Schürmann sein letztes Register: Trompete raus, und er spielte sich wie ein Gott in jede Seele, bis den alten Troupiers von 1939 bis 1946 die Tränen kamen!

Und schon gab es Runden, erst für Schürmann, der natürlich für seine Legionäre gleich mitbestellte. Wenn der Patron aus Freude an den Legionären auf Geld verzichtete, dann war's ok. Lief der Hase anders, dann hatte es Schürmann irgendwann sehr eilig. Brüllte seine Legionäre an: „Idioten, hat denn keiner eine Uhr, wir sind überfällig. Muss ich denn alles selbst machen!“, dabei hatte er schon eine Rechnung über unseren Verzehr geschrieben. Diese legte er dem Patron hin mit seiner Unterschrift und den Worten: „Geld habe ich nicht, wir wollten ja nur einen Kaffee. Aber du hast mich ja so lange festgehalten. Jetzt komme ich wieder in den Bau, weil ich zu spät zurück bin, ist das ein Scheiß beim Militär. Du weißt ja Bescheid, wie bei euch früher!“

Und draußen war er, die Legionäre waren schon vorher weg. Wenn der Patron zur Polizei ging, dann ging Schürmann tatsächlich wieder mal in den Bau!

Die große Schau fand im Verpflegungsdepot in Tunis statt. Wir fuhren mit dem kanadischen Dodge, dem größten LKW, den wir hatten. Unserem Muli-Transporter, ich war der Fahrer. Schürmann war voll in seinem Element. Der LKW war mit 8 Legionären besetzt, leeren Weinfässern und vielen Planen und Kisten. Am Heck hing ein Schild mit der Aufschrift: „Explosive 10 m/h", also Sprengstoff oder Munition an Bord, nur 10 Meilen Höchstgeschwindigkeit. Das war keine große Umstellung, da sowieso nur 32 Meilen oder 50 km/h erlaubt waren in Tunesien. Aber es hielt uns die Militärpolizei in Tunis fern, die es immer auf die Legion abgesehen hatte, in der fälschlichen Annahme, dass die Legion nur betrunken fahren würde! Stimmte ja oft. Ich war noch ein Blauer, noch nicht dem Wein zugeneigt, deshalb durfte ich die Stadtfahrten machen!

Im Depot zog Schürmann mit dem Verwalter gleich die Schau ab. Die Arbeiter - Araber - ließen wir nicht an den Wagen, wegen des angeblichen Dynamits an Bord. Wir luden selbst auf. Verpflegungswein, Schokolade und Ölsardinen, unser Frühstück! Wenn Schürmann 2 Kisten gekauft hatte, hieß das für uns, dass mindestens 5 auf den LKW geladen wurden. Drei unter die Planen, 2 offen. Und jeder hatte die Aufgabe, alles, was brauchbar war, aufzuladen! Konserven, Wurstwaren, auch mal eine Kiste Apéritif oder Cognac, auch mal nur Socken. Sobald einer dieser Araber wegschaute, war etwas unter der Plane verschwunden! Wir hatten das Gefühl, dass es den Arabern egal war, was wir so „organisierten". Von erworbenen Zigaretten wurden sie großzügig mit einer Schachtel beschenkt, die sie dankbar annahmen. Als wir ein drittes 100-Liter-Fass Wein aufrollten, gab es etwas Krach. Sie machten jetzt ein bisschen Aufruhr. Schürmann musste kommen und schlichten - war doch nur ein Missverständnis von uns, wir konnten doch kein Französisch. Und ein Fass war ja eh bereits unter der Plane verschwunden! Ich fuhr schon mal aus dem Depot, während Schürmann im Büro unsere Bestellung bezahlte. Laut schimpfend kam er mit dem 130-Kilo-Manager zum LKW. Der wollte doch tatsächlich kontrollieren, was wir so geladen hatten. Konnte er auch, aber von unten und nur das, was hinten zum Kontrollieren stand. Wir kamen sehr pünktlich im Lager an. Schließlich musste alles abgeladen sein, bevor Lieutenant Poisson mit der Section aus den Bergen zurückkam. Er brauchte nicht unbedingt zu sehen, was wir so in Tunis eingekauft hatten. Die Verpflegung der Section Montagne war dadurch aber weit über dem Standard.

Beim nächsten Einkauf ging es noch mal gut, beim dritten Mal war es vorbei. Schon bei unserer Ankunft schrie der Manager los: „Schließt alle Türen, die Legion ist da!" Aber Sergent-Chef Schürmann war da nicht mehr Verpflegungs-Chef. Er war schon vorzeitig nach Le Kef zum Bataillon zurückbeordert worden. Er hatte wieder mal eine Zeitlang ein Zimmer bei Père Philip, unserem Knastvater!

Die Section blieb in der Gegend und baute ein Camp in Djebel Ressas am Flugplatz auf. Es waren 25 Kilometer bis Tunis. 12 Legionäre durften den Segelflugschein machen, ich war dabei. Wir sollten später den Lastenseglerschein auf einem kleinen Flugplatz machen, wo der Generalresident von Tunesien seinem Segelflughobby nachging. Der Platz war ein idealer Segelflugplatz. Ein großer, baumfreier Platz, direkt vor dem steil aufragenden Massiv des Djebel Ressas. Es gab immer Aufwind, da der Wind aus der Sahara gegen die Felswand blies, ideale Verhältnisse für Segelflieger. Eine uralte Morane als Schleppflugzeug, aber es wurde meistens mit der Winde gestartet. Da ideale Windbedingungen herrschten, wurde kurz hochgeschleppt, und der Aufwind trug die Segler in die Höhe. Nur der General, der Herrscher Frankreichs über Tunesien, ließ sich mit der Morane hochziehen. Die rund 10 Soldaten der Air France, die dort stationiert waren, hatten keinen anderen Job als nur Segelfliegen und alles bereithalten, wenn der Gouverneur fliegen wollte. Der hatte sehr oft Zeit dafür, die Regierunggeschäfte Tunesiens waren wohl ziemlich problemlos.

Die Legion arbeitete immer, und wenn keine Arbeit da war, dann machte sie welche! Nachdem unser Camp, die Zelte zentimetergenau aufgebaut, die Wege mit Steinen markiert und weiß gekalkt waren und der Fahnenmast mittig aufgestellt war, wurde die Küche fertig eingerichtet und die Toiletten ausgehoben und getarnt. Dann begannen wir den Flugplatz zu säubern. Die Luftsoldaten hatten riesigen Spaß daran, bereitwillig bekamen wir Schubkarren und Besen. Und wir reinigten den Hangar, das Vorfeld und auch den Startplatz. Kein Stein sollte den Start oder die Landung gefährden! Oft mussten wir zur Seite gebeten werden, wenn ein Flugzeug landen wollte. Steine wegräumen war uns wichtiger als ein landender Segler. Der konnte ja warten, bis wir Pause machten! Es dauerte nur wenige Tage, da saßen die ersten Legionäre als Co-Piloten im Segler und der Unterricht begann. Der Gouverneur war nicht erbaut von segelfliegenden Legionären. Italien war nicht weit und dass Legionäre auch mal desertieren, das war nichts Neues!

Die Section mit Lieutenant Poisson machte eine Übung durch die Berge bis Hammamet-Bou-Risha-Zaghouan. Abbruch wegen Dauerregens am 21.12. Ein Muli wurde bei der Durchquerung eines Wadis abgetrieben und ertrank, 2 Legionäre wurden zum Glück gerettet. Und das, obwohl wir noch vor dem Eintreffen der Regenflut mit dem Dodge ein Seil durch das Wadi gezogen hatten.

Unvergessliche Einkaufsfahrt am 24. Dezember. Sergent Schürmann brauchte für die Feiertage noch Lebensmittel. Nach Hammamet und Zaghouan war die Straße wegen des Hochwassers gesperrt, also Richtung Tunis. Mehrere Dörfer wurden angefahren und die Magazine angesehen, aber das war alles nicht Schürmanns Geschmack. Eine Bäckerei haben wir gefunden und leer gekauft, das Brot war herrlich. Und dann, an der überfluteten Straße, sahen wir eine riesengroße Farm mit Eisenbahnanschluss. Ferme soundso, Weine und Gemüse. Das war es! An der Einfahrt stand der Weg unter Wasser, ich rutschte auf den Eisenbahngleisen aus, wir landeten im vollen Wassergraben. Ein Traktorist der Farm hatte unser Unglück bemerkt und zog uns raus, so kamen wir mit trockenen Hosen zur Farm. Wir wurden herzlich begrüßt, und da wir auch noch einkaufen wollten, waren wir doppelt willkommen. Und wir kauften natürlich vom besten Wein. Keinen billigen Pinard, so etwas hatte die Farm überhaupt nicht. Und wir füllten unsere Fässer, die Mulifässer mit 30 Litern, die Wasserkanister mit 20 und so weiter. Der Araber an der Füllstation, der eigentlich die Tankwagen befüllen sollte, konnte nicht sehen, was wir abfüllten. Er hatte zu tun, den riesigen Schlauch in unsere kleinen Gefäße zu halten. Die Chefin erschien, war stolz, das erste Mal die Legion zu Gast zu haben, und lud zu einem kleinen Imbiss. War ja schließlich Heiligabend und wir armen Legionäre - ohne Frauen und Heimat, das alte Lied der Soldaten - wir spielten diese Geige mit! Wir wären am liebsten dort geblieben, aber ich war der Spielverderber, bestand auf Abmarsch. Die Legionäre waren schon reichlich abgefüllt und Schürmann drehte schon wieder an der Abzockmasche! Zum Schluss kam der Patron, sehr reserviert und abweisend, ließ aber noch ein paar Kisten Wein springen. War ja eine Seltenheit, von wegen Weihnachten und so!

Der Araber hatte erzählt, dass der Patron ein Deutscher sei, Officier des Afrikakorps und nicht sehr gelitten bei den Einheimischen! Mit uns hat er nicht Deutsch gesprochen und wir haben uns auch sehr zurückgehalten mit deutschen Sätzen, da wir wussten, dass er Deutsch versteht. Aber wir wussten, wie viel Wein wir geladen hatten und dass wir weg mussten. Die Section war hocherfreut über diese großzügige Gabe, und Schürmann hat nie erzählt, wie viele Liter er tatsächlich bezahlt hat. Abends sind alle volltrunken, ich verpenne die Weihnachtsfeier. Dann brach das große Zelt im Sturm zusammen und brannte, weil es mit Benzinflaschen und einem Stoffdocht beleuchtet war, die im Sturm umkippten. Ich war so voll und hatte das nicht mitbekommen, obwohl ich in dem Zelt schlief. Den Rest der Nacht verbrachten wir im Flugzeughangar. Leider war ein Muli auf einen Flügel eines Segelflugzeugs getreten. Das hatte natürlich böse Folgen für die Serviceleute, die für uns den Hangar geöffnet hatten!

26.01.1949
Bizerta

Besuch des neu gegründeten 2. Bataillons in Bizerta (Fort Schreck). Anschließend 15 Tage nach Tunis zur Residenzwache. In der wachfreien Zeit beteiligten wir uns auch an den Ausgrabungen in Carthago, dort, wo wir wohnten. Für jedes gefundene Teil gab es Belohnungen von den Archäologen, wenn was zu unterschlagen war, gab es gute Preise bei den Händlern. Wir hatten Fettlebe! Eine schöne Zeit. Dazwischen wieder

Palastwache in Tunis. Wir waren nun bekannt in Tunis und nahmen an vielen Partys und Festen teil.

Schwerer Unfall mit dem Dodge. Alle waren besoffen und der Fahrer streifte ein Hinweiszeichen auf der Fahrt von Tunis nach Ressas. Das Schild riss die Plane an der rechten Seite auf und verletzte mehrere Legionäre schwer.

02.02.1949
Le Kef

Ich hatte neben Mulis und 5 Fußkranken auch Sergent Schürmann dabei. Er war wegen Zechprellerei im Bau gesessen und kam jetzt wieder raus. Es war eine Abenteuerfahrt im Schneetreiben. Auf einer Passstraße haben wir den Linienbus gegen den Absturz in eine Schlucht gesichert, bis ein Panzer der Gendarmerie kam und den Bus wieder auf die Straße zog!

"Djebel Mansour, 1.200 Meter, 1.3.1949."

06.03.1949
Dschungelkampfausbildung

Wir erfuhren, dass wir nach Indochina verlegt werden. Das gesamte Bataillon erhielt jetzt eine sehr intensive Dschungelkampfausbildung. Kampfeinheiten wurden zusammengestellt. Wer nicht mitfuhr nach Indochina, wurde versetzt, verließ die Compagnie!

11.03.1949
Rundtour

Die große Rundfahrt der Section Montagne. Teboursouk, Maktar, Kairouan, Sousse, Sbeitla, usw. Ich durfte runter vom Muli-Transporter, ein neuer Fahrer war dabei, und fuhr jetzt den Dodge 6x6. Wie immer großes Défilé der Section in jeder Stadt; die Legion wusste, was sie den Bürgern bieten musste! Leider eine Pleite für unsere LKW – 3 gaben total den Geist auf. Wir hatten nicht mehr genügend Platz, um alle transportieren zu können. Den kanadischen Dodge, unseren Muli-Transporter, mussten wir einen Tag mit Achsenbruch stehen lassen. Als wir am nächsten Tag mit einem Abschlepper kamen, war er bereits ausgeplündert!

Schöne Zeit in Le Kef – war nun als Wasserfahrer zuständig. Das war ein Traumjob und ich weiß auch, wem ich das zu verdanken hatte. Ich war einige Male als Beifahrer mit auf der Wassertour. Ich war ja nun noch sehr jung und trug den Frauen natürlich das Wasser ins Haus. Der Frau des Lieutenant Christofari, unserem stellvertretenden Compagnie-Chef, gefiel das sehr, und prompt wurde der älteste Fahrer, Partisane Badolligo, abgelöst und durch den jüngsten, genannt Charly Krause, ersetzt.

Täglich 2 Fahrten zur Fontaine (Quelle), dort Wasser in den Wasseranhänger füllen und dann in der Siedlung der Offiziersfamilien verteilen. Bevor ich in die Siedlung fuhr, zog ich den Drillich aus und die Ausgehuniform an. So verlangten es die Officiers. Diese Siedlung war eigentlich tabu für die Legion, wohnten dort auch viele Familien von Officiers, die im Auslandseinsatz waren. Nur die Herren unseres Bataillons ließen dort vom Schreiner der Legion Möbel anfertigen, und die Anstreicher renovierten die Wohnungen. Ich fühlte mich dort sehr wohl, denn es gab schon mal ein Extra, wenn man das Wasser auch ins Haus brachte oder gar die Duschbatterie füllte. In Le Kef herrschte notorische Wasserknappheit!

Das Tabu im Quartier Civile galt natürlich auch für mich, aber bald hatte ich den Dreh raus, wo man abends gern gesehen wurde und beim Duschen schon mal das Handtuch halten durfte! Und die Abkürzung durch den Kaktuswall, der die Siedlung umgab, den fand ich auch in der Dunkelheit.

Samstags zogen die Compagnien mit der gesamten Bagage zum Fluss am Feldflugplatz, circa 8 Kilometer entfernt. Dort wurden alle Sachen gewaschen und getrocknet. Während der Trockenzeit wurde auf dem Rollfeld Fußball gespielt, dazu mussten wir erst wieder die Steine vom Feld sammeln. Genauso, wenn mal ein Flugzeug landete. Die Araber hatten einen Riesenspaß daran, immer wieder Steine aufs Rollfeld zu legen, um den Flugverkehr zu behindern.

06.04.1949
Einsatz am Stausee Nebeur

Bei unserem letzten Einsatz am Stausee Nebeur, wo die Araber immer die Bauarbeiten am neu angelegten See sabotierten, wettete Capitaine Darès, dass die LKW nicht vor der Compagnie in Le Kef sind. Die Compagnie ging mit Darès quer durch die Berge zurück, wir sollten über die Straßen zurückfahren. Wir sind aber auch durch die Berge gefahren, schnell die Wasseranhänger geleert und die Küche hinter den stärksten LKW gehängt. Die Wagen waren schon gewaschen und die Hänger wieder voll mit Wasser, als die Compagnie eintraf. Mit leisem Knurren überreichte Darès die von ihm für den Sieg ausgelobten 1.000 Francs. Das war unser Preis, der Service Auto hatte einen schönen Abend.

Alles hat ein Ende, die Legion hatte uns ja schließlich nicht zum Wasserholen für die Offiziersfrauen geworben. Der Dienst im Service Auto wurde auf ein Minimum reduziert, alle Druckposten gestrichen. Jetzt wurden die Gruppen und Sectionen zusammengeschweißt und jeder immer wieder umgesetzt, bis die Gruppe voll kampffähig war. Die Stärksten wurden die MG-Schützen, und diese suchten sich ihre Zweitschützen und Munitionsschlepper aus. Wer nichts so richtig konnte, wurde Schütze 12 in der Gruppe, Mädchen für Alles!

Der Drill war vorbei, der Dienst machte Spaß. Wir wurden jetzt im Gelände ausgebildet – Hinterhalte legen und in Hinterhalte geraten. Anschleichen an die Ausbilder, die auf einer Anhöhe standen und jeden aufriefen, den sie sahen. Der war dann tot. Ausbildung zum Einzelkämpfer, das war neu in der Legion und wurde mit viel Elan betrieben.
Der Betrieb im Steinbruch wurde eingestellt, das Freibad war fertig und wurde rege benutzt. Beim Rückmarsch von einer Schießübung ließ Capitaine Darès die Compagnie durch das Becken des Freibades marschieren. Es gab immer noch einige Verweigerer, die nicht schwimmen lernen wollten. Jetzt eröffnete uns Darès, dass wir nach Indochina verlegt werden, mit den Worten: „Wären wir jetzt schon in Indochina, dann wärt ihr schon alle ersoffen. Da steht alles unter Wasser. Ihr habt jetzt 3 Tage Zeit, schwimmen zu lernen!"

Im Mai erhielten wir die berüchtigten Bauchspritzen, Blutverdünner genannt. Einige, die sich nicht an die Diätvorschriften hielten und trotz der verbotenen Nahrungsaufnahme für 2 Tage aßen, bezahlten das mit dem Leben.

Wir stellten auch fest, dass die Araber nicht die Freunde waren, für die wir sie gehalten hatten – die Achmeds, die sich ihr Taschengeld mit Botengängen verdienten und für uns alles in der Stadt besorgten, wenn wir Dienst hatten. Die kamen jetzt nicht mit den Waren zurück, die wir bei ihnen bestellt hatten, und wir waren unser Geld los. Die Abkürzung nachts durch die Altstadt zurück zu unserem Camp, hundertmal gemacht, war jetzt lebensgefährlich. Viele wurden überfallen und ausgeraubt!

Dann kam der Abschied von Tunesien! Capitaine Darès wurde stellvertretender Bataillonschef, unser Compagnie-Chef war Capitaine Minard, ein Indochinakämpfer der 13. Demi. Wir hatten jetzt einen Capitaine und 4 Lieutenants in der Compagnie. 4 Sectionen mit 50 Mann plus Stabsgruppe mit Küche. Und so waren alle 4 Compagnien aufgerüstet, das Bataillon hatte über 1.000 Mann!

03.06.1949
Abschied von Tunesien und Aufbruch nach Indochina

Wir waren jetzt das 3. Bataillon des 6. R.E.I., 10. Compagnie. LKW brachten uns bis Souk Ahras, dann mit der Bahn bis Bizerta. Eine schöne Zeit ging zu Ende und wir wussten noch nichts von dem Land, in dem wir 24 Monate kämpfen werden.
Bizerta/Tunesien. Wir wurden von Souk Ahras an mit der Bahn bis zum Hafen Bizerta transportiert und sollten an Bord des Truppentransporters „Marechal Joffre" gehen. Ein Schiff mit 2 rechteckigen Schornsteinen! Das war eine Seltenheit, Schiffe haben doch sonst immer ovale Schornsteine.
Mit 3 Güterzügen wurden die Legionäre bis an die „Marechal Joffre" herangefahren. Dafür musste das gesamte Potenzial der Chemin de Fer Tunisie (Tunesische Eisenbahn) aufgeboten werden. Das gesamte Gelände war abgesperrt, wir konnten nur in Richtung Schiff.

Noch einmal trat das Bataillon in großer Formation an. Die Kommandos bellten wie immer, und die Gewehrgriffe der Ehrenformation knallten wie ein Schlag. Gekonnt ist gekonnt, das war und ist die Ehre der Legion.

Das Bataillon war nun waffenlos, auf der Seereise durfte die Mannschaft keine Waffen haben. Ein Musikzug der Legion spielte Legionsmärsche. Schade, es war nicht die große Kapelle der Fremdenlegion, die man sich für einen so großen Abschied gewünscht hätte. Immerhin gingen 2 komplette Bataillone von Nordafrika nach Indochina, das war auch für die Legion etwas Großes. Dann der Auftritt des legendären Generals Monclar. Die Legion hatte eigentlich keinen General als Kommandeur.

Aber General Monclar, der sein gesamtes Soldatenleben in der Legion gedient hatte, war bei großen Anlässen immer dabei! Er soll ein adliger k.u.k. Offizier gewesen sein. Sein ungarischer Dialekt war nicht zu überhören.

Den Ruhm des Unsterblichen erwarb er sich, als zu Beginn des Koreakrieges ein französisches Bataillon für die UN kämpfte. Es fand sich kein geeigneter Offizier, und der Kampf in Indochina erforderte den ganzen freien Offiziersstand. Also ließ sich Monclar vom General zum Bataillonschef degradieren und führte als Commandant das französische Bataillon! Das war keine Story, sondern eine Tatsache, die heute noch in Frankreich bestens bekannt ist und als ruhmreiche Tat in den Militärschulen gelehrt wird.

Das Bataillon Corée und ein türkisches Bataillon haben in Korea unter schweren Verlusten einen Pass gehalten, damit die gesamte US-Armee sich zurückziehen konnte, als der Chinese angriff! Die Monclar-Truppe war hoch dekoriert aus dem Kampf abgezogen. Es soll keinen Soldaten gegeben haben, der nicht verwundet war.

Wir waren also das 3. Bataillon des 6. Regimentes der Fremdenlegion. Das 5. Bataillon des 4. Regimentes der Legion, aus Marokko gekommen und schon seit Oran/Algerien an Bord, wurde jetzt das 2. Bataillon des 6. R.E.I.

Somit verließen mehr als 2.000 Legionäre Nordafrika, um die Truppen im „Extreme Orient" (Indochina) zu verstärken. Einen derart großen Nachschub hatte es noch nie gegeben, gewöhnlich gingen immer „Renforts" (Verstärkungen) in einer Stärke von 200 bis 300 Legionären nach Indochina. Diese Legionäre wurden dann auf die Einheiten im Fernen Osten aufgeteilt. Dieses Mal waren es 2 komplette Bataillone, bis auf den letzten Mann einer Gruppe zusammengeschweißt und kampfbereit!

Es gab noch neue Fahnen. Der Boudin, der Marsch der Fremdenlegion, auch Blutwurstwalzer genannt, wurde feierlich gespielt, übergehend in die Marseillaise.

Nach Ende der Verabschiedungszeremonie wurde jeder namentlich aufgerufen und es gab eine letzte, strenge Kontrolle der an Bord Gehenden. Natürlich wieder in der Formation, Gruppe für Gruppe, so wie seit langem eingedrillt. Jeder hatte sein gesamtes Gepäck im Seesack und Rucksack verstaut, mehr war nicht erlaubt.
Wir wurden in die vorderen Schiffdecks einquartiert, da das andere Bataillon bereits ab Oran achtern untergebracht war. Dann durften die wenigen, die Angehörige am Kai stehen hatten, noch einmal kurz von Bord. Streng abgeschirmt von Zoll und Militärpolizei, damit sich niemand davonstehlen und kein Fremder sich einloggen konnte!

Auch ich wurde aufgerufen, durfte das Schiff noch mal verlassen! Ich war sprachlos. Wer will mich denn noch einmal sehen? Die Kameraden lachten los: „Kalle, hast die letzte Runde im Puff nicht bezahlt, wir haben die Puffmutter vom 'La Lune' unten gesehen."
Ich wusste echt nicht, wer mich noch mal zu sehen wünschte!
Ein Sergent der PM (Militärpolizei) zeigte mir den Weg und wich mir nicht von der Seite. Es war der Wunsch der Offiziersfrauen, dass ich mich von ihnen verabschieden konnte. Ich bekam ein kleines Geschenk für meinen guten Dienst, als Wasserfahrer und so weiter, überreicht. Die Frau von Lieutenant Christofari rief mir zu, gut auf ihren Mann aufzupassen. Sie hätte es gern gesehen, wenn ich seine Ordonnanz geworden wäre. Und es gab noch ein heimliches Geschenk von Madame El Hari, Aishe. Sie war in Burnus und Schleier gekleidet, wie es sich für eine Araberin schickte. Ich war überrascht, ihr Mann war ja nicht in unserer Einheit, der war doch schon lange in Indochina! Jetzt war sie hier, mit den Frauen aus Le Kef gekommen, um uns oder auch nur mich zu verabschieden. Im großen, französischen Abschiedsküsschen-Zeremoniell, das jetzt einsetzte, küsste sie mich, natürlich ohne den Schleier zu heben. Aber die Tränen konnte ich sehen, ganz versteckt drückte sie mir ein kleines Taschentuch in die Hand. Madame Christofari hatte das wohl bemerkt und gab mir sehr kraftvoll einen Handschlag auf den Hintern. Das war ein Tadel! Hatte sie etwas mitbekommen von unserer Romanze? Ich bekam langsam auch feuchte Augen. Deshalb ließ ich alle stehen und rannte die 200 Meter zum Schiff, bis ich mich wieder im Griff hatte. Im Griff hatte mich aber auch der PM-Mann, der mich einfing und bis an die Gangway nicht wieder losließ.

Natürlich hatten die Kumpels die Szene neugierig verfolgt. Ich musste mir jetzt einige hundert Lästermäuler anhören. Aber das war mir einfach egal, denn die wussten ja nicht, von wem und warum ich so verabschiedet wurde. Erst als ich allein oben an der Reling stand, hatte ich gewagt, die Hand aufzumachen. Ein silbernes Amulett, die Hand Fatimas! Ein Glücksbringer. Lange musste ich nach Fassung ringen. Damit hatte ich nie gerechnet, dass Aishe unsere kleine Liebelei so ernst genommen hat, und jetzt war es ein Abschied für immer. Ich kleiner Legionär wurde geliebt, vermisst und verlor jetzt meine erste Liebe. Dazu noch der große Abschied von Tunesien und die Fahrt in ein großes Abenteuer nach Fernost. Meine Gedanken rasten durch den Kopf und ich hatte mehrmals das Gefühl, ich müsste laut losheulen. Ich klammerte mich an die Reling und sah nur auf die Pier. Suchte immer wieder nach Aishe, die langsam kleiner wurde in der Menge der Menschen, die immer noch Abschiedsgrüße riefen und winkten.
Die Joffre legte ab. Ich hatte gewinkt, bis wir außer Sichtweite waren. Als die Schlepper das Schiff freigaben und wir Fahrt aufnahmen, spielte die Kapelle „Muss i denn zum Städtele hinaus" und „Adieu, Adieu". Da wurden auch die alten Krieger weich und die Tränen rollten. Viele heulten los.
Jeder Abschied ist ein kleines Sterben!

Jetzt hatte mich die Realität wieder eingefangen. Meine Freunde Kuttel und Jojo hatten mich schon gesucht und mein Gepäck unter Deck gebracht. Ich hatte meine Siebensachen bereits vermisst. Ich war aber so aufgelöst und wusste nicht mehr, wo ich die Klamotten hingelegt hatte. Wir gingen unter Deck. Jeder hatte eine Abschiedsflasche eingeschmuggelt, und die gingen jetzt reihum. Wir feierten das Ende einer schönen Zeit in Tunesien. Vergessen alle Strapazen in der Ausbildung und die Schikanen der Sous-Officiers. Jetzt ging es in ein neues Abenteuer, viele tausend Kilometer entfernt. Wir waren nicht aufgeklärt worden, was uns dort erwartete. Dass dort Aufstände ausgebrochen waren, das war bekannt, mehr nicht!

Das 3. Bataillon des 6. R.E.I. unter der Führung von Commandant Thomas und dessen Adjudant, Capitaine Denis Darès, unserem Blacky, war wie folgt aufgestellt:

CCB, Compagnie de Commandement Du Bataillon, bis dahin Compagnie Artillerie: Capitaine Maurer

9. Compagnie: Lieutenant Jollain;
10. Compagnie: Capitaine Minard mit der Section Montagne unter Lieutenant Poisson;
11. Compagnie: Lieutenant Gerriet;
12. Compagnie: Lieutenant Girves.

Offiziell bestand unser Bataillon aus 26 Officiers, 68 Sous-Officiers und 749 Legionären. Eine beachtliche Stärke, vor allem an Officiers, die nie wieder erreicht wurde. In den Abwehrschlachten 1951-1952 waren ungefähr 1,5 Officiers pro Compagnie vorhanden! Das hieß, ein Officier pro Compagnie und 2-3 im Stab!

Das Schiff „MM Marechal Joffre" war ein Truppentransporter mit 3 Decks. Die riesigen Laderäume waren mit klappbaren Betten mit Segeltuchbezug ausgerüstet, 5 x 2 Betten übereinander. Wenn beide Seiten ausgeklappt waren, konnte man kaum durch- oder nach oben kommen. Die persönlichen Sachen, Seesack und Taschen waren auf dem Bett zu verzurren. Kein anderer Platz vorhanden. Abends zum Schlafen mussten Kleidung und Schuhe mit in das Bett genommen werden. Alles, was am Boden lag, wurde einfach weggefegt. Bei 100 Mann pro Schott musste Ordnung herrschen. Dafür sorgten schon die Matrosen, die ein sehr strenges Regiment führten und keinerlei Ängste gegenüber den rauen Legionären hatten.

Die 10. Compagnie wurde als Wach-Compagnie eingeteilt. Wir sperrten den Zugang zum Passagierdeck. Dort waren die Officiers, Krankenschwestern und Zivilpassagiere untergebracht. Also kein Zutritt für die Truppe! Ordnungsdienst beim Essen usw., 2 mal 2 Stunden am Tag. Dafür gab es Privilegien. Wir durften uns auf dem Tennisdeck zwischen den Schornsteinen aufhalten, das war schon etwas Gutes. Das Schiff war voll belegt, es war schon schwer, einen Platz an der Reling zu ergattern. Die besten Plätze waren daher Tag und Nacht von 2 oder 3 Mann besetzt, die mit einer Zeltbahn den Platz für sich reservierten. Einer musste immer sitzen bleiben, sonst war der Platz weg. Gegen 5 Uhr morgens machten die Matrosen immer „rein Schiff", da wurde das

Deck mit Wasser und Besen gereinigt und alle Schläfer wurden rigoros weggespritzt. Bis zum Appell und der Rettungsübung herrschten raue Seemannssitten an Bord, und bis zur täglichen Übung hatte sich jeder unter Deck an seiner Schlafstelle aufzuhalten. Das war die Zeit, in der man seine Vorgesetzten einmal täglich sah. Danach kümmerte sich niemand um uns Legionäre.

Dann heulte plötzlich die Sirene. Es wurde ernst. In einer bestimmten Zeit mussten wir aus den Räumen verschwunden sein, denn danach liefen die Schotten automatisch unter schrillem Geläut zu. Die Schotten hätten jeden zerquetscht, der noch dazwischen war. Im Notfall mussten die Schotten ungehindert zugehen können, sonst würde das Schiff bei einem Wassereinbruch sofort sinken. Wehe dem, der es nicht geschafft hatte, sein Deck zu verlassen. Das war gar nicht so einfach, wenn einige 100 Männer gleichzeitig raus müssen und die ersten zu langsam gingen. Die Matrosen säuberten in der Zeit der Rettungsübung unsere Decks. Wer dann in den Räumen war, bekam gewaltige Mengen Wasser und auch Schläge mit dem Wasserschlauch. Die Matrosen liebten dieses Spiel. Und wer von der MP erwischt wurde, bekam noch 3 Tage Bau aufgebrummt! Der Appell mit der Seenotrettungsübung war absoluter Dienst! Danach begann wieder die Jagd um die guten Plätze an Deck, wo man den ganzen Tag liegen wollte. Begehrt waren die Schattenplätze, direkt an der Reling, wo der Fahrtwind für etwas Abkühlung sorgte. Bei Dauertemperaturen von + 40° Hitze im Roten Meer war jeder Windzug eine Erlösung. Unter Deck waren alle Bullaugen offen und mit Windhutzen versehen, damit der Fahrtwind etwas Abkühlung reinschaufelte. Diese Plätze an den Bullaugen waren ebenfalls immer besetzt!

Wir von der 10. Compagnie hatten diese Sorgen nicht, wir konnten uns oberhalb der Kabinen zwischen den Schornsteinen aufhalten und hatten auch eine Dusche gefunden, die sonst nicht benutzt wurde. Das war auf dieser Reise ein besonderer Genuss, man brauchte nicht unter Deck in die Massendusche und auch nicht in die Toilette für 100 Männer, wenn der Seegang rau und die große Seekrankheit angesagt war. Wer bis dahin nicht seekrank war, der wurde es bestimmt beim Besuch der Toiletten, da half auch nicht die Dauerreinigung mit einem Wasserschlauch!

Wir passierten Pantelleria, die Italiener weinten ihrem letzten Stückchen Heimat-Insel nach. Dann Malta, und am 10. Juni waren wir in Port Said, Ägypten.

"10.6.1949. Das Hafenpolizeigebäude in Port Said."

Lagen auf Reede bis zum nächsten Morgen, dann ging es in den Suez-Kanal. Händler durften an Bord, Gaukler und Musikanten, Bauchtanz, man konnte mal etwas Geld ausgeben. Boote legten an, warfen Leinen an Bord und verkauften Taschen, Messer und Schuhe, auch Gin und Whisky. Wer sich eine Flasche Whisky oder Gin kaufte, wurde am anderen Morgen mit einer leichten Vergiftung wach, weil alles gepantscht war. War auch egal, das konnte einen Legionär nicht erschüttern, da an Bord totales Alkoholverbot herrschte, bis auf den Quart Rotwein zum Essen.

Herrlich, in Schritttempo und Kolonnenfahrt ging es zu den Bitterseen. Dort wechselte die Fahrtrichtung, es herrschte ja Einbahnverkehr auf dem Suezkanal. Auf der rechten Seite war eine Straße mit regem Autoverkehr. Ab und zu eine Ortschaft, Kasernen, kleine Anwesen, Palmen und Gärten. Links der Sinai, alles nur Sand und Wüste, kein Haus, kein Baum, kein Mensch zu sehen. Ich konnte mich trotzdem nicht satt sehen, das waren doch alles Wunder für uns. Man hat als Kind vom Suez nur in Verbindung mit dem Rommelkrieg gehört. Da wollten die Deutschen immer hin und konnten ihn nicht erreichen, und dass er die Lebensader für die Briten war.

Einige sprangen über Bord, wurden sofort von der MP der Engländer einkassiert, die mit einem Jeep neben dem Schiff her fuhren. Die wussten doch, dass, wenn Legion an Bord war, immer einige ihr Glück versuchten, um zu desertieren. Sie waren in Suez wieder an Bord und bis Indochina unten im Schiffsgefängnis. Das war unten hinter dem Maschinenraum über den Antriebswellen - nein danke!

In Gluthitze durch das Rote Meer. Dauerduschen war angesagt, immer 35-40 Grad, und das Wasser in der Dusche war mehr als handwarm. Wir wussten so jedenfalls, wie warm das Meer war, denn es gab nur Salzwasser in den Duschen.

16. 06.1949
Landgang in Djibouti

Wir waren in Djibouti. Das Schiff bunkerte Treibstoff und einige Waren wurden entladen. Wer wollte, konnte 3 Stunden an Land, aber bei dieser Trostlosigkeit waren alle schon viel früher wieder an Bord. In dieser verlassenen Ecke konnte man uns ruhig den Landgang gestatten, hier wäre niemand desertiert!

Vom Liegeplatz bis zur ersten Wellblechkneipe waren es 2.000 Meter durch die Gluthitze von 40 Grad! Das Bier, das die Einheimischen zum Verkauf anboten, war brühwarm! Von Eis oder Kühlschrank hatten die hier noch nichts gehört. Vor den rabenschwarzen und mageren Mädchen wurde eindringlich gewarnt. Tripper war an der Tagesordnung, Schanker und Syphilis jederzeit vorhanden! Klar, dass die Sanitäter warnten, sie wollten doch auf der Überfahrt keine Geschlechtskranken an Bord haben! Einige Hundert wagten es trotzdem und haben eine Blitznummer gemacht. Bei diesem Andrang musste es auch wirklich schnell gehen. Wann kommt schon mal ein Truppentransporter in diese verlassene Ecke! Auch die Zahlmeister waren angewiesen und hatten genügend afrikanische Francs mit. Rücktausch gab es nicht. Ich konnte mit dem Verzicht auf das warme Bier meine paar Francs als Souvenir wieder mit an Bord nehmen. Irgendwann in Indochina habe ich mal einem Senegalesen damit eine Freude gemacht und ihm das Geld geschenkt, als er nach Hause fahren durfte.

Am nächsten Tag ging es in den Indischen Ozean. Ich hatte mit 3 Mann vorn am Ankerspill Wache. Dort durfte sich eigentlich niemand aufhalten, die hatten wohl Angst, dass die Legionäre den Anker fallen ließen. Wir erfreuten uns am Schauspiel, wie das Rote Meer in den Indischen Ozean überging. Noch war die See genau querab zum Cap Afrika tiefblau und glatt und dann, wie mit dem Lineal gezogen, dunkel, und das mit schwerem Seegang bis Colombo/Ceylon.
Wir beobachteten, wie die Tiefenanzeige am Bug immer tiefer eintauchte, erst 2, dann 5 Meter, bis die erste Welle über Bord kam. Die knallte uns gleich auf die Planken, das war kein schlechter Einstand. Erst jetzt bemerkten die Matrosen, dass wir noch vor dem Wellenbrecher standen und Wache schoben. Hinter uns waren schon Halteseile kreuz und quer gespannt. Die Matrosen holten uns zurück, das hätten wir allein nicht mehr geschafft.

Der Offizier meckerte uns an, musste er auch, denn es wäre sein Fehler gewesen, wenn uns was passiert wäre. Wir beteuerten ganz scheinheilig, keinen Befehl erhalten zu haben, unseren Posten verlassen zu dürfen. Kein Legionär verlässt ohne Befehl seinen Posten, denn dafür gab es harte Strafen! Unter Deck sah es jetzt grausam aus, fast alle seekrank, und die Gänge waren vollgekotzt und es stank bestialisch. Wie würde es erst in den Decks aussehen? Wir hatten 2 Stunden vorn am Bug Wache geschoben und dort nicht mitbekommen, wie der Pott schaukelte und rollte! Vom Gestank wurde mir übel, also ergriff ich die Flucht und bin nach oben auf das Deck zwischen den Schornsteinen, das eigentlich für die Wachmannschaft reserviert war. Ich war dann 3 Tage nicht unter Deck, schlief nur oben auf dem Tennisplatz, der Gestank unter Deck war fürchterlich.

In der Hitze brauchte man keine Decke oder sonst was. Duschen so oft, wie es geht.
Endlich wieder mal Land in Sicht! Die Insel Ceylon. Wir legten an zum Bunkern. Hier durfte niemand an Land, die Landschaft war aber herrlich. So also sah Asien aus. Kleine schwarze Männer mit ihren Einbäumen versuchten uns alle möglichen Dinge zu verkaufen. Aber der Franc wurde nicht genommen, und die 3 Dollar, die jeder bekommen hatte, waren längst in Zigaretten umgesetzt!

_23.06.1949_
Auf Reede in Singapur

Von der Stadt und dem Land war im Dunstschleier kaum was zu sehen. Bei der Weiterfahrt zwischen den Inseln Sumatras gab es mehrfach Deserteure, die ins Meer sprangen. Die „Joffre“ stoppte und setzte ein Boot aus. Ein holländisches Zollboot kam ebenfalls längsseits und brachte Flüchtige zurück. Fast alle wurden wieder aufgefischt. Zwei Legionäre fehlten dann noch. Ob sie ertrunken waren oder die Haie mitgeholfen haben, wurde nicht geklärt. Man erzählte, dass die Holländer noch ein paar Deserteure mitbrachten, die von anderen Schiffen gesprungen seien und es an Land geschafft hätten. Hollands Herrschaft in Indonesien ging ja auch zu Ende. Da brauchte man nicht noch desertierte Legionäre auf der Seite der Rebellen und Aufständischen!

_27.06.1949_
Ankunft in Indochina

Am 27.06. kamen wir endlich in Indochina an. Vom Cap Saint Jacques bis zum Hafen von Saigon durfte niemand an Deck, angeblich sitzen Heckenschützen in den Mangrovensümpfen. Alles lachte, aber wir saßen unter Deck und können Indochina nur durch die Bullaugen sehen! Das andere Bataillon wurde schnell an Land gebracht und wir legten wieder ab, weiter ging's nach Norden. Tonkin! Wie groß mochte Indochina sein? Zwei Tage lang fuhren wir in Küstennähe, manchmal kamen Dschunken in die Nähe. Vermutlich Fischer, vom Krieg war noch gar nichts zu sehen. So schipperten wir weiter bis Hai-Phong/ Tonkin!

Einige Neuerungen zeichneten das Bataillon Thomas aus. Irgendwo hatte man für uns rot-braune Schuhe gefunden, sahen sehr schick aus, leider waren nicht für das ganze Bataillon genügend mit angenähten Gamaschen da. Eine Compagnie bekam die einfachen, hohen Schuhe, aber in der gleichen Farbe. In Indochina, im roten Matsch, hatten wir dann alle rote Hosenbeine und Socken und das ging auch nicht mehr auszuwaschen. Durch den Schweiß waren auch alle MG-Schützen gekennzeichnet, die Tragegurte des FM 24-28 färbten auch total ab.

Senkrecht aus dem Meer aufsteigende, 50-70 Meter hohe Felsen und hunderte von großen und kleinen Inseln bildeten einen Gürtel von Haiphong bis zur chinesischen Grenze vor dem indonesischen Festland. 160 Kilometer lang und 10-30 Kilometer breit, Baie d'Along, Paradies der chinesischen Piratendschunken vergangener Zeiten.

Die größte Flotte der Welt könnte sich hier verstecken. Der 17.000 BRT große Transporter "Marechal Joffre" ankerte in der Baie. Die "Joffre" war zu groß, um in den verschlammten Flusshafen von Haiphong einlaufen zu können. Und wir sahen auch, warum. Das herrliche blaue Wasser wurde trübe und dann rotgelb. Der Rote Fluss schwemmte unaufhörlich Schlamm aus China in das Meer. Haiphong war ein Flusshafen, und wir kamen bei Ebbe an. Der Fluss war jetzt klein und man sah nur Schlamm. Bei einem Tidenhub von 6-8 Metern, da konnte kein großer Kahn mehr schwimmen.

Landungsboote der französischen Kriegsmarine hatten bereits ein Bataillon der Fremdenlegion übernommen und waren küstenaufwärts Richtung Tinh Yen in dem Insellabyrinth verschwunden. Aus der achternen Ladeluke wurden pausenlos Munitionskisten in Lastkähne gehievt. Auf dem Vorderschiff standen dicht gedrängt Legionäre in der sengenden Sonne. Die Räume unter Deck mussten sie schon vor Stunden verlassen. Die schattenspendenden Sonnensegel waren längst entfernt worden. Die Besatzung wartete nur darauf, dass die Söldner Frankreichs endlich von Bord gingen. Sie wollte mit den Löscharbeiten möglichst schnell fertig werden.

"Ein seltener Felsen in der Baie d´Along. 85 m hoch."

29.06.1949

Nach 23 Tagen Seereise lockte das Land und der Urlaubsschein steckte schon in der bereitgelegten Ausgehuniform.

Der Bordlautsprecher krächzte: „Legionäre! Fertigmachen, um von Bord zu gehen! Der Commandant der Joffre wünscht euch viel Glück für die nächsten 2 Jahre in Tonkin und dankt für die gute Disziplin während der Überfahrt. Bonne Chance!"

„Alter Idiot! Sollen wir denn vielleicht über Bord springen, damit ihr uns schneller los seid", schrie ein ganz junges Bürschchen auf Deutsch hinauf zur Brücke. Seine Worte gingen im ohrenbetäubenden Lärm der Schiffssirene unter, mit der die Joffre die mit voller Fahrt einlaufende „MAI-HANG" begrüßte.

Erinnerung in literarischer Form

Der Kapitän der MAI-HANG war wütend. Vallon, sein 1. Offizier, war mit fast 40 Grad Fieber kurz vor der Abfahrt in Hai-Phong von Bord gebracht worden. Bonnard war nun der einzige Offizier und Europäer an Bord des Küstenfrachters und damit gezwungen, den ganzen Tag auf der Brücke zu verbringen. Er nahm sein Fernglas und suchte die schmale Fahrrinne ab. Flimmernde Hitze trübte die Sicht stark. Beruhigt stellte er fest, dass kein großes Schiff entgegenkam. Nur das rotbraune Segel einer Dschunke war über die dunkelgrünen Mangrovenbüsche hinweg zu sehen. Es war noch Ebbe, meilenweit war alles grün. Erst in einigen Stunden war hier das Meer wieder zuhause und damit auch stärkerer Schiffsverkehr.

Misstrauisch beobachtete Bonnard ein paar Dschunken, die ziemlich weit von der Fahrrinne entfernt auf dem roten Schlamm lagen. Er konnte nichts Verdächtiges feststellen. Die Annamiten nutzten die Ebbe aus und führten Reparaturen an den plumpen Leibern ihrer Schiffe aus. Vorsichtig legte er das Glas weg, und mit einem undeutlichen Gemurmel verschwand er von der Brücke. Van Duong, der annamitische Rudergänger,

blieb allein auf der Brücke und steuerte den Frachter dem Meer entgegen. Zehn Minuten später saß das Schiff auf einer Sandbank fest. Van Duong wollte der entgegenkommenden Dschunke ausweichen, die keine Anstalten machte, etwas aus der Fahrrinne zu scheren. Er hatte kaum das Steuer etwas nach Steuerbord gelegt, da drückte schon eine unsichtbare Gewalt gegen das Steuerrad, der Bug des Schiffes hob sich und mit einem dumpfen Schleifen endete die Fahrt der MAI-HANG.
Blitzschnell griff der kaum 1,60 m große Van Duong zum Telegrafen und klingelte der Maschine: „Volle Kraft zurück!". Es war nicht das erste Mal, dass er eine der unzähligen Schlammbänke aufs Korn nahm, aber heute war er alleine auf der Brücke. Bonnard würde seine Wut nur an ihm auslassen. „Hoffentlich kommen wir bald wieder frei", betete er. Dumpfes Rumpeln ließ das Schiff erzittern, die Schraube drückte ungeheure Wassermassen unter den Kiel, aber der Schlamm war stärker. Die MAI-HANG saß fest.

Nur mit einer winzigen Unterhose bekleidet, das halbe Gesicht mit Rasierseife beschmiert, stürzte der Kapitän auf die Brücke. Ehe der kleine Annamit sich abducken konnte, hatte er sich ein paar Faustschläge eingefangen, die ihn zu Boden warfen. „Du Sohn einer Viet Minh-Hure, das ist das fünfte Mal in diesem Monat", schrie Bonnard, zog den wimmernden Rudergänger an den Haaren hoch und knallte ihn mit dem Kopf gegen das Steuerrad. „Ich kürze dir die Heuer um 50 Piaster, compris?", „Oui, mon capitaine", schluchzte Van Duong und rieb seinen Hinterkopf. „Ich nicht zu große Schuld, Kuli auf Dschunke nix Augen auf, vielleicht nicht wollen Seite gehen, ich gehen nur paar Meter Steuerbord", versuchte er sich in dem singenden Französisch der Annamiten zu entschuldigen. Mit einer zornigen Handbewegung schnitt Bonnard ihm das Wort ab. „Großer Affe, warum nicht Dampfpfeife blasen, dann Dschunkenkuli munter werden und auf Seite gehen." Ungestüm ließ er die Sirene aufheulen. Dann stürzte er auf die Backbordnock und schrie der eben vorbeiziehenden Dschunke eine Serie Schimpfwörter hinunter: „Verdammte Viets! Das nächste Mal drücke ich Euch auf den Grund!"

Ungerührt ließen die Annamiten, die faul im Schatten ihres Segels lagen, den Wortschwall auf sich hernieder prasseln. Dieser tobende Franzose da oben interessierte sie nicht. Blitzschnell hatten sie ihre Registriernummer am Bug mit einer Matte verdeckt. Damit glich ihr Boot tausenden anderen. Für sie war die Sache erledigt.

Die MAI-HANG rührte sich nicht. Bonnard stellte den Maschinentelegrafen auf "Halt" und verschwand fluchend wieder in seiner Kajüte, um seine Morgentoilette zu beenden. Erst bei der aufkommenden Flut kam das Schiff frei und traf mit mehr als zwei Stunden Verspätung in der Baie d'Along ein.

In Serge Bonnards Hirn stieg eine furchtbare Erinnerung auf, Cherbourg 1943. Wahllos hatte die deutsche Hafenpolizei nach einem Sabotageakt auf dem Hafengelände ein Dutzend Franzosen festgenommen. Sein Bruder Jean, damals noch keine 18 Jahre alt, und er selbst gehörten zu den Festgenommenen. Er, Serge, hatte für den fraglichen Zeitpunkt ein gutes Alibi, trotzdem wurde er halbtot geprügelt von einem SS-Mann. In der Zelle neben dem Vernehmungszimmer musste er mit anhören, wie die Bestie seinen Bruder zu Tode folterte. Diese Bestie war jetzt an Bord seines Schiffes. Eben, als die Legionäre an Bord kamen, war ihm ein Caporal aufgefallen. Er überlegte, wo er diesen Mann schon einmal gesehen haben könnte. Als der Caporal einen Legionär anschrie, der offenbar betrunken über die schwankende Gangway taumelte, wusste er, woher er diesen Mann kannte. Er war es! Diese Entdeckung raubte ihm für Sekunden fast die Besinnung.

Als er wieder einen klaren Gedanken fassen konnte, war der Mann im Gewimmel an Deck verschwunden. Fieberhaft suchte er nach einer Lösung, wie er diesen Mörder am schnellsten entlarven konnte. Eine harte, energische Stimme riss ihn aus der Vergangenheit zurück. Ein korpulenter, grauhaariger Officier der Legion stand neben ihm. „Kapitän! Ich bin Commandant Thomas, Chef des Bataillons", und er wies auf einen ihn mindestens um eine Haupteslänge überragenden Neger, „und das ist Capitaine Darès, mein Stellvertreter. Wir hoffen, dass Sie, Kapitän, uns auf dem letzten Stück der Reise nicht noch absaufen lassen."

Bonnard lud die Officiers zu einem Drink in seine Kajüte ein. Nach einigen belanglosen Fragen steuerte er sofort auf sein Ziel los. Mit zitternder Stimme berichtete er von seiner Entdeckung. „Helfen Sie mir, nennen Sie mir den Namen des Caporals. In Haiphong stelle ich mich an die Gangway, da muss er ja vorbeikommen, wenn Ihr Bataillon an Land geht. Dann werde ich ihm das Deuxième Bureau auf den Hals hetzen. Ich weiß", schloss er, „es ist schwer, jemanden aus der Legion herauszuholen, weder einen 16-jährigen, der wegen einer Dummheit von zuhause weglief, noch einen kleinen Ganoven, den die Polizei sucht. Aber dieser ist eine Ausnahme, das ist ein Mörder."

Eine schwüle Nacht war hereingebrochen. Der schwache Fahrtwind der mit voller Kraft gegen die starke Strömung ankämpfenden MAI-HANG brachte keine Erfrischung. Dichtgedrängt standen die Legionäre an der Reling. Voraus tauchte das Lichtermeer von Haiphong auf. Schwach hob sich das Land von der Dunkelheit ab. Vereinzelt blinkten in der Ferne schwache Scheinwerfer auf und strichen sekundenlang über das Land.

„Ob das Autos sind?", fragte Paul den „Zahnarzt" Kieffer. Stanis Sikolowski lachte laut auf. „Merke dir das mal, tagsüber kannst du hier schon mal ein bisschen die große Schnauze riskieren, aber nachts ist der Viet Minh aktiv. Dann ist jeder froh, wenn er hinter dicken Mauern sitzt und nicht ausgeräuchert wird."
Sikolowski war ein Alter. Er begann heute seinen zweiten Séjour in Indochina. Einmal zwei Jahre Dschungel hatten ihm nicht genügt. Im Gegenteil, er war davon besessen, so schnell wie möglich wieder in die Reisfelder zu kommen. Nicht als tapferer Krieger, nein. Er wollte wieder „Zahnarzt" spielen. Geld und Gold wollte er sich hier besorgen. Ein großer Lederbeutel gefüllt mit Amuletten, kleinen Buddha-Figuren, einer zerbrochenen Monstranz aus einer katholischen Kirche in Süd-Annam und vielen Ohrringen und Zähnen, alles matt glänzendes Gold. Das war seine Ausbeute der ersten zwei Jahre, die jetzt in Sidi Bel Abbès in einem Koffer sicher verborgen lag. Nur eine kleine Zange, die er bei einem chinesischen Zahnarzt in Dalat mitgehen ließ, hatte er wieder mitgenommen.

Stanis schnippte seine Zigarette über Bord und schnellte in die Höhe. „Was ist, Stanis, was entdeckt?" Paul folgte den Blicken des Polen und fuhr zusammen. Ein Scheinwerfer blinkte wahnsinnig schnell, ein zweiter unmittelbar daneben strahlte unbeweglich in die Nacht. In seinem Lichtkegel zog eine Kette blassroter Punkte auf und ab schwankend gegen einen Hügel – Leuchtspurmunition. Zwei oder drei Ketten, unregelmäßig und andersfarbig, flogen ihr plötzlich entgegen. Es sah aus, als würden sie in der Dunkelheit zusammenprallen. Schlagartig erloschen die Scheinwerfer. Kleine Blitze erhellten für Bruchteile von Sekunden den Horizont. Flackernd stieg eine Leuchtkugel auf und erlosch nach Sekunden. Undeutlich hörte man das helle Knattern von Maschinengewehren und die dumpfen Einschläge eines Granatwerfers.

Von Paul und Stanis aufmerksam gemacht, entdeckten es nun alle. Im Nu war alles an Deck aufgescheucht, drängte und quetschte sich an die Reling. Aufgeregt schrie einer: „Seht Ihr das, dahinten rauscht es im Karton. Hoffentlich sind wir auch bald auf so einem Posten, wo man knallen darf." Die unverkennbare grobe Stimme Seffrovs antwortete: „Schießen darfst du bestimmt bald, bloß in die Hose scheißen sollst du nicht, wenn es das erste Mal knallt, Moses."

Oleg Seffrovs Witz zündete nicht. Mit lautem Ah und Oh wurde jede Salve und Detonation begrüßt. Wie bei einem Feuerwerk am 14. Juli oder sonst einem Sommerfest. Kein Gedanke daran, dass die freudig begrüßte MG-Garbe schon einem Menschen im Leib sitzt und er gellende Schmerzensschreie in die Nacht hinaus schreit.

Nur wenige Augenblicke dauerte diese gespenstische Szene, dann schob sich ein flacher Hügel zwischen die MAI-HANG und das Land. Die Erregung fiel sofort wieder von allen ab und gelangweilt versuchte man, schon etwas von Haiphong zu erkennen.

Mehr als eine Stunde hatte der Kapitän gebraucht, das Schiff bei der reißenden und gefährlichen Strömung an die Pier zu bringen. Es gab keine Schlepperhilfe, dazu war das Fahrwasser jetzt zu eng, und 1.000 Mann wollten an Land und nicht die nächste Flut abwarten. Jedenfalls hat der Kapitän viele Tonnen Schlamm bei dem Wendemanöver in der schmalen Fahrrinne mit der Schraube gelöst und zum Weitertreiben in das Meer bewegt. Jeden missglückten Anlegeversuch quittierten die Legionäre mit einem Pfeifkonzert. Als die MAI-HANG nach 10-12 Anlegeversuchen endlich mit einem harten Ruck an die Kaimauer knallte, purzelten alle durcheinander und es gab einige sehr böse Verletzungen. Trotzdem gab es viel Beifall, als wir endlich festgemacht haben! Hungrig und betäubt von der Schwüle ging das Bataillon an Land.

„Deuxième compagnie, sac à dos!" Längst hatten alle das Sturmgepäck auf dem Rücken und den Seesack im Genick. Ruhig schob sich Section für Section zur Gangway. Dort stolperte jeder hastig hinunter, froh, nach 24 Tagen Seereise endlich Land unter den Füßen zu spüren.

„Alors, Caporal Merten, wie geht es?"
Verwirrt drehte sich der Angesprochene um und sah neben dem Kapitän "Blacky" Darès, seinen ehemaligen Compagnie-Chef, stehen.
„Merci, sehr gut, mon Capitaine", stieß er freudig aus.
Während er an Land stolperte, dachte er froh darüber nach, weshalb ihn "Blacky" angesprochen hatte. Vielleicht werde ich Sergent.
Er hatte nicht die hasserfüllte Stimme des Kapitäns gehört, der fast unhörbar flüsterte: „Er ist es, ich bin sicher."

Neue Eindrücke in Indochina

In der Abenddämmerung gingen wir an Land, der erste Eindruck war unbeschreiblich schön. Eine milde und schwüle Luft mit Blumendüften aus den Parkanlagen und die vielen jungen Mädchen in ihren herrlichen Schlitzkleidern (Ai Dong) und Holzpantinen. Das war auch eine nette Neuigkeit, eine ganze, weibliche Nation in Holzpantinen, die auf den Wegen im Park promenierten. Und auch sofort ein Schock! Die schönen Mädchen hatten zum Teil schwarze Zähne, keine verfaulten, nein, die herrlichsten Zähne, aber hochglänzend schwarz lackiert! Einst ein anderes Schönheitsideal. Wir waren berauscht, na, das war normal nach fast 4 Wochen auf See.

Hanoi Uferpromenade.

Wir lagerten in einem Camp direkt an der Blumenallee. Feldbett empfangen, Rucksack drauf, Barackennummer merken und ab über den Zaun ins volle Leben. Von Ausgangssperre hatten wir selbstverständlich nie etwas gehört! Fast 4 Wochen ohne Frauen und Bier, das wurde jetzt nachgeholt. Und die Militärpolizei hütete sich, auf Recht und Ordnung zu sehen, wenn ein Bataillon Fremdenlegionäre auf Landgang ging!
Aber als Soldat war man in Hanoi beim Bummel durch die Stadt sicherer als in Marseille oder Algier!

Am Morgen des nächsten Tages wurden die Waffenkisten geöffnet. In der Zeltstadt der Base Coloniale Haiphong standen die Compagnien angetreten und jeder empfing seine Waffe. Dick eingefettete M.A.S. 36-Gewehre, leichte und schwere MGs. Nur ein Zug des Bataillons kannte diese Waffen, die Section Montagne, der Rest hatte in Tunesien nur völlig veraltete Waffen besessen. Die Verteilung war noch nicht

beendet, da stöberten die Officiers aufgeregt in den Kisten und in den Haufen weggeworfenen Ölpapiers. Die Schlagbolzen für die Karabiner und schweren Maschinengewehre fehlten. Die leichten MGs hatten keine Patronenauswerfer. Dröhnendes Gelächter hallte durch die Zelte. Respektlos stachelten die Legionäre die Officiers an.
„Sucht mal bei der kommunistischen Partei. Kauft Nägel, wir machen uns dann Schlagbolzen." Neue Lachsalven folgten auf jede Parole. Alles Suchen half nichts, die wichtigen Teile waren nicht da, die Waffen wertlos. Beim Entfetten der Waffen kamen kleine Zettel zum Vorschein: *Nieder mit dem Krieg. Seid Patrioten und kämpft für den Frieden.*
Die französischen Kommunisten waren sehr aktiv. Diese Sprüche ließen uns kalt, die Officiers sahen das schon anders, und die ganz oben, die waren sauer. Man konnte ein frisches Bataillon doch nicht ohne brauchbare Waffen in die Reisfelder schicken, der Viet hätte uns sofort eine Lektion erteilt. Gut gemacht, wir haben gelacht, und blieben noch einen Tag länger in Haiphong. Dieser Zwischenfall hielt das Bataillon ein paar Stunden vom Einsatz gegen die indochinesischen Genossen fern.

Aus dem Arsenal wurden Waffen besorgt. Wieder war jede Compagnie mit anderen Waffen ausgestattet, wir hatten den US-Karabiner M4. Es begann erst mal mit der Waffenreinigung. Die Waffen waren derart mit Fett zugeschmiert, jeder brauchte 2 Stunden, um seine Knarre gebrauchsfertig zu machen. Keine Putzwolle, keinen Entfetter, wie immer der Spruch der Vorgesetzten: „Démerdez-vous!" Aber unsere unbrauchbaren Gewehre hatten wir auch noch, auch die Munition dazu. Deshalb ging uns auch schnell bei den Einheimischen der Ruf voraus: Das Bataillon mit den 2 Gewehren! Wenn auch mit Waffen, die keiner kannte. Probeschüsse waren nicht erlaubt, wir waren mitten in der Stadt, also wussten wir auch nicht, ob die Gewehre schossen. Das waren schließlich alte Klamotten aus dem Krieg gegen die Japaner!

Zu allem Überfluss hatten wir anfangs für die Gewehrgranaten Treibpatronen mit einem Holzkopf, genau wie bei den Übungspatronen!
Man bekam Holzsplitter ins Gesicht, wenn man den Kopf nicht weit genug herunternahm, und nachts wurden die Treibpatronen schon mal mit normalen Patronen verwechselt - aber das AUCH NUR EINMAL!
Also wurde gestreikt, nach Monaten kamen dann normale Patronen

ohne Köpfe, die oben einfach nur zugekniffen waren! Man sollte von jedem Projektil erst die Farbe abkratzen, weil viele durchbohrt waren und somit beim Abschuss schon krepierten. Danach benutzte man die 5 cm-Werfer nicht mehr.

Erster Ausgang in der Hafenstadt

Abends gab es Ausgang bis 24 Uhr. Gruppenweise verschwanden die „Neuen" im Menschengewühl der Hafenstadt. Fahrradrikschas fuhren langsam an den staunenden Männern vorbei. „Wollen zu schöne Frau! Steig ein, ich fahren billig, nur 10 Piaster, Schef." Im Nu wimmelte es von Rikscha-Kulis, jeder bot bessere und schönere Frauen an. Nach Minuten war der Fahrpreis schon auf 5 Piaster gesunken und die Legionäre stiegen ein. Laut schreiend und mit aller Kraft in die Pedale tretend, jagte eine lange Kolonne Rikschas dem Vergnügungsviertel entgegen. Schreiende Leuchtreklame, Bar an Bar, vollbesetzt mit Soldaten aller Schattierungen. Braune Araber, Senegalesen, Franzosen, Fremdenlegionäre. Hinter der Theke 5 oder 6 hübsche, zierliche Annamitinnen.

Das lange, seidig glänzende, schwarze Haar fiel ihr über die Schulter und verdeckte die linke Brust völlig. Der farbenfrohe Kimono brachte ihre zarte Figur voll zur Geltung.
„Was trinken Sie, Messieurs?"
„Vier Pernod für den Durst und einen Kuss für das Herz, Chérie."
Mit einem unmerklichen Blinzeln ihrer mandelförmigen Augen erwiderte sie den glühenden Blick des Jüngsten der Runde. Beim Einsammeln der leeren Gläser berührte sie scheinbar zufällig mit der Brust meine Wange und ging, die plärrenden Melodien des Radios mitsummend, zur Theke. Von dort gab sie mir einen kleinen Wink. Ich erhob mich umständlich und steuerte ein wenig verlegen der Theke zu. Man kann sich ja täuschen, dachte ich. Sie nahm das Tablett mit den Schnapsgläsern, kniff mir im Vorübergehen leicht in den Arm und flüsterte: „Geh da hinten raus und warte einen Moment." Doch die richtige Tour gewählt, jubelte ich innerlich, verließ stur die Bar und stand in einem dunklen Hinterhof. Wenig später war sie neben mir. Ich wollte sie umarmen und

zog sie an mich, doch sie machte sich frei und zog mich in einen kleinen Raum. Ich sah nur ein breites Bett, von einem weißen Moskitoschleier verhängt, davor ein kleines Tischchen, vollgestopft mit Flakons und Dosen. Eine klein gestellte Flamme einer Petroleumlampe tauchte den Raum ins Halbdunkel. Sie verriegelte die Tür und schob mich aufs Bett.
„Hast du Piaster?"
„Ja, wie viele willst du?"
„25, nur weil ich dich ein wenig liebe, sonst kostet es vielleicht 50 oder mehr. Hast du schon viele Freundinnen gehabt in Afrika?"
„Ja, natürlich", knurrte ich ungeduldig, „Komm jetzt, ich bezahle doch nicht für Sprechstunden."

„Wo warst Du denn? Wir haben schon ein paar Runden intus", lallte Oleg.
Ich grinste breit: „Ich bin eben im Hafen von Indochina eingelaufen."
Verständnislos sahen mich die Kameraden an.
„Wir auch, aber schon gestern."
„Aber nicht in denselben wie ich, ihr Armleuchter."
Nach 2 weiteren Runden hatten sie kapiert. Aber ihre elenden Piaster Vorschuss waren schon in Alkohol umgesetzt, und so taumelten wir der Base Coloniale entgegen.
In aller Gelassenheit fuhren wir mit der Schmalspurbahn Richtung Hanoi, langsam kroch der Güterzug durch das dicht besiedelte Land. In den offenen Schiebetüren drängten sich die Legionäre und betrachteten die ihnen noch fremde Landschaft. Soweit das Auge reichte, Reisfelder, unterbrochen von Dörfern, Bambus und Palmen. Einige strohgedeckte Hütten, dazwischen Wachtürme aus roten Ziegelsteinen. Alles mit Palmen umsäumt, Leute arbeiteten in den Reisfeldern, nahmen keine Notiz von uns, ab und zu winkte mal ein Kind, überhaupt wirkte alles grün und friedlich. Wir wurden in dieses Land Indochina transportiert, ohne dass man uns aufgeklärt hatte, ob wir in den Süden nach Saigon oder 2.000 Kilometer weiter in den Norden gingen. Von der militärischen oder politischen Situation hat man nie mit uns Legionären gesprochen, wozu auch, wir sollten hier kämpfen. Wir waren jetzt im Kampfgebiet, denn der Partisanenkrieg war überall und nirgends. An der Bahnlinie, alle 3-4 Kilometer, Wachposten, ringsum mit Stacheldraht umsäumt. Nur wenn der Zug vorbeifuhr, waren

die Tore offen. Oben auf den Türmen Wachposten, die uns natürlich neugierig beobachteten. Parallel neben der Bahnlinie verlief die Autostraße Haiphong-Hanoi. Lange Autokolonnen donnerten in beide Richtungen. Einzelne, chinesische Lastautos klapperten völlig überladen. Mit Fahrgästen vollgepfropft fuhren sie langsam am Güterzug vorbei und stoppten jedes Mal, wenn eine der schnell fahrenden Militärkolonnen in Sicht kam. Die Hauptstraße wurde abends geschlossen, die Bahnlinie laufend von Streifen der eng beieinander liegenden Posten kontrolliert, damit keine Minen gelegt wurden. Kein ermutigender Eindruck, aber die Schönheit der Landschaft faszinierte mich viel mehr. Je mehr sich der Zug den rechts und links auftauchenden Bergen näherte, desto häufiger und größer wurden die Posten. 10,5 cm-Geschütze ragten hinter Schutzwällen auf, die Rohre drohend den Bergen entgegengerichtet. Dort lag bereits der Viet. Die 85 Kilometer lange Strecke Hanoi-Haiphong war der Lebensnerv Tonkins. Die bestbewachte Straße der Welt. Und obwohl Überfälle auf die Züge sehr selten waren, lagen oft Waggons und Loks im Reisfeld. Fast jede Nacht legte der Viet Minen, und trotz der scharfen Kontrollen am Morgen flogen doch oft Züge und Autos in die Luft. Auch hier in dieser so streng bewachten Zone operierte nachts der Viet Minh unbehelligt. Reisfelder und Dörfer inmitten von Palmen und Bambus. Leute in den Reisfeldern, die arbeiteten, aber nicht den Kopf hoben, wenn wir riefen und winkten, aber sofort wegrannten, wenn der Zug, der eh nur Schritttempo fuhr, noch langsamer wurde oder hielt.
Wie gut, dass niemand wusste, dass wir keine schussfähigen Waffen hatten. Die erste Einheit in Indochina, die nur mit französischen Waffen ausgerüstet war, aber nicht schießen konnte.

Die Au Ve, kleine örtliche Sabotageeinheiten, die keine Uniform trugen, setzten mit dem Minenlegen und blitzschnellen Hinterhalten dem französischen Expeditionscorps ganz schön zu. Sie waren überall und nirgends. In der Zone, die nicht regelmäßig von französischen Truppen durchkämmt wurde, herrschte der Viet Minh. Fast alle jungen Männer waren vom Viet rekrutiert worden. Hier gab es auch reguläre Einheiten des Viet, nur die schwarze Bauernkleidung als Uniform, schlecht bewaffnet und barfuß. Die schlugen schon mal zu, wenn eine Einheit sich zu weit vorgewagt hatte und ohne Artillerieschutz war. So schnell, wie sie zuschlugen, waren sie wieder verschwunden. Das waren die Hinterhalte, Embuscaden genannt, aus denen es selten ein Entkommen gab.

Gefangene wurden da nie gemacht und Verwundete gab es auch nicht! Da kam der Coup-Coup, das Haumesser der Bauern, zum Einsatz! Gelang es ihnen, beim Rückzug in das nächste Dorf zu kommen, dann waren sie verschwunden. Die Waffen in Reisfeldern und Teichen versteckt, spielten sie den armen Reisbauern, der mit dem Wasserbüffel zu seinen Feldern unterwegs war. Und das war er ja als Au Ve eigentlich auch! Die regulären Truppen, die Boi Doi, waren weit weg vom Geschehen in den Bergen und der Ausbildung und Propaganda des Kommunismus Tag und Nacht ausgesetzt. Wenn General Giap meinte, einen Schlag gegen uns durchzuführen, dann waren ausreichend Kräfte und Waffen vorhanden. Dann kam es zu den Eroberungen der französischen Posten, die dem Viet im Wege waren.

In Tonkin war tatsächlich kaum Land in französischer Hand, bis auf die Städte Haiphong und Hanoi. Die Bahnstrecke dazwischen war schon völlig unsicher, die lange Postenkette an der chinesischen Grenze, die R.C. 4, die vom 3. Regiment der Legion und Marokkanern gehalten wurde, und starke, uneinnehmbare Posten irgendwo im Land. Diese waren aber immer isoliert und sorgten nur 5 bis 8 Kilometer um den Posten für französische Präsenz. Und das war meistens bei den Bergvölkern, die sowieso auf der französischen Seite waren, weil sie die Annamiten, die Hauptbevölkerung, also Viets, überhaupt nicht ausstehen konnten und schon ewig bekämpft haben. Deshalb gab es eine starke Präsenz der Franzosen in den Bergen.

In der brennenden Mittagshitze lief der Zug in Hanoi ein. Der Musikzug und eine Compagnie des 1. Fallschirmjägerbataillons der Legion begrüßten uns. Viele dieser Fallschirmjäger waren in Tunesien in diesem Bataillon gewesen, bevor sie sich zu den Paras meldeten. Freudestrahlend begrüßten sie die Neuen. Jeder Mann Verstärkung wurde dringend gebraucht. Aufgeregt berichteten sie von den Einsätzen und zählten etwas bedrückt eine lange Reihe von Kameraden auf, die bereits den Reis von unten sahen. Schrille Pfiffe rissen die sich eben wieder gefundenen Freunde auseinander.

Auf LKW verladen, wurden wir an den Nordrand der Stadt in eine zerstörte Fabrik am Ufer des roten Flusses gebracht. Bis in die Abendstunden schufteten wir in der ungewohnten, feuchtheißen Schwüle. Berge von Abfall und Schutt wurden beiseite geräumt. Schlangen und Ratten flohen aus den von dichtem Gestrüpp bewachsenen, halbverfallenen Mauern. Die fliegenden Händler, kleine Jungen und hübsche Mädchen, schleppten an wippenden Bambusstangen auf den Schultern trübes, lauwarmes Nasser in Blechkanistern heran. Ein Liter, ein Piaster. Für Bier oder Limonade reichte das Geld nicht mehr. Wir Neulinge kannten natürlich nicht die fernöstlichen Gewohnheiten. Sonst hätten wir das Wasser selbst aus dem von üppiger Vegetation fast überwucherten Tümpel geholt. Die gewitzten Annamiten aber hatten einen Riesenspaß. In einer Stunde verdienten sie an den Neuen mehr als sonst in einem Monat.

Mit der einbrechenden Dunkelheit kamen ein paar Lastwagen. Es gab ein warmes Essen und große Kübel Tee für die Nacht. Nach der Verpflegungsverteilung schleppten wir endlich ihre Bagage in die stockfinsteren Fabrikhallen. Die Scheinwerfer der Autos leuchteten durch die großen Löcher in den Mauern, damit wir wenigstens etwas sahen. Fluchend versuchte jeder, einen einigermaßen sauberen Fleck zu ergattern. Myriaden von Moskitos waren mit der einbrechenden Dunkelheit aufgetaucht und peinigten die schutzlos auf der nackten Erde ausgestreckten Männer. Zwar hatten wir Moskitonetze, aber in diesem Durcheinander wusste keiner, wo man solch ein Ding aufspannen sollte. Kaum hatte sich jeder hingelegt, da näherten sich abermals Autos. Wieder wurden wir auf die Straße getrieben und jeder bekam einen US-Karabiner und 100 Patronen in die Hand gedrückt. Dazu der Befehl, die Waffen sofort zu reinigen. Ein paar Feuer wurden entfacht, und bald saßen wir im Kreis herum und entfetteten die Gewehre. Aus Zorn oder Unvorsichtigkeit pfiffen bald ein paar Schüsse in die Nacht. Der wachhabende Sergent drohte für jeden Schuss 8 Tage Bau an, das half. Keiner wollte gern in das Prison wandern, das hatte man in Nordafrika oft genug tun müssen. Prison war besonders in der Legion eine harte Sache. Wer dort einmal saß, der hatte weiß Gott die Schnauze gestrichen voll davon.

Am nächsten Tag wurde das Bataillon am linken Ufer des roten Flusses in Marsch gesetzt. Der Stab blieb in der Fabrik, und die Compagnie verteilte sich auf die am Ufer liegenden Dörfer. Die 2. Compagnie unter Capitaine Minard, einem bulligen Litauer, der kurz vor der Abfahrt die Compagnie von Blacky übernommen hatte, erhielt die äußerste Stellung. Mit unseren 2 Gewehren, die neue, aber vorläufig wertlose M.A.S. 36 auf dem Rücken, die alte Springfield schussbereit unter dem Arm und reichlich Gepäck marschierte das Bataillon den Roten Fluss im Gänsemarsch entlang nach Süden. Immer auf dem Deich und reichlich Angst vor einem Feuerüberfall. Sobald ein Dorf auftauchte, ging eine Compagnie hinein.

Die 2. war wieder mal die Letzte, wir waren 12 Kilometer von Hanoi entfernt. Wir besetzten das Dorf Kon Lam. Verängstigt hockten die Bewohner in ihren Bambushütten. Die lehmbeworfenen Wände der Hütten waren mit Propagandaparolen der Viet Minh beschmiert. Die Ziegelmauern der katholischen Kirche waren mit einem großen, gelben, fünfzackigen Stern bemalt. Daneben ein Bild mit Viet-Soldaten, die mit gefällten Bajonetten einen Angriff liefen. Auf dem mit Ziegelsteinen gepflasterten Dorfweg lagen Zettel in deutscher und französischer Sprache: „Kameraden, lauft über, kämpft nicht für die Kapitalisten!"

Kaum 5 Kilometer von Hanoi entfernt war schon vom Viet beherrschtes Gebiet. Die französische Armee in Tonkin war nicht so stark, vor den Toren der Hauptstadt den Viet zu schlagen. Die 3. Section mit Lieutenant Poisson besetzte die Kirche am Rande des Dorfes. Die Compagnie installierte sich inmitten des Dorfes in einer großen Pagode. Die 3. Section, die in Tunesien eine Spezialausbildung als Gebirgsaufklärer erhalten hatte und unter dem Namen Section Montagne fast im ganzen Land herumgekommen war und allerhand gute und auch weniger gute Taten vorbrachte, war das Lieblingskind von Blacky Darès. Während das ganze Bataillon selten aus dem kleinen Städtchen El Kef herausgekommen war und nur immer die Kasernenluft atmete, war dieser Zug fast immer auf sich selbst angewiesen. Zu einer festen Einheit zusammengeschweißt. Es waren keine Musterlegionäre, im Gegenteil. Die Mischung von alten, erfahrenen deutschen Landsern, russischen Wlassow-Soldaten, jugoslawischen Partisanen und Einzelgängern aus verschiedenen Nationen war eine rauflustige Bande. Wehe, wenn sie freie Hand hatten. Sofort fielen sie aus der Rolle, aber wenn es galt, standen sie voll ihren Mann. Oft hatten sie das bewiesen.

Aber sehr oft standen auch Lieutenant Poisson, ihrem Zugführer, die Haare zu Berge. Vielleicht trug er deshalb einen kurzen Bürstenschnitt, den natürlich der ganze Zug sofort kopiert hatte. Poisson war der richtige Mann für diesen Haufen. 27 Jahre alt, mit zerschossener Hand und hoch dekoriert, hatte er schon 2 Jahre Indochina hinter sich. Er war kameradschaftlich und zugleich ließ er immer eine gewisse Distanz spüren. Hart nahm er die Männer bei Übungen ran und ließ sie dann in ihrer Freizeit völlig in Ruhe. Noch nie hatte er jemanden unnötig bestraft. Er hatte ein eigenes System. Einen Schuldigen kanzelte er höllisch beim Morgenappell ab und verhängte ein paar Strafwachen. Der so Bestrafte wusste schon im Voraus, dass er beim nächsten Geländemarsch das schwere MG schleppen musste. War kein Anwärter da, so blieb das völlig veraltete Hotchkiss, das wahrscheinlich schon 14/18 im Schützengraben stand, einfach zurück. Er war beliebt, und gerne wären aus den anderen Zügen Leute in seine Section Montagne gekommen, als die Order kam, dass wir nach Indochina kamen.

Lässig saß Poisson auf dem Taufstein. Er ließ den ganzen Zug im Halbkreis antreten. „Bon, ihr wisst genau, das ist eine Kirche. Also macht nicht mehr kaputt als nötig. Die Stühle und Bänke kommen alle vor den Altar. Die Hütte an der Seite wird Küche. Mayr, schwimm ab, koch Tee. Alle Hütten im 100 Meter Umkreis werden abgebrannt. Lasst die Leute erst alle Utensilien rausnehmen. Im selben Umkreis wird alles umgehauen. Besonders die Bananenstauden. Gräben und Löcher ausfüllen. Palmen und hohe Bäume bleiben stehen, damit wir Schatten haben. 17.00 Uhr ist Inspektion. Natürlich hat jeder eine gute Stellung, besonders die MG. Sonst noch was? Nein, dann legt los. Caporal Merten bleibt noch hier."

Die Kirche wurde ausgeräumt, 10 Meter um die Kirche eine Mauer mit MG-Posten gebaut und davor wurde freies Schussfeld geschaffen. Hütten weg, Bananenplantage gefällt, der Trinkwasserteich fiel auch in die Schusszone, also haben wir der Bevölkerung verboten, weiter den Teich zu benutzen. Wir hatten keine Erfahrung im Umgang mit der

Bevölkerung - wir taten alles, um uns mit der Bevölkerung, die hier total friedlich war, grob anzulegen!

Kaum war die Section mit Beil und Feldspaten bewaffnet ins Freie getreten, da nahm Poisson sich Merten vor.
„Der Legionär Thiel hat seine Springfield heute Morgen als verloren gemeldet. Warum habe ich erst auf dem Marsch davon erfahren?"
„Wir haben bis zur letzten Sekunde gesucht, mon Lieutenant."
„Habt ihr nichts gefunden?"
„Nein, mon Lieutenant."
„Ich bestrafe den Legionär der 1ère Classe, Thiel, und Sie, Caporal Merten, mit 24 Stunden Tombeau. Beginn 19.00 Uhr, nach dem Abendbrot."

Caporal Merten besorgte sich einen Feldspaten und hob 2 flache Gräben aus. Dann spannte er ganz flach eine Zeltbahn darüber. 24 Stunden musste er ganz flach darunter liegen. Eine grausame Strafe bei Temperaturen von mehr als 35 Grad Hitze. Hoffentlich gibt es keine Regenschauer, sonst würden sie bis an die Ohren im Wasser liegen und nicht einer der eigenen Kameraden, die als Posten Tag und Nacht dabeistanden, würde sie herauslassen. Unweigerlich müsste der sich sein eigenes „Tombeau" daneben schaufeln, wenn er bei solch einem schweren Vergehen erwischt würde.
Alles hatten wir gelernt. Mitten aus dem Schlaf gerissen, konnte jeder in Rekordzeit sein MG auseinander- und noch schneller zusammenbauen. Aber wie man armdicken Bambus fällt, das wussten wir nicht. Mit der Säge haben wir es probiert, die Kinder haben uns ausgelacht! Mit unseren Bajonetten und messerscharfen Pionieräxten hauten wir wie wild drauf los. Der Bambus splitterte und federte zurück. Lag endlich ein Stamm am Boden, so war er zu nichts mehr zu gebrauchen.
Endlich raffte sich Sikolowski auf. „So geht das nicht weiter, wir müssen einige Coup-Coup haben. Ihr wisst doch, ich habe oft genug erzählt, wie leicht die Viets uns damit den Schädel spalten."
„Halt das Maul", grinste Capo Faifrowski seinen Landsmann an.
„Geh an die Arbeit und rasiere uns nicht ohne Seife mit deinen ollen Geschichten."
„Wie Sie wünschen, Sie alter galizischer Knoblauchfresser", antwortete

Stanis höhnisch auf Polnisch und fuhr in Deutsch fort: „Lass mich in eine Hütte gehen, ich leihe mir ein Coup-Coup und in 5 Minuten hau ich mehr Bambus um, als du heute noch verbauen kannst.″

Ohne eine Antwort abzuwarten, verschwand er im Dorf und besorgte sich ein Haumesser. Triumphierend schlug er mit dem Messer in wenigen Minuten die stärksten Bambusstangen um. Dieser Coup-Coup wurde als gefährliche Waffe angesehen und sichergestellt. Trotz des lebhaften Protestes des alten Reisbauern, der gekommen war, um sein Messer zurückzufordern, das er täglich zu allen möglichen Arbeiten brauchte. Erst ein Tritt in den Hintern belehrte den Alten, dass er hier auf seinem eigenen Boden rechtlos war, und mit hasserfüllten Augen kehrte er ins Dorf zurück.

Die erste Wache im fremden Land

Ich lauschte in die Nacht. Mein Herz klopfte rasend. Krampfhaft hielt ich die entsicherte Springfield in der Hand. Die MG-Stellung war etwa 1,50 m hoch aus Ziegelsteinen aufgeschichtet. Hinter der Schießscharte stand ein Tisch, auf dem ich kniete, das MG zwischen die Schenkel gepresst. Alte Patronenauswerfer hatten wir bekommen, damit wenigstens die leichten MG feuerbereit waren.

Ich hatte Angst. Die erste Nachtwache in diesem unheimlichen Land. 30 Meter vom nächsten Posten und noch weiter von der Kirche entfernt, die jetzt der sicherste Platz war. Ich hätte viel darum gegeben, wenn ich jetzt dort hätte liegen können und den Kopf unter die Decke stecken dürfte. Rechts vor mir waren die weiten Reisfelder. Dort quakten Kröten. Solange die Krach machen, kommt nichts von da, dachte ich und spähte angestrengt nach vorn. Dunkel und drohend lag das Dorf, kaum 20 Meter entfernt. Grillen zirpten und das auf- und abschwellende Sirren der Moskitos erschien mir so laut, dass ich meinte, einen sich anschleichenden Menschen überhören zu müssen. Das Mondlicht und die leise schwankenden Blätter der Bananenstauden spielten meinen Nerven übel mit.

Endlich hörte ich eine vertraute Stimme. Von Senden, der wachhabende Capo, näherte sich, leise seinen Namen rufend, von der Kirche her. Mit zitternder Stimme flüsterte er: „Gibt´s was Neues, Charly?"
Den Finger am Abzug seiner Maschinenpistole, äugte er durch die Schießscharte. Aha, der hat auch die Hose voll, dachte ich, und betont laut fragte er: „Wie spät ist es denn, so eine Wache wird ja zur Ewigkeit. Ich meine, ich stehe schon seit Stunden."
„Kurz vor neun", antwortete ich und fragte: „Sag mal, hast du Schiss?"
„Und ob ich Schiss habe", flüsterte von Senden.
„Pass bloß auf und knall nicht gleich in der Gegend rum, nur wenn es mal irgendwo raschelt. Weißt ja Bescheid, erst dreimal Halt rufen, und wenn dann morgen kein Toter daliegt, musst du die verschossenen Patronen absitzen. So hat es der 'Fisch' (Spitzname für Lieutenant Poisson) gesagt. So ein Blödsinn, noch keinen Schuss haben wir aus der Waffe abgeben dürfen. Hoffentlich funktioniert die überhaupt, wenn mal was passiert. Das schwere MG liegt immer noch auseinandergenommen in der Sakristei, Iwan hat es gar nicht wieder zusammenbekommen."

Von Senden warf noch einen kurzen Blick durch die Schießscharte, während ich auf mindestens 100 Meter deutlich erkennbar mit dem ganzen Oberkörper über der Mauer im Mondlicht saß, und verschwand wieder lautlos zur Kirche.

Lautes Knacken riss mich hoch. Mir war gar nicht bewusst, dass ich aufrecht, wie eine Schießscheibe, auf dem Tisch stand. Zwei Gestalten taumelten auf mich zu. Für Sekunden war ich vor Schreck unfähig zu reagieren. Den Finger am Abzug, sah ich in der letzten Sekunde, dass beide Gestalten weiße Képis aufhatten. Das mussten Legionäre, Kameraden sein. Oder eine Finte der Vieth Minh. Endlich brachte ich ein klägliches „Halt, stehen bleiben!" über die Lippen und lud geräuschvoll das schon geladene Gewehr noch einmal. Zum erneuten Anruf war es zu spät. Die Gestalten waren schon bis auf ein paar Meter herangetorkelt. Betrunkene. Ich krümmte den Finger und wollte einen Schuss dicht über ihre Köpfe jagen, um sie zum Stehen zu bringen, da erkannte ich Jury. Jury Sidorowitsch, den versoffenen, kleinen Kosaken und „Moses" Heiler, unseren Smutje.

Zitternd vor Entsetzen, fast zwei meiner besten Freunde getötet zu haben, ließ ich den Lauf der Springfield auf die Mauer sinken. Ich fauchte sie an: „Schert euch weg, ihr Idioten!"
Weiter kam ich nicht. Moses griff mit beiden Händen nach dem geladenen Gewehr und hielt es sich auf die Brust. Er schrie: „Schieß doch, du Feigling, leg mich um, sonst klaue ich dir die Flinte!"

Jury kam jetzt auch in die Stellung und versuchte mich vom Tisch zu ziehen. Den Finger noch am Abzug, wusste ich mir keinen anderen Rat mehr. Ich trat Sidorowitsch mit voller Wucht ins Gesicht und schrie laut um Hilfe. Poisson war augenblicklich da. Splitternackt, mit der Pistole in der Faust, schlug er Moses zu Boden. Andere eilten zur Hilfe herbei. Sie schleppten Jury und Moses, die jetzt beide am Boden lagen, in ihre Betten. Der Lieutenant entlud keuchend seine Pistole und zischte: „Morgen früh alles zum Rapport beim Compagnie-Chef." Kleinlaut verdrückte sich jeder, so schnell es ging.

Bis auf einen einzelnen Schuss im Morgengrauen blieb bei der 2. Compagnie sonst alles ruhig. In Richtung der anderen Compagnie knatterten nach Mitternacht die Waffen los. Wir nahmen an, dass dort schwere Kämpfe herrschten. Am nächsten Morgen erfuhren wir die Gründe der Schießereien. Ein Caporal-Chef der 4. Compagnie war von seinem eigenen Sicherungsposten erschossen worden. Eine alte Frau war beim Verlassen ihrer Strohhütte im Morgengrauen von der 3. Compagnie mit glattem Kopfschuss erschossen worden. Auf 50 Meter Entfernung keine besondere Leistung für Assad, den Libanesen. Zeugen sagten später aus, sie hätten keinen Anruf gehört, nur einen Schuss. Da hatte ich, oder wie man es sieht, auch Jury und Moses in dieser Nacht viel Glück.

Morgens Rapport beim Compagnie-Chef. Minard saß in der Pagode zwischen den Buddhas. Lieutenant Poisson saß neben ihm und beide studierten meinen Personalbogen. Sidorowitsch und Heiler hatten bereits 30 Tage Bau bekommen. Der Pott Chum, den beide in der letzten Nacht gesoffen hatten, war somit teuer erkauft. Die Strafe war zwar nicht sehr hart, im Einsatz gab es ja keinen Arrest, aber der Sold für die nächsten 30 Tage ging in die Compagnie-Kasse. Caporal von Senden wurde degradiert und versetzt, weil er die Section beim Abendappell komplett gemeldet hatte, obwohl Jury und Moses fehlten. Damit hatte er sich die Blöße geliefert, auf die man bei ihm als „Süßem" gewartet hatte, um ihn loszuwerden. Sein Beschützer Ballabrigda war schon vor 18 Monaten auf geheimnisvolle Weise gestorben, seitdem stand Senden auf der Abschussliste.

Minard sah Poisson nachdenklich an.
„Wie ist dieser Krause sonst?"
„Er hält sich für sein Alter sehr gut und ist immer ein wenig verschlossen. Ich habe ihn gerne in der Section, ein zäher Marschierer und kann gut mit der Waffe umgehen. Sehr guter Schütze und leidenschaftlich schneller Autofahrer. Dafür war er in Tunesien 8 Tage im Bau. Nur sein Alter stimmt nicht, wie bei Heiler und Attig, die sind höchstens 18."

Minard schob den Personalbogen beiseite und schrie, dass der Lieutenant zusammenzuckte: „Legionär Krause, entrez!"
Ich riss mir das Käppi vom Kopf und machte meinen Spruch. Minard sprang auf und ließ eine seiner berühmten Brüllereien vom Stapel. Es war die vierte an diesem Morgen und daher schon kürzer. Ich verstand kaum was davon und musste die Situation von gestern Abend schildern. „Weshalb hast du nicht geschossen? Du hast den Befehl dazu gehabt", tobte jetzt auch Poisson.

„Ich habe noch nie auf einen Menschen geschossen und werde niemals auf Kameraden schießen. Wenn es Viets gewesen wären, hätte ich schon abgedrückt. Besser, dass ich gezögert habe. Lieber ins Prison, als meine besten Freunde umlegen."

Die Officiers waren verblüfft über meine mutige Verteidigung. Minard stellte jetzt ein paar persönliche Fragen auf Deutsch, die Poisson kaum verstand. Erst als ich aus dem Tempel verschwunden war, sagte er, wie ich später erfuhr: „Der ist jünger, als Sie annehmen, Poisson! Ein Glück, dass er nicht sofort in den Dschungel gejagt wurde. Hätte er sich bemüht, wäre er wegen seines Alters entlassen worden. Er wollte nicht freikommen, stur wie ein Büffel. Er weiß ja nicht, was ihm noch bevorsteht. Aber hier ist kein Sanatorium, deshalb hat er 8 Tage Bau bekommen."

Legionär Karl-Heinz Krause.

Juli 1949
Das Leben im Dorf

Unsere Dorfbewohner hatten sich mit uns abgefunden. Der Bürgermeister war als Dolmetscher und Freund des Capitaine Minard immer an der Seite des Capitaine, fuhr mit ihm im Jeep nach Hanoi zum Essen.

Die Leute hatten nicht viele Sympathien für uns, kamen wir doch einfach in ihr Dorf und zerstörten alles, was uns nicht in den Kram passte. Das Dorf war kein Viet Minh-Standort, keinerlei Aufschriften gegen Frankreich oder für Ho Chi Minh. Diese Grenzgebiete nahe der französischen Standorte oder Städte, das war die Region der Politkommissare, die in

Zivil die Dorfbewohner auf die kommunistische Doktrin einarbeiteten. Sie machten Schulungen, holten Leute zum Arbeitseinsatz ab und nahmen die jungen Männer zum Dienst in der Viet Minh-Armee mit in die Berge. Hier war das Gebiet der heimlichen Viet Minh-Partisanen. Selbst die Dorfbewohner wussten meist nicht, welcher Nachbar Partisan war. Und Angriffe wurden auch nicht von den Dorfbewohnern ausgeführt, sondern immer von Au Ve aus anderen Dörfern. Somit war der Verrat durch die Bevölkerung ausgeschlossen. Die wussten doch nichts, also konnten sie nichts verraten. Verrat oder zu viel Freundschaft mit den Weißen, das war für die Reisbauern fürchterlich. Die Standgerichte des Viet Minh tagten in der Öffentlichkeit, sorgten für Treue zum Viet Minh. Da wurden die Bauern im Schnellverfahren hingerichtet. Standgerichte mit der gesamten Bevölkerung. So verschafften die Viet Minh sich Respekt!

Noch weniger Krieg herrschte in den Städten, dort fanden keine Überfälle statt, dort war Frieden! Der Viet bezog seinen Nachschub aus den Städten und der Transport durch die französischen Linien war ein Kinderspiel. Dieser wurde durch die Markfrauen besorgt, die täglich gruppenweise mit ihren Tragekörben von Dorf zu Dorf zogen.

Die Regeln im Dorf waren einfach: Wenn abends die Trikolore mit Trompetenklang eingeholt wurde, dann durfte sich im Dorf niemand mehr bis zum Appell am Morgen bewegen. Ein uralter Reisbauer hatte das nicht kapiert und in der Morgenfrühe schon Mist auf das Reisfeld bringen wollen. Sergent Petrowitsch, der eigentlich nur die Wachen kontrollieren sollte, nahm das Gewehr des Postens und der Bauer war tot! Die Bewohner waren sehr aufgebracht und fast wäre es zu einer Schießerei gekommen, als die Angehörigen die Pagode stürmen wollten!

Die friedliche Co-Existenz war dahin, zum Glück wurde meine Section nach Hanoi verlegt. Wir wurden jetzt als Eskorte bei Transporten eingesetzt. Hier erfuhren wir, dass es im Bataillon schon Tote gegeben hat: Fahrer, die auf Minen gefahren waren.

In der 3. Compagnie wurde ein äußerst unbeliebter Sergent auf Postenkontrolle erschossen. Er wollte einen Legionär auf Wache kontrollieren und befand sich dabei außerhalb der Sicherheitszone. Der Posten, der kontrolliert werden sollte, hat keinen Schuss abgeben, aber wer dann?

Dann verschwand der Legionär Gesenke, war mit seiner Waffe in das nächste Dorf gegangen und weg. Desertiert kaum, alle persönlichen Sachen waren noch da. Selbst seine Brieftasche mit Geld und persönlichen Bildern. Das Dorf wurde gefilzt, wie es die Legion nun mal macht, aber keine Spur. Gesenke wurde angeblich erst nach 8 Monaten wieder von den Viets freigelassen. Er wurde sofort zurückgeschickt nach Afrika, seine Story über die Gefangennahme hatte die Legion ihm nicht abgenommen.

Hanoi, der erste Einsatz

Die 2. Section wird zum PC nach Hanoi kommandiert, am nächsten Tag der erste Einsatz. Ein LKW-Transport musste nach Bac Ninh begleitet werden. Die Stadt war 30 Kilometer entfernt und erst vor kurzem von Fallschirmjägern erobert worden. Die Straße war wieder repariert und wir begleiteten den ersten Nachschubtransport.

Sonntagmorgen. Die Gruppe Bassel, verstärkt durch das MG der 2. Gruppe, wurde als Eskorte zum Bataillon abkommandiert. Ein 3t-GMC holte sie ab und brachte sie zur Zitadelle nach Hanoi. „Blacky" Darès wartete bereits auf die 12 Männer. Bassel wollte antreten lassen, da winkte Blacky lässig ab und peilte mit dem Daumen die Kantine an. „Geht mal rein für einen kleinen Schluck auf meine Rechnung. Ich komme sofort."
Breit grinsend schwang er sich in das offene Führerhaus des GMC und hieß den senegalesischen Fahrer, loszufahren. Lachend verfolgte die Gruppe diese Szene und Bassel meinte:„Hoffentlich spricht Mamatu den Blacky nicht in seiner Stammessprache an. Die kann er genauso wenig wie ich Chinesisch!" Das Angebot des Compagnie-Chefs, ein paar Drinks auf seine Kosten zu nehmen, wurde reichlich genutzt. Der Kantinenbulle traute seinen Augen nicht: Ein Officier schickt die Leute zum Saufen und fährt mit dem LKW ins Munitionsdepot.

Eine Viertelstunde später war er wieder da. Er brachte den schwarzen Fahrer mit in die Kantine und bot ihm auch was zu trinken an. Der war strenger Moslem und wies das empört von sich. Erfreut nahm er aber eine Coke an. Mayr wollte einen uralten Legionsscherz anbringen, um den Moslem dazu zu bringen, mit der unreinen, linken Hand zu essen. Darès verbot das aber energisch.
„Ihr habt keinen Urlaub, verstanden! Ich habe euch hierher gebracht, weil ich euch alle kenne. Ich habe euch was beigebracht und ich mache keine großen Geschichten. Also, wir bringen jetzt ein bisschen Dynamit nach Bac Ninh, das sind circa 40 Kilometer von hier. Fallschirmjäger haben die Stadt vor 8 Tagen eingenommen und heute wird die Straße fertig. Eine Hälfte ist noch nicht sicher, ein paar Minen, ein paar Schüsse, nichts Wildes. Wenn was passiert, keine Angst, es sind genug Truppen in der Nähe. Es ist unser erster Einsatz und ich hoffe, dass ihr euren Blacky nicht blamiert."

Wir sahen uns nicht gerade fröhlich an und bedauerten, dass Blacky aufbrechen wollte. Auf diesen Schreck hätten wir gerne noch einen trinken können. Eine MG-Besatzung nahm mit Darès, der selbst steuerte, im Jeep Platz. Der Rest hockte auf dem LKW. Seffrov setzte sich als Einziger auf die Dynamitkisten, die auf einer dicken Schicht Sand lagen. Wir anderen klammerten uns kleinlaut an die Seitenwände. Mayr legte sein MG auf das aufgerollte Verdeck des Führerhauses und fingerte nervös an seiner Pistole. Das Dynamit hatte allen die Freude am ersten Einsatz vergällt. Darès verfuhr sich ein paar Mal in der Innenstadt. Mamatu, der LKW-Fahrer, hupte immer ärgerlich und fuhr einfach den richtigen Weg weiter. Über die 1.700 Meter lange Pont Doomer verließen wir Hanoi und erreichten nach einer halbe Stunde die Brücke über den Canal Rapide.

Der Posten dort bot ein ganz anderes Bild als das eben verlassene Hanoi. Hier war die friedlich-freundliche Welt zu Ende. Keine flanierenden Soldatenliebchen, keine knallige Kinoreklame, gepflegten Parks oder überfüllten Strandbäder. Hier gab es 15 cm-Geschütze, die feuerbereit und drohend nach Westen gerichtet waren. Unverständlich quäkende Funkgeräte, brummende Panzermotoren und ein Durcheinander von Pionieren, Artillerie und Fallschirmjägern. Etwas abseits ein großes

Zelt mit einem roten Kreuz. Einige französische Krankenschwestern standen, dicht von Soldaten umringt, davor.

Sie fielen in ihren neuen Uniformen auf, alle mit kurzen Hosen, viele mit Bärten in allen Variationen, von Adolf bis Kaiser Franz-Josef. Freudiges Wiedersehen mit Seppl, der mit mir in derselben Section in Nordafrika war. Jetzt war er Sanka-Fahrer bei den Paras.
„Wos hobst ihr denn da? Dynamit, do bräucht i ja nimmer kumma, wenn's bei euch knallt. Wos host denn, Mayr, bist ja blass um d Nas'n herum", frotzelte er und wollte uns schnell ein paar Flaschen Bier besorgen. Aber Darès hatte schon die Fahrerlaubnis und weiter ging es. Schon 100 Meter hinter dem Posten sah es abermals ganz anders aus: Die Straße von Gras überwuchert, alles verwildert, zerstörte Bambushütten. Kein Feld bearbeitet, die Dörfer menschenleer, schon zugewuchert. Hier war bis vor kurzem Niemandsland, der wuchtige Posten an der Kanalbrücke war jetzt vorderste Stellung. Hatte schon harte Angriffe abwehren müssen – 20 Kilometer vor Hanoi, der Hauptstadt.

Darès war weit vorausgefahren. Paul Kieffer deutete mit dem Gewehr aus dem Jeep heraus: Achtung, wir sind mitten drin! Im langsamen Tempo versuchte Mamatu den LKW durch die mit Ziegelsteinen ausgefüllten Querrinnen zu steuern. Alle 3-4 Meter waren 2 Meter breite, V-förmige Rinnen in die Straße gegraben. So war ein Vorankommen mit Panzern und LKW nicht möglich, mit einem Fahrrad kam man aber sehr gut voran. Der Viet konnte seine Transporte nachts durchführen, unsere Truppen konnten so nur zu Fuß Überraschungsangriffe starten oder mussten erst die Straßen wieder herrichten. Die Ari und Panzer brauchten die Straßen, kamen durch die Reisfelder keinen Meter voran.

Die erste Mine ging 30 Meter vor dem Jeep hoch. In unregelmäßigen Abständen erfolgten noch etwa 1 Dutzend Explosionen. Der LKW stand sofort. Durch den Ruck wirbelte alles auf der Ladefläche durcheinander. Ziegelsteine flogen durch die Luft, der rote Staub nahm jede Sicht. Mechanisch hielt jeder das Gewehr nach rechts oder links in das bis an den Straßengraben reichende Bambusdickicht und schoss los. Das MG war durch den Ruck auf die Straße gefallen. Mayr sprang hinterher, und auf dem Kotflügel liegend, jagte er Salve um Salve in den Busch.

Jetzt knatterte auch das MG vom Jeep los, immer noch unsichtbar durch den roten Dreck. Wenigstens gab es sie noch. Trocken und hell knallte es jetzt über unseren Köpfen, der Viet schoss zurück. Endlich standen die Vier aus dem Jeep auf.
Der Capitaine brachte etwas Ordnung in uns ziellos in der Gegend herumballernden Haufen. „Runter vom Auto, links und rechts in den Graben!", schrie er. Unsanft packte er Mayr und gab ihm zu verstehen, dass sein MG-Feuer streuen musste. Alle Grundregeln vergessen, hatte er immer nur auf eine Bambushütte gehalten. Nun kam etwas System in die Verteidigung, jeder suchte jetzt einen Viet. Aber in diesem Dickicht konnte man nach 3 Metern nichts mehr erkennen.

Plötzlich ein markerschütternder Schrei aus dem Gebüsch – getroffen! Eine Stimme schrie irgendwas und das Gewehrfeuer hörte auf. Wir stellten verdutzt auch das Feuer ein. Knacken war auf beiden Seiten der Straße zu hören.
Darès brüllte: „Ihr Idioten, schießt weiter, die laden nur nach!"
Sofort setzte das Rattern unserer Maschinenwaffen wieder ein. Alle sahen sich um, bereit zu türmen. Sikolowski stand auf und versuchte auf der Straße wegzulaufen. Blacky hatte ihn mit 2 Sprüngen eingeholt und versetzte ihm einen harten Schlag mit der Faust auf die Schulter. Aufstöhnend flogen beide in den Graben. Das hatte uns gereicht, keiner rührte sich mehr. Da aber auch kein Schuss mehr fiel, ließ Darès das Feuer einstellen. Wir blieben in Deckung, bis 2 Spähwagen vom Brückenposten eintrafen.

Der Überfall war abgewehrt, aber erst als Seppl aus einem der hinzugekommenen Spähwagen ausstieg, fanden wir die Sprache wieder. Beide Autos waren in Ordnung, niemand von uns verletzt. Die Minen waren mit Drähten ferngezündet worden. Ein Glück, der Jeep war schon über 10 Minen gefahren. Der LKW mit dem Dynamit war in ein Loch gefahren, das die Sekunden vorher gezündete Mine gerissen hatte. Die Ananas-Minen waren Viet-Eigenkonstruktion mit minderwertigem Pulver. Das war kaum in der Lage, die Mine selber zu zerstören.

Plötzlich ein schwacher Ruf aus dem Dickicht. Ein Verwundeter! Sofort drangen ein paar Männer in das Gebüsch und trugen ein zierliches

Mädchen heraus. Es konnte höchstens 10-12 Jahre alt sein. Ihr Leib war zerfetzt, eine der kaum entwickelten Brüste klaffte auseinander. Sie war in eine MG-Salve geraten. Verstört sahen sich Mayr und Minard, die beiden MG-Schützen, an. Einer der beiden musste sie getroffen haben. Seppl zerriss ihre Kleidung und wollte sie verbinden. Aber es war zu spät. Ein leises Stöhnen kam über die schon blutleeren Lippen und der Kopf fiel zur Seite. Tot! Die rechte Hand des Mädchens hielt immer noch ein Stückchen Minendraht fest. Niemand war fähig, ein Wort zu sagen. Ich wandte mich leichenblass ab. Der erste Feindkontakt, und dann so was. Ein Kind, das jetzt tot war, das aber auch unseren Tod in der Hand gehabt hatte. So eine Scheiße, ich wollte nach Hause.

Niedergeschlagen drehten sich aber auch die anderen ab und stiegen wieder auf den LKW. Der Adjudant des Spähwagens stieß die Tote mit dem Fuß in den Graben und sagte zu Darès: „Wir begleiten Sie. Der Befehl kam erst, als Sie vorbei waren. In Bac Ninh liegen ein paar Verwundete, die nehmen wir mit zurück." Vorsichtig setzten die 5 Fahrzeuge ihre Fahrt auf der schlecht ausgebesserten Straße fort. Die Spähwagen jagten vereinzelte MG-Garben in verdächtige Büsche am Straßenrand. Schweigsam hockten wir auf den Fahrzeugen, die Waffen im Anschlag. Bleich und verstört stierten wir in die Gegend. Wir hatten unsere Feuertaufe erhalten, unseren ersten Sieg. Der war uns aber auch kräftig auf den Magen geschlagen. So hatten wir uns unseren ersten Kampf nicht vorgestellt. Ein paar tote Viets ja, aber ein zerfetztes Kind! Der Gedanke, dass sie uns hätte alle töten können, gewann keine Oberhand.

Das nächste Dorf war völlig zerstört. Hier war offensichtlich schwer gekämpft worden. Schwache Rauchwolken stiegen noch aus den Ruinen. Ein paar tote Zivilisten, in der Mehrzahl Frauen, lagen in den Reisfeldern neben der Straße. Daneben, durch die Hitze schon unförmig, tote Wasserbüffel. Alles einen süßlichen Gestank verströmend, von Millionen Fliegen übersät. Einige 100 Einwohner liefen im Laufschritt wie ein riesiges Förderband vom Dorf zur Straße und wieder zurück. Alle 30 bis 50 Meter stand ein Araber und trieb die hetzende Kolonne mit Stockschlägen an. Endlich erkannten wir den Sinn dieser Menschenschinderei: Die Dorfbewohner füllten die Löcher in der Straße mit den Resten ihrer zerstörten Häuser auf. Frauen, Kinder, Greise, jeder hatte einen Korb mit Ziegelresten auf dem Kopf. Sie füllten die Gräben damit und rannten, von den Arabern geprügelt, ins Dorf zurück, um neue Steine zu holen. Die Viet Minh trieben sie nachts aus den Häusern, um die Straßen zu zerstören, und tagsüber mussten sie sie unter den Schlägen der Marokkaner wieder zusammenflicken.

In Bac Ninh bot sich uns das gleiche Bild. Zum ersten Mal sahen wir eine Stadt, die seit der japanischen Besatzungszeit wieder erobert wurde. Es war kein Stein mehr auf dem anderen, alle massiven Häuser waren bis auf die Grundmauern abgetragen. Dazwischen die Strohhütten der Bevölkerung, die jetzt durch die erneute „Befreiung" wieder in Flammen aufgingen.

Über dem Bild der Zerstörung thronte unbeeindruckt die katholische Kathedrale. Bis auf ein paar zerschlagene Fensterscheiben unzerstört, war sie jetzt das Hauptquartier der Fallschirmjäger. Offiziersstab, Lazarett und Funkstelle im wuchtigen Turm. In einem angrenzenden Haus hatte sich das 2. Büro installiert. Eine Gruppe gefesselter Annamiten hockte auf der breiten Treppe und verfolgte ängstlich die rege Betriebsamkeit vor ihren Füßen.

Jubelnd begrüßten die Paras die ersten Fahrzeuge. Im Nu hatte sich ein neugieriger Haufen um die Kolonne geschart. Aber die Enttäuschung war groß. Dynamit statt der erwarteten Verpflegung und Post. Das schien ihnen unfassbar - kein Wein für die Paras? Sie wollten es nicht glauben, dass man sie schmählich vergessen hatte. Wir mussten uns einiges anhören und bekamen jetzt einen Eindruck von einem „schmutzigen Krieg". Die Paras passten hervorragend zum Eindruck der von ihnen eingeäscherten Stadt. Jeder kleidete sich, wie es ihm passte. Barfuss, nur mit Unterhose, aber einen bunten Schal um den Hals, so waren mehrere zu sehen. Die nicht niedergebrannten Häuser sahen fürchterlich aus. Alles war durchwühlt und sinnlos zerschlagen worden. Alles Wertvolle geplündert.

Seppl hatte schon Erfahrung in solchen Sachen und hatte nicht solchen sinnlosen Plunder aufgeladen wie wir Neulinge. Er hatte auf dem Kotflügel des Sankas schon einige Ballen Stoff festgebunden. Eine

Nahrungsknappheit schien es nicht zu geben. Überall gab es offene Feuerstellen, und wo sich die Gruppen der Section eingenistet hatten, hingen auch ausgeschlachtete Schweine oder Rinder. Für die Officiers gab es Geflügel. Eine Gruppe Gefangener saß im Straßengraben und rupfte Unmengen Hühner und Enten. Bassel zögerte nicht lange. Er sprach mit Blacky und wir wurden zum Fleischfang losgeschickt. Nach einer Stunde war der LKW voll mit Schweinen und Enten. Eine Kuh oder ein Kalb war nicht mehr aufzutreiben, da die Paras vermutlich Kalbfleisch bevorzugten.

Hier wurde auch Bobby für die Legion engagiert. Er wurde nicht gefragt, er landete als Spitz-Welpe einfach in meiner Brusttasche. Er kam aus einer brennenden Cannha (Bambushütte) angewinselt. Ein brennender Strohhalm hatte sein gelbes Fell schon angesengt. Eine kurze Musterung - unversehrt bis auf das Brandmal, kein Ungeziefer, ein Rüde, der sofort mit der Zunge Kontakt aufnehmen wollte, also ein Freund. Keine Zeit zum Nachdenken, also ab in die rechte Brusttasche. Da hatte der Wurm genügend Platz. Vorderpfoten und Kopf blieben draußen, er fühlte sich sofort wohl. Dann kamen mir doch Bedenken. Hoffentlich war er entwöhnt und musste nicht mehr gesäugt werden. Aber es war keine Mutter da, die ihn verteidigt hätte.

Bobby wurde von der Section Montagne adoptiert, ich war sein Chef. Halsband und Leine waren schnell besorgt. Damit band ich Bobby an unser MG, das 2. der Section. Obwohl alle MG gleich aussahen und gleichermaßen nach Pulver und Waffenöl rochen, fand Bobby immer sein MG wieder. Auch wenn man versuchte, die MG zu vertauschen, Bobby irrte sich nie!

Mit einem großen Hallo wurden wir abends bei der Rückkehr auf unserem Posten begrüßt. Ein Teil der Schweine wurde zur Compagnie in die Pagode gebracht. Aufgeregt schilderten wir den Feuerüberfall bis ins kleinste Detail und auch der Raubzug in Bac Ninh wurde nicht ausgelassen. Nach einigen Flaschen Bier stritten sich Mayr und Minard schon darüber, wer das Mädchen erschossen hatte. Aus dem kleinen, dreckigen Mädchen wurde nun im Alkoholrausch eine Filmschönheit, von Betroffenheit keine Spur mehr.

Die große Operation Reallimentation Region Phuc Yen/Vinh Yen beginnt

Im Gänsemarsch zogen wir los, immer in der Nähe des Canal Rapide, erste Tagesetappe Phu Lo, 17 Kilometer. Kein Widerstand, die Bevölkerung floh in langen Kolonnen, gut organisiert, nach Norden in die Berge.

Wir hatten endlich Ruhe vor den Tieffliegern und den plötzlichen Beschüssen durch die Artillerie. Der Viet Minh begann nach einigen Tagen mit Flugblättern und einzelnen Gewehrschüssen seine baldige Rückkehr deutlich anzumelden.

Thomas war zufrieden, die Täuschung war gelungen, denn das Angriffsziel war nicht die Pagode Phu Lo gewesen, sondern lag viel weiter nördlich. Phu Lo war nur die Ausgangsbasis. Jede Compagnie erhielt 60 Kulis aus einem Gefangenenlager in Hanoi zugeteilt. Diese Männer, die alle möglichen Arbeiten verrichteten und auf den Einsätzen die Verpflegung und die Munition schleppen mussten, waren keine Viet-Soldaten. Reisbauern, die bei irgendwelchen Operationen als Verdächtige gefangen genommen und ohne Prozess oder Urteil inhaftiert wurden. Halb verhungert, nur mit ein paar Fetzen bekleidet, so kamen die Männer in Phu Lo an. Während sie in den meisten Compagnien mit Prügel und Hungerrationen zur Arbeit getrieben wurden, hatte Minard ein altbewährtes Rezept. Seine Kulis konnten sich in den Dörfern neu einkleiden und bekamen zu essen, soviel sie wollten. Den Legionären wurde bei Strafe verboten, die Kulis zu verprügeln. Nach einigen Tagen war die Angst aus den Gesichtern der Gefangenen gewichen und willig verrichteten sie ihre Arbeiten. Nicht einer nutzte eine Gelegenheit zur Flucht, was in den anderen Compagnien häufig der Fall war.

Unsere Compagnie hatte sich sogar noch um ein paar Eingeborene vermehrt. Capitaine Minard hatte irgendwo einen alten Annamiten aufgetrieben. Er war Professor und sprach gut Französisch und sogar Deutsch und diente als Dolmetscher. Er hatte seine Frau und seine Schwägerin bei sich. Zusammen mit 2 anderen gefangenen Frauen übernahmen sie die Bedienung der 4 Officiers der Compagnie. Die 3. Section war darüber ziemlich sauer, denn sie hatten die beiden Viets gefangen und hätten sie gerne für sich behalten. Aber Officiers hatten eben mehr Rechte. Und ihr Chef, Lieutenant Rousseau, hatte wohl keine große Verwendung für Frauen, besonders zur Nachtzeit. Stillschweigend nahmen sie hin, dass die Jüngere der beiden Nacht für Nacht zu mir unter das Moskitonetz schlüpfte. Da uns ja noch die 4 hübschen Girls aus der Himmelsglück-Bar in Hanoi zur Verfügung standen, störte unser trautes Glück niemanden in der 2. Compagnie.

Nach etwa 10 Tagen kam nachts eine marokkanische Schützeneinheit an. Sie übernahmen sofort die Stellung, die Posten wurden abgelöst. Nach einer Stunde war das Bataillon marschfertig. Nur mit dem allernötigsten Gepäck, reichlich Verpflegung und viel Munition. Das restliche Gepäck wurde in einer Bethalle aufgestapelt und gegen Mitternacht verließen wir die Pagode in nördliche Richtung. Alle Dörfer auf dem Weg wurden weit umgangen, im Eiltempo ging es durch die mondhelle Nacht. Unbemerkt waren wir bis zum Morgengrauen weit in das Hinterland des Viet Minh eingedrungen. Weit auseinander gezogen, eine viel größere Stärke vortäuschend, griffen wir die Stadt Phuc Yen von Norden her an. Um die zahlenmäßig viel stärkeren Viet-Truppen zu verwirren und zur Flucht zu zwingen, umgingen wir die Stadt und griffen von hinten an.
Zur gleichen Zeit stieß auch ein Legions-Bataillon in direkter Linie vom Roten Fluss aus auf die Stadt vor. Sie waren eigens dafür aus Saigon herangeführt worden. Zum Zeitpunkt unseres Angriffs waren sie aber noch fast 40 Kilometer entfernt. Ein Schwarm alter JU 52 zog sehr tief über unsere Köpfe hinweg. Fallschirmjäger standen in den offenen Türen und winkten uns zu. Das 1. Fallschirmjäger-Bataillon der Legion griff an! Ihr Ziel lag aber noch 15 Kilometer weiter nördlich, die Töpferstadt Vinh Yen! 3 Bataillone Legion, keine 3.000 Mann, unternahmen den Versuch, das reichste Stück des Deltas, von fast einer Million Menschen besiedelt, mit einem Handstreich zu erobern.

Bald bot sich uns das vertraute Schauspiel: Dumpfe Alarmschläge der Tam-Tams aus den Pagoden. Trompetensignale der Viet Minhs. In langen Kolonnen floh die Bevölkerung auf den vorgeschriebenen Fluchtwegen in die Berge – und somit genau in die Arme der Legion, die ja völlig überraschend im Rücken der Stadt auftauchte. Kurze Salven stoppten die mehr als tausend Menschen zählenden Kolonnen und zwangen sie zur Umkehr. Kopflos liefen die Menschen durcheinander, sie wussten nicht mehr, wohin. Manche versuchten es ein paar Kilometer weiter nördlich, aber auch dort pfiffen ihnen die Kugeln um die Ohren.

Zwischen den verwirrten Zivilisten tauchten bald die ersten Viet-Einheiten auf. Im Laufschritt näherten sich uns etwa 100 Soldaten. Wir lagen noch versteckt, in unserem Bereich waren noch keine Flüchtlinge aufgetaucht. Bei den anderen Einheiten wimmelte es nur so davon. Hier aber war der Fluchtweg für die Soldaten. Wir nahmen die fliehenden Viets aufgeregt ins Visier. Sie hatten sich uns schon auf etwa 300 Meter genähert, als am Horizont eine lange Kolonne von Fahrrädern auftauchte. Mit dem Fernglas war deutlich zu erkennen, dass die Radfahrer grüne Uniformen und japanische Stahlhelme trugen und schwer bewaffnet waren. Das waren reguläre Kampfeinheiten! Aber es war zu spät. Die gefürchteten Gegner waren noch außer Reichweite, als auf einen Schlag alle unsere Waffen losbellten, um die ahnungslosen Milizsoldaten niederzustrecken. Für sie gab es keine Rettung. Erbarmungslos war der ungleiche Kampf. Sie starben alle in wenigen Sekunden. Ihre Todesschreie gingen im Geratter der MGs unter. Das Wasser in den Reisfeldern zu beiden Seiten des Pfades färbte sich rot vom Blut der 83 blutjungen Tonkinesen, die hier starben. Wahrscheinlich war es eine Rekruteneinheit, denn sie hatten alle nur ein Haumesser und ein Holzgewehr. Die sMGs und die Granatwerfer waren nicht an diesem Massaker beteiligt.

Wir nahmen uns die Kampftruppe auf ihren Fahrrädern vor. Die schweren MGs hatten aber laufend Ladehemmungen, die Trommeln klemmten dauernd. Ehe die Granatwerfer ihre ersten Granaten ungefähr im Ziel hatten, waren die Viets in einem langgestreckten Dorf verschwunden. Mit lauten Oh- und Ah-Rufen verfolgten die Männer die Bemühungen von Lieutenant Rousseau, das Granatwerferfeuer auf die Pfade zu konzentrieren.

Dumpfes Brummen ließ uns alle aufhorchen. Die JUs kamen zurück. Leer. In den Türen flatterten die Reißleinen der Fallschirme. Das 1. B.E.P. war abgesprungen. Spitfires begleiteten den Transporterschwarm. Über Phuc Yen scherten sie aus und beschossen mit ihren Bordwaffen wild kurvend das Dorf, das vor uns lag. Da, unser Angriffssignal! Wir waren knapp 200 Meter vorangekommen, da drehten die Spitfires ab. Im Tiefflug, kaum 5 Meter über den Reisfeldern, jagten sie auf eine in Marschformation abziehende Viet-Einheit zu. Gespannt sahen wir diesem Schauspiel zu. Aber nur ein paar Schüsse knatterten aus einem der Jäger. Der Rest war leer geschossen. Ohne Schaden anzurichten, schossen die in Deckung gegangenen Viets mit einem MG hinter den heimfliegenden Jabos her. Alle, die sich außerhalb von Gebäuden befanden, wurden von uns jetzt von allen Seiten unter Feuer genommen. Einige versuchten in größter Eile, das Dorf Van-Dong zu erreichen. Die Pfade zwischen den Reisfeldern wurden jetzt von einem unvorstellbaren Durcheinander von Zivilbevölkerung, angreifender Legion und fliehenden Viets bevölkert.

Ohne Mühe erreichte Minard mit seiner Truppe das lang gezogene Dorf und besetzte es an der schmalsten Stelle.

Auf der anderen Seite des Dorfes war der Canal Rapide, 3 Kilometer weiter die Stadt Phuc Yen. Auf der von den Japanern gesprengten Betonbrücke war aus Eisenbahnschienen eine Behelfsbrücke errichtet worden. Sie war unbeschädigt, in der Mitte fehlten circa 10 Meter Bohlen. Ein Viet, der sich wahrscheinlich in den Fluss flüchten wollte, lag, von einer Spitfire zerfetzt mitten auf der Brücke. Nachdem das gegenüberliegende Ufer genau beäugt war und niemand festgestellt wurde, überquerte die 1. Section die Brücke. Der erste Legionär schnitt eine Meldetasche vom Toten ab und schob ihn mit dem Fuß in den Fluss. Der Tote verfing sich einige Minuten in den aufragenden Moniereisen, dann riss ihn die Strömung mit.

Murrend vernahmen wir, dass wir unser Angriffsziel erreicht hatten. Wir wollten gerne eine Stadt erstürmen, aber wir mussten die Bambushütten in der Nähe der Brücke besetzen. Minard befahl, sofort die Verteidigung einzurichten. Zwar war das Dorf in der Mitte besetzt, aber es war fast 3 Kilometer lang. Und wir hatten gesehen, wie alle Radfahrer darin verschwunden waren. Eifrig baute sich jeder aus Möbeln und Ziegelsteinen eine kleine Brustwehr. Das Gackern von Federvieh verriet, dass man an den Morgen denken musste. Kochtöpfe wurden aus den Häusern geholt und bald brutzelte es an jeder Ecke. Der Gefechtslärm ließ gegen Mittag nach, das Bataillon hatte Phuc Yen eingenommen.

Alle hatten den peitschenden Knall gehört, niemand wusste aber, woher er kam. Der blonde „Schimmel" Hellmann riss die Arme hoch und brach tot zusammen. Entsetzt flohen wir in die Häuser und griffen zu den Waffen. Kitsal bemühte sich vergeblich. Ein glatter Herzschuss hatte den Dortmunder erwischt. Ohne Befehl peitschten die Gewehre los. Rachsüchtig wurden die schmorenden Kochtöpfe sich selber überlassen und wir durchkämmten das Dorf. Nachdem fast die gesamte Compagnie in beide Seiten des dicht zugewucherten Dorfes eingedrungen war, verließen mindestens 2 Bataillone Viet Minhs das Dorf an der äußersten Spitze. Die beiden schweren MGs gingen sofort in Stellung und feuerten auf die sich absetzenden Viet-Soldaten. Die andauernden Ladehemmungen kamen den Viets zugute. Ohne sich sonderlich zu beeilen, marschierten sie in die nahen Berge. Erst da erkannten wir, in welcher Gefahr wir uns befunden hatten. Die Viets mussten ziemlich konfus sein, wenn sie mit einer derartigen Übermacht keinen Angriff gewagt hatten. Wir fanden große Mengen Minen und Handgranaten im Dorf. In fast allen Häusern hatten sich Viets einquartiert. Über 300 gepackte Tornister wurden alleine aus einem Haus getragen und verbrannt. Ein Officier der Viets wurde in einem Bett liegend aufgestöbert. Er war krank und konnte nicht alleine laufen. Wir tippten auf Malaria, aber Minard entschied, dass er opiumsüchtig war.

Lieutenant Christofari befahl dem Libanesen Assad, den Kranken über die Brücke zu bringen. Mitten auf der Brücke gab Assad ihm einen Schubs und er flog ins Wasser. Als er nach einigen Sekunden wieder auftauchte, knatterte eine MP los, peitschte das Wasser auf und der Viet versank langsam im Wasser. Breit grinsend kam Assad zurück. Lässig baute er sich vor dem starr dastehenden Lieutenant aus und meldete: „Der gefangene Bandit wurde bei einem Fluchtversuch erschossen, mon Lieutenant!"
Lieutenant „Winnetou" wandte sich wortlos ab. Wir waren zu sehr erregt über den hinterhältigen Schuss auf Schimmel und fanden es jetzt ganz normal, dass man Gefangene gemein abknallte. Wir hatten heute

fast einhundert junge Burschen niedergeschossen, da kümmerte der Tod eines Einzelnen nicht mehr. Ein Monat Einsatz im „schmutzigen Krieg", wie ihn die Franzosen selber nannten, hatte uns schon stark verändert. Aus geschundenen Kreaturen, die in Nordafrika gedrillt und zermürbt worden waren, war eine harte Meute geworden, denen der Tod eines fremden Menschen nichts mehr bedeutete. Wir waren jetzt Legionäre.

Minard ließ sofort die Stellungen verändern, nachdem er die zurückziehenden Viets lange durchs Fernglas beobachtet hatte. Die Bambushütten beiderseits der Straße wurden abgebrannt. Vier Steinhäuser, die etwa 30 Meter von der Brücke entfernt waren, wurden ausgebaut. Etwa 100 Meter voraus stand ein Propagandapavillon, der bis zum Einbruch der Nacht von einer sMG-Gruppe besetzt wurde. So konnten die Reisfelder vor dem Dorf überwacht werden.

Wir beobachteten genau den nun einsetzenden Pendelverkehr zwischen den beiden Dorfspitzen und den Dörfern, die etwa 4 Kilometer entfernt lagen und in die sich die Gegner zurückgezogen hatten. Hinter diesen Dörfern begannen die Hügel. Aber auch von Bäumen oder Dächern aus konnten wir keine Bewegungen hinter diesen Dörfern ausmachen.

Die Viets zogen sich nicht aus den Dörfern zurück. Minard bezog mit seinem Putzer, dem Professor, dem Funker und 4 Mann des Compagnie-Stabes eine kleine Strohhütte direkt an der Brücke. In den vier Häusern vor ihm nistete sich die 3. Section ein. Über den Kanal hinaus, in Richtung Phuc Yen, war nur flaches Gelände. Hier ging der Rest der Einheit in Stellung. Die 2. Section hob ein Grab aus. Schimmel wurde, nur in seine Zeltbahn eingerollt, dort beerdigt, wo er erschossen wurde. Nur wenige Meter neben seiner letzten Ruhestätte hing ein ausgeschlachtetes Schwein in den Bäumen und Kulis dämpften große Schüsseln Reis.

Wir schleppten Bretter und Steine aus den nahe liegenden Häusern, um die Stellungen weiter auszubauen. Die fieberhafte Tätigkeit ruhte nur knapp eine Minute, als Schimmel sang- und klanglos in die Erde rutschte. Es war keine Zeit zu verlieren. Minard hatte jede Section zusammengerufen und erklärt, dass er für die Nacht einen Angriff erwarte.

Die 3. Section war nicht gerade zum Lachen aufgelegt. Sie sollten alleine den Angriff abwehren. Zwar konnte Minard überzeugend darstellen, dass ein Sturmangriff der Viets in dem wild wuchernden Gestrüpp um ihre Stellung herum nicht möglich war. Aber sie rechneten sich gegen die erdrückende Übermacht keinerlei Chancen aus. Verbissen schufteten sie bis zum Einbruch der Dunkelheit, aber viel geschafft hatten sie nicht. Eingraben konnten sie sich nicht, da sie sofort auf Grundwasser stießen. Die aus Möbeln und Schlamm aufgehäuften Brustwehre fielen bei der geringsten Erschütterung zusammen. Der einzige Schutz war das niedergehauene Gestrüpp, das mit herangeschafftem Bambus zu einer Barrikade gegen die anstürmenden Viets werden sollte. Überflüssiger Hausrat wurde in die Tümpel hinter den Häusern geworfen und sollte den Angriff durch das Wasser erschweren. Der beißende Rauch der niedergebrannten Hütten machte uns noch mehr zu schaffen als die drückende Hitze. Die Hosen von Dornen zerrissen, die schweißnassen Körper vom Rauch und der aufgewirbelten Asche total verdreckt. So hockten wir zusammen. Schweigend würgten wir einen angebrannten, eklig schmeckenden Brei aus Schweinefleisch und Reis hinunter. Lauwarmes, trübes Wasser vermischten wir mit Limonadenpulver und schlürften es gierig runter, als wäre es eisgekühltes Bier. Die Stimmung war auf dem Nullpunkt. Der Rauch rötete die Augen und stach in den Lungen. Wir konnten ihm nicht entfliehen.
Drohend lag das Dorf vor uns, rechts und links konnten sich die Viets bis auf zehn Meter unbemerkt anschleichen. Dann kam die Glut der niedergebrannten Häuser. Hinter uns lag der Compagnie-Chef mit seinen paar Leuten und dann kam die Brücke, die uns von der übrigen Compagnie trennte. Leise flüsternd bedauerten sich die 7 Männer der schweren MG-Gruppe, die Minard dem sicheren Tod ausgeliefert hatte. 100 Meter vor der Section standen wir alleine in einer Strohhütte auf verlorenem Posten.

Sergent-Chef Bosanic war vor Angst kaum noch Herr seiner Sinne. Die ganze Section hatte ihn heute als schlotterndes Nervenbündel kennen gelernt, das nicht mehr in der Lage war, einen Befehl ohne Schreien zu geben. Caporal Bassel hatte längst mit seiner bajuwarischen Bierruhe das Kommando an sich gerissen. Seine Worte galten, seine Befehle wurden ausgeführt. Bosanic war Luft. Er musste sich gefallen lassen, dass man ihm Prügel androhte, falls er nicht endlich sein Gezeter einstellte. Völlig erschöpft lag er jetzt auf seiner Pritsche und verweigerte den Reisbrei, den Mayr ihm wortlos auf einem schmutzigen Topfdeckel vor die Nase schob. Mayr nutzte die Gelegenheit und äffte Bosanics Dialekt nach: „Wart ab, du schlimmes Junge! Wann du kommst nach Indochina, wirst so groß sein wie Fliege mit Stahlhelm oder Blechhut. Uuund jetzt habben wir Beschärung - großes Sergent-Chef, der uns haben geschliffen in El Kef und uns Kriegstheater lernen wollte. Jäätzt liegt er da und hat Hose voll geschisst. Genauso, wie er es uns gewünscht hat, passiert jetzt ihm selbst, dem feinen Herrn!"

Bosanic rührte sich nicht. Mayr wartete auf eine Bewegung des Sergent-Chefs. Er hätte ihm sofort seine Fäuste ins Gesicht geschoben. Er spuckte verächtlich auf den Boden und wandte sich zum Gehen, als sich eine Gestalt ins Haus schob und mit einer Taschenlampe den Sectionschef anleuchtete. Es war Minard. Er hatte alles angehört. Wortlos nahm er Mayr bei den Schultern und schob ihn aus dem Haus. Auf der Straße hockte der ganze Zug. Die noch flackernden Brände beleuchteten die Szene gespenstisch. Der Capitaine stellte sich zwischen sie, und mit fester Stimme, als säße er in seinem Büro, erklärte er seinen Abwehrplan. Seine Zuversicht und Souveränität gaben uns wieder etwas Mut. Er ließ eine Schachtel Zigaretten und eine Flasche Rum kreisen. Die Aufgaben wurden verteilt und jeder ging mit ganzem Herzen ans Werk.

Zwischen den Häusern liefen schmale Pfade in das Dorf, die bis jetzt freigehalten waren. Die vorgeschobenen Horchposten wurden zurückgezogen und Minard baute selber die erbeuteten Minen weit vor der Stellung auf den Pfaden ein. Wenn der Viet kam, so musste er auf die eigenen Minen treten und das Überraschungsmoment war ausgeschaltet. Auf jeder Seite standen 2 Maschinengewehre zur Verfügung. Das sMG wurde gegen 22 Uhr lautlos zurückgebaut und mitten auf der Straße postiert. Neben den verlassenen Strohhütten wurde ein Knüppelgestell zurückgelassen, das in der Dunkelheit neben einer Strohpuppe in Legionärsuniform das vorgeschobene MG vortäuschen sollte. Bis 22 Uhr benahm sich die Bedienung, zwar vor Angst schlotternd, ganz unvorsichtig. Sie leuchteten mit ihren Taschenlampen in die Büsche und steckten sich fortwährend Zigaretten an.

Minard und Petrowitsch schlichen indessen durch die Gegend und verminten jede Ecke. Still lag die Compagnie auf der anderen Seite des Kanals und lauschte auf Geräusche von der Gegenseite. Niemand hätte in diesen Stunden mit den Kameraden der 3. Section für eine Jahreslöhnung tauschen wollen. Ein Ausguck hatte bis zum Anbruch der Nacht auf einem hohen Baum gesessen und mehr als 200 in Gänsemarsch anrückende Viets gezählt. Wie viele mochten noch in der Dunkelheit gefolgt sein?

Gegen ein Uhr ging der Mond auf und tauchte alles in ein gespenstisches Licht. In den Stellungen herrschte Totenstille. Hundegebell kam immer näher. Sie kamen!

Bassel robbte noch einmal von Mann zu Mann. Auch er hatte jetzt die Ruhe verloren. Bittend flüsterte er jedem zu: „Bloß nicht türmen gehen! Wir kommen sowieso nicht über die Brücke. Die wird so unter Feuer liegen, dass keine Maus rüber kommt. Bleib auf deinem Posten und schieß, was das Zeug hält. Jede Minute, die sie später rankommen, ist ein Gewinn für uns. Im Morgengrauen wird uns das Bataillon schon raushauen, wenn die uns bis dahin nicht kaltgemacht haben."

Tak-Goo! Tak-Goo rief eine Baumechse - oder war es ein Mensch? Erschrocken riss Beer den Abzugsbügel seines MGs hoch. Funkensprühend fegten die Geschosse gegen eine Hauswand. Danach Totenstille, in die Minard laut und ermahnend auf Deutsch rief: „Ruhe! Nerven behalten, nicht in die Luft schießen. Gleich gibt es bessere Ziele." Und dann laut, mit sich überschlagenden Stimmen, auf Französisch und Annamitisch schreiend. „Kommt doch, ihr Bu-cak. Kommt raus, ich schneide euch allen die Schwänze ab." Ein dröhnendes Lachen folgte, wie das Lachen eines Wahnsinnigen.

Die Waffe an sich gepresst, zuckte Sikolowski bei jedem Wort zusammen. Er war schon das erste Séjour in Minards Compagnie gewesen. Er wusste, dass dieser in Hochform war. Durch sein Brüllen war Minard schon in Süd-Annam berühmt geworden. Noch berühmter allerdings durch eine hohe Kopfprämie, die der Viet auf ihn ausgesetzt hatte. Tot oder lebendig. Ein leises Geräusch ließ Stanis zusammenfahren.

Sacht hob er den Kopf über die Ziegelmauer. Erst als seine Maschinenpistole nach vorne gezogen wurde, zündete es in seinem Gehirn. Uagwa! Brachte er noch heraus, dann ging sein Alarmschrei schon in einem tosenden Krach unter. Vor ihm blitzte es auf und etwas glühend Heißes fuhr ihm durch Arm und Brust. Er zog den Abzug seiner MP. Im Feuerschein der herausspritzenden Geschosse sah er ein Gesicht nur wenige Zentimeter von der Mündungsflamme entfernt aufleuchten und zerplatzen. Sikolowskis Schrei ging in einem höllischen Krach der jetzt losratternden Waffen unter.

Ein Angriffsschrei der herangeschlichenen Viets brauste auf, der einem das Blut stocken ließ. Er jagte das 3 Kilometer entfernte Bataillon aus dem Schlaf hoch. Es schien, als schossen die Waffen nach dem Schrei noch schneller. Die automatischen Waffen jagten ihre Magazine ohne Pause durch. Wie ein schneller, unregelmäßiger Paukenschlag klickten hell die Granatwerferprojektile aus den Rohren. Dumpf berstend schlugen sie dicht vor der Section in die Büsche und Bäume. Ein Hagel aufzischender Handgranaten kam aus dem Dunkel und krepierte auf engem Raum.

Petrowitsch hatte Glück mit seinem sMG. Die erste Trommel rauschte ohne Hemmung aus dem Lauf in eine dichte Menschenmenge, die auf den Pavillon zustürmte. Als die schon arg gelichtete Meute die Täuschung mit dem MG-Nest erkannte, drehten sie und jagten mit ihren knatternden Maschinenpistolen über die schwelenden Schutthaufen heran. Jetzt klemmte das MG. Während Petrowitsch wie wahnsinnig schreiend auf die leere Trommel einschlug, die sich nicht von der Waffe lösen ließ, nahmen seine 6 Leute den ungleichen Kampf auf. Aufstiebender Funkenregen zeigte an, wenn wieder einer der Angreifer in die noch glühenden Strohhaufen fiel.

Die stark dezimierte Angreifergruppe, die jetzt auch noch jede Menge Minen auslöste, die neben den Brandherden eingegraben waren, hatte fast die Gruppe erreicht. Endlich bellte jetzt das sMG wieder los. Keine 3 Meter von der hinter einer fußhohen Ziegelmauer knienden MG-Mannschaft entfernt fielen die letzten Viets dieser Angreifergruppe durchlöchert um.

Die Viets hatten an den Flanken kaum Waffen, nur Granaten, Sprengladungen und Molotowcocktails. Sie arbeiteten sich durch das Gestrüpp und nisteten sich in verlassenen Stellungen ein. Unsere in ihrer Wirkung viel stärkeren Handgranaten ließen sie jedoch nicht allzu nahe kommen.

Beer hatte den Tragegurt des MG verloren. Er stellte die glühend heiße Waffe in den Flur und schoss hockend durch die offene Tür. Eine Stielhandgranate rollte unter seinen Hintern und puffte auseinander. Brüllend rollte sich Beer im Flur.

Sikolowski und Korsch lagen mit dem sMG mitten auf dem Weg, der ins Dorf führte. Korsch sah, wie eine Hand an das MG greifen wollte. Erst als der Viet schreiend seine Hand vom heißen Lauf zurückziehen wollte, schlug Korsch mit einem Haumesser zu. Zwei Finger blieben am Lauf hängen, es stank nach verbranntem Fleisch. Der Viet kommt immerhin 2 Meter mit dem sMG weg, dann wird er von uns dreien, die links vom sMG liegen, zersiebt.

Der Weg war mit 2 Sprengfallen gesichert, 2 Minen, die wir gefunden hatten. Die hatte der Viet wieder ausgebaut und mitgenommen. Der Rest der Gruppe sicherte die Hütte in Richtung der Dorfstraße und der Hütte, in der die Vietnamesen lagen. Von dort vermutete man auch den Hauptangriff. Kuttel Jung, Werner Kroll und ich lagen links vom sMG hinter der Bambushecke im Teich. Zum Schlafen hatten wir mit Brettern eine Pritsche über das Wasser gebaut. Vom Teichrand bis zur Bambushecke waren es nur ein paar Zentimeter.

Uns war bewusst, beim Kampf mussten wir in den Teich. Mit dem schrillen Aufschrei des Viet fuhren alle hoch. Jetzt brach die Hölle los, jeder feuerte wild in die Büsche. Die Viet Minh stimmten ihren Kampfruf an, ein wahrer Hagel von Handgranaten setzte ein. Damit hatten wir überhaupt nicht gerechnet, wir mussten aus der Teich-Stellung in die Strohhütten zurück. Unser Schussfeld war der Weg vor der MG-Stellung. Und dort feuerten wir hin, da lag was und bewegte sich. Es gab nur laden, schießen, so schnell wie möglich, hundertmal geübt, jetzt wurde es gebraucht. Zählen, wie viel Schuss verfeuert sind, beim Nachladen immer den zweiten Ladestreifen mit in der rechten Hand halten. Nach den ersten 5 Schuss ruhig werden, Ziele suchen und auch zielen! Und die Kameraden ansprechen. Kroll hatte den Kopf so tief, der konnte nur in die Wolken schießen.

Weit konnten die Viets ihre Handgranaten nicht werfen! Die meisten blieben im Bambuswall hängen. Die Granaten hatten auch keine große Sprengwirkung, mehr Knall und vor allem Qualm – sie waren nur mit Schwarzpulver gefüllt und zerplatzten meist nur in 2 Teile.

Korsch hatte Sikolowski in unsere Hütte gebracht und schrie uns an: „Nicht schießen, ich hole jetzt das MG!" Sprintete nochmals vor und holte das sMG zurück, das in der Panik liegen geblieben war. Kuddel übernahm jetzt das sMG, leider war kaum Munition da, die Magazine lagen noch vorne in der Stellung. Korsch versorgte Sikolowski, ich machte den 2. MG-Schützen. Wir hatten 4 Magazine, also immer nur eins leerschießen. So konnte ich sofort wieder nachfüllen und bei einem offenen Angriff wenigstens 4 mal 25 Schuss aus dem MG donnern.

Der reichliche Handgranatensegen der Viets trieb mittlerweile die Section aus ihrer Stellung zurück in die Häuser.
Das Strohdach des letzten Hauses brannte. Als die Flammen hochschlugen und die Menschenschlächterei beleuchteten, nahm ein am Ufer des Kanals liegendes Viet-MG die 3. Gruppe aufs Korn. Wir lagen schutzlos auf dem Boden. Aber erst nachdem die ungeheure Hitze uns schon das Haar versengte und die Luft zum Atmen genommen hatte, wagten wir einen Ausbruch. Von Panik erfasst, folgten wir alle Bosanic zur Brücke. Mayr und ich, beide selber verletzt, schleppten den schreienden Sikolowski hinter uns her. Paul Kieffer kam mit dem MG nach. Wir warfen uns hinter die Mauer von Minards Hütte. Nur Bosanic jagte weiter über die Brücke, die im Kreuzfeuer mehrerer MGs lag. Minard packte sich jeden, der sich über die Mauer warf, und schlug blindwütig zu.
„Los, zurück, ihr Schweine! Wollt ihr eure Kameraden im Stich lassen?" Aber wir waren fertig. Wir warfen uns auf die Erde und bettelten um Wasser. Die Hitze hatte uns halb wahnsinnig gemacht. Die Frauen des Professors kamen auf den Bäuchen robbend aus der Hütte und brachten uns Wasser. Erst nachdem wir getrunken hatten, tasteten wir nach unseren Waffen und luden die leeren Magazine auf. Um unsere Feigheit

wieder gutzumachen, legten wir ein rasendes Abwehrfeuer auf unsere verlassene Stellung, in der schon Gestalten zu erkennen waren.

Kouga, der Jugoslawe, stand aufrecht und schleuderte Handgranaten auf die sich zurückziehenden Viets. Ein Bazooka-Geschoss krepierte dicht vor der Mauer. Dreck und Steine fegten zwischen die Männer, Kouga wurde auf die Straße geschleudert. Ein MG, das bis dahin die Brücke beschossen hatte, zersägte Kouga förmlich. Auf den Boden gepresst, wartete alles auf die nächste Bazooka-Rakete, die alles auslöschen musste. Die 2. Section hatte aber die Abschussflamme der ersten Rakete gesehen und die Position unter Feuer genommen. Der Schütze wagte es nicht, einen zweiten Schuss abzugeben.
In Schimmels Grab eingewühlt, kauerte er regungslos bis zum nächsten Morgengrauen. Als er die Hände hob, um sich zu ergeben, wurde er erschossen.

Aber durch diesen MG-Schützen erinnerte sich unser Bazooka-Schütze seiner Waffe. Nach einigen Versagern funktionierte die US-Panzerfaust, die bis dahin keiner für nützlich angesehen hatte. Pillar brachte es fertig, damit das sMG zu zerstören, mit dem die Viets verhindert hatten, eine Verbindung über die Brücke zur Section herzustellen. Das gab etwas Luft. Triumphierend heulten alle auf, als der Professor den Rückzugsbefehl der Viets übersetzte. Minard rief der Section Mut zu und feuerte sie an. Das Feuer und der Granathagel der Viets ließen tatsächlich nach. Der Sturmangriff war abgewehrt. Vereinzelt sprangen noch Viets heran, aber die Hauptkraft war gebrochen. Petrowitsch konnte jetzt die hart bedrängte Section an den Flanken unterstützen. Iwan und Masur, die eigentlichen MG-Schützen, ließen ihre Pistolen fallen und fingerten die verklemmten Patronen aus den Trommeln.

Endlich erschien ein heller Schimmer am Nachthimmel. Ungläubig nahmen wir es zur Kenntnis. Die Zeit war für uns stehen geblieben. Es schien, als hätten wir 10 Minuten gekämpft, und nicht einige Stunden. Aus allen möglichen Nischen und Winkeln sprangen jetzt Viets auf und verschwanden aus dem Blickfeld. Nur einzelne Gewehrschüsse jagten wir ihnen nach. Die automatischen Waffen wurden geschont. Der nächste Sturmangriff musste bald kommen. Ein kleiner Granatwerfer setzte ein und versuchte, die Häuser zu treffen. Aber er feuerte seine Granaten zwischen die eigenen Leute, die ihre Verwundeten und Toten zurückschleppten.

Gegen 5 Uhr, bei aufkommender Helligkeit, war der Angriff zu Ende, mit Büffelhörnern rief der Viet seine Leute zurück. Schlagartig setzte unser wütendes Abwehrfeuer wieder ein. Aber umsonst, der Viet zog sich zurück, der befürchtete Sturmangriff blieb aus. Wir warteten den anbrechenden Tag ab und verbanden uns gegenseitig unsere Wunden. Einige von uns saßen bis zum Hals im Teich, warteten auf das Ende des Kampfes und hatten am Morgen natürlich den Spott zu ertragen!
Die Viet Minh hatten fast alle ihre Toten mitgenommen, auch der, der beinah das MG von Sikolowski erbeutet hatte, war jetzt weg. Viel Blut und Knochen und eine 9 mm Pistolen-Patronenhülse, das blieb von diesem tapferen Viet übrig.
Die Sonne überstrahlte schon das blutgetränkte Stückchen Erde, als wir uns endlich aus den Häusern wagen konnten. Die Scharfschützen der Viets waren abgezogen, sie hatten den Rückzug ihrer Einheit noch über 2 Stunden gedeckt.

Keine Freude oder Jubel bei uns. Verstört krochen wir in die Sonne und sahen entgeistert auf die 7 Leichen, die keine 10 Meter von uns entfernt lagen. 7 Tote, aber unzählige Blutspuren und blutige Verbände im Dorf ließen auf erhebliche Verluste schließen. Jubelnd kam jetzt die Compagnie vom anderen Ufer herüber, um den Sieg zu feiern. Nur wir, die „Sieger", hatten nichts zu jubeln. Schweigend betteten wir die Reste von Kouga in eine Zeltbahn und sahen nach Sikolowski.

Die Compagnie trug die erbeuteten Waffen zusammen und zählte die toten Viets im Dorf. Wo sich noch etwas bewegte, peitschte ein Schuss. Die Tapferen wollten wenigstens ein bisschen kämpfen. Der Küchenbulle brachte einen starken Kaffee und Minard spendierte einige Flaschen Rum. Bald lag die 3. Section in tiefem Schlaf um die Hütte des Capitaines.

46 Tote wurden in die Fluten des Kanals geworfen, Kouga neben Schimmel bestattet. Mit großem Hallo wurden 3 Ärztinnen begrüßt, die mit

Fallschirmen aus einer JU absprangen. Nachdem sie die Leichtverletzten versorgt hatten, marschierten sie mit der im Morgengrauen eingetroffenen 3. Compagnie nach Phuc Yen. Sikolowski nahmen sie mit, er wurde dort operiert. Die jungen Katholiken verschwanden spurlos, waren offenbar doch Viet Minh. Wir hatten einen Toten, Kouga. Verwundete hatten wir sehr viele, durch die Handgranaten, davon waren 2 schwer verwundet.

Erstaunt sahen wir uns um, als wir zum Essen geweckt wurden. Die Häuser waren alle dem Erdboden gleichgemacht worden. Die Hütte des Compagnie-Chefs stand noch, eine hohe Mauer aus Steinen und Palmen, die bis an das Kanalufer reichte, umschloss jetzt die Hütte. Auf dieser Seite des Kanals blieb nur noch dieser Posten und wurde vom noch kampffähigen Teil unseres Zuges besetzt. Verstärkt wurden wir durch das sMG. Nach dem Essen gingen wir sofort wieder an die Arbeit. Aus Bambus errichteten wir eine dichte Barrikade um den Posten, die gegen Sturmangriffe schützen sollte.

In der Abenddämmerung schossen wir die Granatwerfer auf die neue Stellung ein. Nachdem uns wieder der Brei aus Reis und Schweinefleisch zum Abendessen serviert worden war, waren wir jetzt 20 Mann unter der Führung von Capo Bassel, alleine auf der gefährlichen Uferseite. Bosanic war mit den Ärztinnen nach Phuc Yen geschickt worden. Minard hatte ihn wie einen Bettler davongejagt. Die feuchtheiße Witterung und vor allem die Angst vor der kommenden Nacht ließen uns nicht in den Schlaf kommen. Nachts lagen wir unter den Moskitonetzen und lauschten auf die Geräusche der Wachposten. Gegen Mitternacht kam ein schwacher Wind auf und brachte etwas Erfrischung. Etwas später hörte man die ersten Schnarchgeräusche unter Netzen.

Dann ging der Feuerzauber los. Ein Feuerüberfall aus unzähligen Gewehren und MGs riss uns hoch. Wir stürzten an die Schießscharten und erwiderten das Feuer blindlings in die Nacht. Schon bald stand fest, dass der Viet keinen Angriff lief, sondern uns nur aus guter Deckung unter Beschuss nahm, und so stellten wir das Feuer ein. Die Munition war knapp und niemand wusste, wann es wieder neue geben würde. So hockten wir bis zum Morgengrauen hinter den Scharten und versuchten, Mündungsfeuer der Viets auszumachen. Die Viets waren Meister des Nachtkampfes und gaben sich keine Blöße, die eine Salve gelohnt hätte.

Am Nachmittag erscheint der Commandant Thomas mit Gefolge, auch ein Arzt kam mit. Nach unserer Einschätzung hätte der Arzt schon um 7 Uhr bei uns sein können, aber die Frühstückszeremonie beim Commandanten...

Bobbys Zuneigung zu Sous-Officiers und Officiers war sehr gering, und so ließ Bobby den Commandanten nicht über die Brücke kommen. Er biss sich in den Krückstock des Commandanten Thomas fest und ließ nicht mehr los. Ich musste auf die Brücke gehen und Bobby zum Loslassen zwingen. Thomas war amüsiert über die Kraft und den Mut Bobbys, wie er seine Section bewachte und beschützte.

An diesem Tag machten wir eine Entdeckung, die vielen Tränen in die Augen treten ließ. Bobby nahm Abschied von unserem Freund Kouga. Als Kouga in seine Zeltbahn eingewickelt neben dem Grab lag, schnüffelte Bobby sich durch die Zeltbahn, bis er das Gesicht frei hatte. Er leckte Kougas Gesicht ab, bis wir ihn mit Gewalt wegzogen. Später legte er sich auf den frischen Grabhügel, und es sah aus, als ob er Kouga bewachen wollte. Wer in die Nähe kam, wurde angeknurrt, und das war kein Spiel. Das Grabkreuz haben wir erst aufgestellt, nachdem Bobby freiwillig das Grab verlassen hatte. Dieses Verhalten hat er später bei allen Gefallenen gezeigt! Wo Bobby zum Zeitpunkt des Kampfes war? Keiner hatte ihn gesehen.

Nach acht Tagen war die 2. Compagnie kaum noch als militärische Einheit anzusehen. Der Posten Van Dong war zum Seuchenlager geworden. Die gesamte Besatzung hatte Dysenterie (Ruhr). Der Dienst war völlig ausgefallen. Mit Mühe konnten die Wachen besetzt werden, die nachts Doppelposten stehen mussten. Diese tückische Krankheit brach aus, nachdem die mitgeführten Kampfrationen verzehrt waren. Die Küchenmannschaft konnte sich nicht auf die Gegebenheiten des Landes umstellen und kochte zu jeder Zeit denselben Reisbrei mit fettem Schweinefleisch. Wasser holten wir aus Tümpeln und tranken es ungefiltert. Da selbst nachts das Thermometer nicht unter 30 Grad fiel und es keinen Tee oder Kaffee gab, tranken wir die ekelhafte Brühe literweise.

Die Folgen waren fürchterlich. Ein großer Teil der Männer war derart von Fieber und Durchfall geschwächt, dass sie nicht mehr in der Lage waren, sich von den Liegen zu erheben und zur Latrine zu gehen. Total ausgezehrt, lagen sie fiebernd in ihrer eigenen Scheiße. Mehrere Sanis des Stabes, unter Führung einer Ärztin, waren Tag und Nacht damit beschäftigt, uns mit Infusionen und Tabletten zu versorgen. Die Kulis mussten die Hütten notdürftig säubern und legten ständig neue Latrinen an. Trotzdem lag ein furchtbarer Gestank über dem ganzen Posten und die Kulis taten so, als würde ihnen das nichts ausmachen. Von ihnen war niemand erkrankt, in den verlassenen Dörfern fanden sie alles, was sie zum Leben brauchten. Lächelnd sahen sie zu, wie die blöden Europäer das faulige Wasser tranken. Dabei gab es überall Tee, getrocknet in den Hütten oder auch am Strauch. Aber wir wussten nichts mit den herrlichen Gaben der Natur anzufangen. Während wir unseren täglichen Brei vorgesetzt bekamen, schmausten die Kulis jeden Tag mit Palmherzen, Bambussprossen und Bohnen. Nur die Gruppe Bassel war noch einigermaßen gesund. Bassel hatte die Gefahr erkannt und ließ uns alle durch die Kulis ernähren. Auch wenn wir uns nicht an den China-Maggi, eine bestialisch stinkende Sojasauce, gewöhnen konnten, waren wir aber doch vom größten Übel, dem Durchfall, verschont geblieben. Also, Krieg im Reisfeld und eine funktionierende Küche, das mussten wir noch üben!

Nach dieser Operation haben wir als Träger 25 Kulis pro Compagnie bekommen. Auch das war wieder Neuland. Wer wusste schon, was das für Leute waren. Mittelalte, ausgemergelte Männer, und außer den Klamotten, die sie am Leib trugen, besaßen sie nichts. Waren es gefangene Viet Minh, die sofort wieder fliehen würden, oder arme Männer, die sich als Kulis verdingten? Wir wussten es nicht. Deshalb war die Behandlung der Kulis auch sehr unterschiedlich. In den ersten Tagen wurden sie abends eingesperrt, auch schon mal geschlagen, und als Menschen 2. Klasse behandelt. In unserer Compagnie wurde sehr frei mit den Kulis umgegangen. Das lag daran, dass der Professor mit uns zog. Viele der Kulis sprachen Französisch.

Nach ein paar Tagen Misstrauen lief alles wunderbar. Zwei Köche wurden in die Küche abkommandiert, seitdem gab es schmackhaftes Essen. Und vor allem gewürztes Essen. Die Gewürze wuchsen doch in jedem Garten, man musste sie nur kennen. Niemand konnte besser Reis kochen als unser Kuli Van Tanh. Wenn unsere Verpflegung knapp oder alle war, gab es eine Schale Reis aus der Kuliküche mit etwas Nuoc Mam, eine Trockenfischsauce. Das war doch eine Herrlichkeit. Über den Geschmack von faulig riechendem Trockenfisch lässt sich streiten, geschmeckt hat er.

In unserer Compagnie war, wie schon erwähnt, kein Kuli weggelaufen. Im Gegenteil, meine Granatwerfer-Kulis haben die Granaten sehr gewissenhaft abschussfertig gemacht. Da durfte kein Fehler passieren, das ging dann zwischen unsere Kameraden, bei zu hohen Ladungen war es unser Tod. Mein Kuli Tau, der meinen Rucksack trug und die Zünder für die Werfergranaten, hatte meinen Beuterevolver immer bei sich. Er wusste, dass er sofort vom Viet getötet wird, sollte er gefangen genommen werden. Während wir für einige Tage in Haiphong in Ruhe lagen, hatte er sogar die Genehmigung bekommen, seine Familie zu besuchen. Die Kulis der 2. Compagnie waren trotz ihrer erbärmlichen Situation immer treue Arbeiter. In anderen Compagnien war das anders, die Kulis wurden mit Hunden bewacht. Trotzdem gab es Flüchtlinge, die zum Teil mit Waffen flohen! Beim Rückzug 1952 aus Hoa Binh gab es den Befehl, alle Kulis zu erschießen, weil sie sich gewalttätig von ihren Compagnien entfernt hatten. Unsere Kulis haben sich weggeworfene Mäntel angezogen und alle sind mit uns zurückgekehrt. Deswegen gab es in der Etappe erheblichen Streit mit den Militärpolizisten, die uns unsere Kulis wegnehmen wollten. Waffen wurden durchgeladen, das war ein unmissverständliches Signal! Die Legion verteidigte ihre Kulis!

Die Straßen waren noch Wochen nicht befahrbar. Der Viet wusste genau, wie er uns aufhalten konnte. Die Straßen in Reisfeldhöhe waren alle bis auf einen Fahrradweg abgetragen und die Deiche im Zick-Zack 2 Meter tief abgetragen, aber so, dass sie immer noch ein Hochwasser aufhalten konnten. Selbstmörder waren die Viet nicht. Einmal stand eine unversehrte Brücke mitten im Reisfeld, die Straße zur Brücke hatten sie auf 100 Meter Länge total abgetragen. So wurde eine Brücke geschont. Keiner ging hin und vernichtete sie, weil sie für alle nutzlos war.

Obwohl auch wir keine schweren Arbeiten erledigen mussten, waren wir am Ende unserer Kräfte. Das feuchte Klima und die nächtlichen Störangriffe der Viets hatten uns völlig demoralisiert. Ungeduldig erwarteten wir den Nachschub durch die Pioniere. Obwohl wir wussten, dass nichts mehr da war, verlangten wir nach Zigaretten, Alkohol oder Kaffee. Das war uns jetzt wichtiger als volle Patronengurte. Aber wir hatten kaum noch 30 Patronen pro Gewehr und keine Chancen, uns bei einem Angriff nach allen Kräften zu verteidigen. Und merkwürdigerweise fehlten nach jeder Nachtwache Patronen im sMG. Aber der Viet schätzte die Lage wohl falsch ein und griff nicht mehr an.

Die französischen Befehlshaber in Hanoi ließen sich Zeit damit, uns ordentlich zu versorgen oder abzulösen. Die gesamte Region Phuc Yen galt als „befreit". So mussten lediglich 2 Bataillone der Legion die Stellungen halten und sparten daher Verpflegungskosten ein. Nur in den dringendsten Fällen wurde Nachschub per Fallschirm abgeworfen. Im reichen Deltagebiet stand es den Einheiten selber zu, für ihre Verpflegung zu sorgen. Und so nahm auch niemand Anstoß daran, dass sich jede Einheit von ihren Einsätzen ganze Kuh- und Schweineherden mitbrachte. Kriegsmaterial gab es 1949 nicht zu erbeuten, der Viet hatte bis auf ein paar tausend Feuerwaffen nichts. Also musste andere Kriegsbeute her.

Vier Wochen waren jetzt schon vergangen. Die Dysenterie-Epidemie war abgeklungen und der Posten wurde weiter ausgebaut. Zwischen den MG-Bunkern wurden 2 Meter hohe Mauern gezogen und im Inneren des Postens feste Unterkünfte gebaut. Mehrere Bambussäume wurden um den Posten gezogen und schützten vor einem nächtlichen Überraschungsangriff aus den Reisfeldern. Wieder ein Posten mehr in Tonkin - eine Anlage, die im Mittelalter ihren Zweck wohl hervorragend erfüllt hätte. Aber hier und jetzt war es nur ein Provisorium.

Dann lief es wie Lauffeuer durch den ganzen Posten - Ablösung! Von

Phuc Yen näherte sich eine Compagnie Marokkaner im Gänsemarsch. Minard ließ die Arbeiten einstellen und befahl den sofortigen Aufbruch. Noch ehe die langgezogene Marokkanereinheit den Posten vollzählig betrat, waren wir marschbereit angetreten. Die Übergabehandlungen zogen sich aber trotzdem lange hin. So konnten wir die frisch aus Nordafrika eingetroffenen Marocs mit unseren unglaublichen Heldentaten erfreuen und sie gleichzeitig in guter Legionsmanier um ihre Zigaretten erleichtern.

Die Gruppe Bassel wurde von einer ganzen Section abgelöst. 40 ungläubig staunende Marokkaner und 4 weiße Officiers bezogen unsere kleine Hütte und gingen sofort in Stellung. Bassel hatte Glück und konnte einem fetten Kolonialfranzosen eine Flasche Rum aus der Tasche leiern. Unser zerlumpter und bärtiger Legionärshaufen flößte den Neuen gehörigen Respekt ein. Bevor wir uns der abziehenden Compagnie anschlossen, gingen wir noch einmal zu den Gräbern von „Schimmel" Hellmann und Kruger. Barfuss und in zerlumpten Kampfanzügen nahmen wir mit präsentiertem Gewehr Abschied.

18.07.1949
Marsch nach Phu My

Es war der heißeste Tag in Tonkin seit 1930. Wir wurden abgelöst und marschierten über Phuc Yen nach Phu My, circa 18 Kilometer.

Lieutenant Poisson stand in Heldenpose unter einem schattenspendenden Baum und begrüßte freudig die vorbeiziehenden Legionäre. Seine 3. Section kam zum Schluss der Kolonne. Es war der zerlumpteste Haufen. Der Rum, den wir auf dem Weg getrunken hatten, wirkte vernichtend. Grölend torkelten wir auf ihn zu und schlugen ihm derb auf die Schultern. Poisson war erstaunt, wie sein Zug nach nur 4 Wochen Einsatz aussah. Er stand mit einem kurzem Bürstenschnitt und glatt rasiert da. Ihm gegenüber stand seine Truppe – mit struppigen Bärten und von Tropengeschwüren zerfressenen Körpern, in total zerschlissenen Uniformen.

Attig war besoffen. Mit lallender Stimme begrüßte er den Lieutenant: „Na, alter Fisch, wie fühlst du dich denn jetzt? Wir haben die Rübe hingehalten und du warst für uns im Puff und hast den dicken Max gemacht!"
Poisson verstand in derartigen Situationen niemals Deutsch.
Zornig fragte er Bassel: „Was will Attig?"
Grinsend antwortete Bassel: „Er freut sich, dass Sie wieder da sind, mon Lieutenant!"

Nach kurzer Rast setzten die Compagnien ihren Marsch fort. Wir schwenkten auf den Deich, der zum Roten Fluss führte, und in aufgelöster Formation schwankten wir unter der erbarmungslos brennenden Sonne dahin. Gegen Mittag machten die Ersten schlapp. Minard ließ rasten. Die kurzen Schatten der Bäume boten keinen Schutz gegen die sengende Hitze. Kotsal las auf seinem Thermometer 55 Grad Hitze im Schatten ab. Da bereits die Hälfte der Männer Anzeichen von Hitzschlag hatten, bat er den Compagnie-Chef, den Marsch erst am späten Nachmittag fortzusetzen.

Aber Minard beachtete die japsenden Männer nicht und befahl nach 10 Minuten den Weitermarsch. Von einem Sani ließ er sich keine Vorschriften machen. Stumm gehorchten wir. Völlig ohne Ordnung taumelten wir weiter. Thiel und Sidorowitsch, die Ältesten der 3. Section, mussten schon von Kulis geschleppt werden. Nach ein paar Minuten begann Attig, zusammenhangloses Zeug zu lallen. Jung und ich stützten ihn und schleppten ihn weiter. Mein Gesicht war schon dick angeschwollen und ich brachte kein Wort mehr raus. Ich konnte Attig nicht mehr halten und ließ ihn los. Gleichzeitig schlugen wir auf die heiße Straße auf und ich verlor das Bewusstsein. Jung zog uns zusammen mit einem Kuli unter einen Baum und rief die Sanis.

Jetzt erkannte auch Minard endlich die Gefahr dieses ungewöhnlich heißen Tages. Er hängte sich unsere Waffen um und ließ uns von Kulis im Laufschritt an der Compagnie vorbei ins nächste Dorf schleppen. Kotsal beeilte sich nicht sonderlich, denn er wurde an 3-4 Stellen gleichzeitig gerufen. Ohne zu fragen, setzte er Kampferinjektionen und schnauzte die Legionäre an, ihre ohnmächtigen Kameraden sofort in den Schatten zu bringen. Er hatte selbst schon rote Kreise vor den Augen. Wenn er nicht der Sani gewesen wäre, hätte er sich schon längst ebenfalls in den Schatten geworfen. Aber die Hilferufe rissen ihn immer wieder hoch. Obwohl das Marschziel in kaum 2 Kilometern Entfernung zu sehen war, kam die Compagnie unendlich langsam voran. Die Hitze bestimmte das Tempo, und wie betäubt schleppten sich die Männer von Schatten zu Schatten. Die Kulis waren längst am Ziel, der „Großen Pagode", angekommen. Ohne einen Befehl abzuwarten, warfen sie ihre Lasten ab, kehrten um und schleppten die am stärksten Betroffenen.

Fast 20 Legionäre lagen schwer benommen oder bewusstlos auf dem kühlen Boden im Inneren der Pagode. Einige Legionäre bemühten sich, ihre Kameraden wieder zum Bewusstsein zu bringen. Kotsal schleppte sich von Mann zu Mann, prüfte den Puls und gab Spritzen. Für Heinz Attig, den Jüngsten der Compagnie, kam diese Hilfe zu spät. Sein Puls wurde immer schneller, Schaum stand ihm vor dem Mund. Als die mörderische Sonne hinter den Hügeln verschwand, war sein Todeskampf zu Ende. Ein junger Mann musste sterben, weil an irgendeinem Schreibtisch befohlen wurde, einen unwichtigen Punkt zu besetzen. Und das am heißesten Tag des Jahres 1949 im Delta von Tonkin.

Am nächsten Morgen wurde Heinz Attig aus der Niederlausitz im Alter von 17 Jahren vor der Pagode Phu My, 11 Kilometer von Phuc Yen entfernt, beerdigt. Minard sprach einige rührselige Worte am Grab. Aber die Compagnie hatte alle seine guten Taten vergessen. Er hatte die Männer gestern bis über die Leistungsgrenzen getrieben, er war allein schuld am Tod von Attig. Warum hatte er den mörderischen Marsch nicht rechtzeitig abgebrochen? Diese Frage beschäftigte die Compagnie. Mit hasserfülltem Blick musterten sie die 4 Officiers der Compagnie. Minard verhedderte sich bei seiner Grabrede völlig, und ohne ein passendes Wort zum Schluss zu finden, brach er seine Rede ab. Lieutenant Christofari rettete die Situation. Er ließ die Männer einige Minuten im Präsentiergriff stehen und befahl dann einfach Wegtreten. Kopfschüttelnd reagierte die Compagnie auf dieses Kommando, das jedem Capo eine Degradierung eingebracht hätte. Obwohl es keinen Befehl dafür gegeben hatte, gingen die Sectionen an die Arbeit.

Phu My lag ungefähr auf der halben Strecke Roter Fluss-Phuc Yen. Hinter einem Deich war ein Fluss, der zum Roten Fluss führte. Dieser Fluss wurde nie von uns überquert, er bildete eine unsichtbare Grenze. Täglich Patrouillen in beide Richtungen, der Nachschub kam langsam in Schwung - erst mit Mulis, dann auch einzelne LKW, immer das Risiko, auf eine neu verlegte Mine zu fahren. Und sie legten immer wieder diese „Ananas-Minen" aus. Schlimmer noch sind die Blindgänger unserer Artillerie, die sofort umgebaut wurden zu Minen. Jede Streife konnte nur mit einem Minensuchgerät voran durchgeführt werden. Dementsprechend langsam waren wir.

Unser Hund Bobby entwickelte einen Spürsinn für Minen, er bellte alle an. Wir konnten uns auf Bobby verlassen. Wenn er mit auf Streife ging, blieb niemals eine Mine unentdeckt. Jede Streife versuchte Bobby mitzunehmen, aber der suchte sich seine Leute aus und ging eigentlich nur mit seiner Section. Schon nach 4 Wochen war er völlig mit den Gewohnheiten einer Legionseinheit vertraut. Er wusste, wer dazugehörte. Von denen ließ er sich streicheln und füttern, den Rest der Compagnie ignorierte er. Den dicken Sergent Assad knurrte er sogar an, der Araber hatte sich aber auch als Einziger gegen einen Hund in der Compagnie ausgesprochen. Bobby war ein sehr kräftiger Wolfsspitz geworden, senffarbig, dunkler Pelz und schwarze Maske um die bernsteinfarbenen Augen. Wenn die Gruppe Krause auf Patrouille ging, war es selbstverständlich, dass Bobby das Kommando und die Führung übernahm. Wenn andere Gruppen den Posten verließen und ihn mitnehmen wollten, ging er nicht mit. Wenn ich ihn aber losschickte, dann begleitete er auch andere Gruppen auf ihren Streifen. Zum Duschen suchte sich Bobby nur Kuttel Jung aus, egal wo. Wenn Kuttel mit Handtuch und Seife losging, dann ging Bobby mit. Er ließ sich gern einseifen und waschen, aber nur von Kuttel. Wir anderen haben es wohl nicht richtig gemacht.

Auf Patrouille hatte er sehr schnell seine Fähigkeiten als Legionshund erlernt. Man konnte an seinem Verhalten unterscheiden, ob er eine Ratte meldete oder einen Viet verbellte. Immer an der Spitze, reagierte er auf den kleinsten Laut des Aufklärers, des Spitzenmannes. Hob der die Hand, und die Gruppe ging in Deckung, dann genügte Bobby ein

Handzeichen oder ein Ruf, und er fegte in die verdächtige Richtung. Wütendes Bellen - Feinde -, und er kam zurück. Einzelne Vietnamesen, die sich versteckt hatten oder eine Mine mit Zugvorrichtung zünden wollten, die biss er aus ihren Löchern in den Reisfeldern. Keine Übung musste ihm beigebracht werden, alles hat er von sich aus gemacht.

Beim Patrouillengang kam aber auch seine Schwäche zum Vorschein. War der Weg zu lang oder war es zu heiß, dann legte sich Bobby irgendwo ins Wasser, und davon gab es ja genug. Er war durch nichts zu bewegen, wieder aufzustehen. Wie einen nassen Sack musste ich ihn auf die Schultern heben und nach Hause tragen. 100 Meter vor dem Posten sprang er ab und ging als Erster durch die Barrikaden, er als siegreicher Chef! Nach seiner Schnorrerrunde durch die Küche schlich er in mein Bett und schlief den Schlaf des Gerechten. Wenn an den Barrikaden irgendein Geräusch war, dann ging er durch die jeweilige Schießscharte raus an die Barrikade und schnüffelte. Waren es nur Ratten oder sonstige Tiere, kam er zurück und knurrte nur. Bellte er an der Barrikade, dann konnte der Schütze schon durchladen, dann waren Menschen in der Nähe.

Einmal, auf einem gerade eingerichteten Posten ohne Bambuszaun, hatten wir ein Kalb vor dem Posten angebunden, das sollte am nächsten Morgen geschlachtet werden. In der Nacht hat ein Tiger das Kalb geholt. Wir konnten die Geräusche nicht richtig einordnen, da war das Kalb schon gerissen und weg. Bobby hatte hier auf der ganzen Linie versagt. In der Nähe dieses Raubtieres hat er nicht gewagt, zu bellen, er hat sich total still verhalten.

Den Rhythmus in Indochina bestimmte die Dunkelheit. Mit Einbruch der Nacht änderte sich das Leben eines Postens. Die Wachen wurden verdreifacht. Keinen Lärm, Licht nur in Räumen, Kerzenlicht oder Öllampen. Die Wachposten mussten auf Geräusche achten, ob schon der Bambuszaun oder Drahtverhau von außen abgebaut wird. Zu sehen war nichts, wenn nicht der Mond die Szene beleuchtete. Elektrizität war etwas Besonderes und noch nicht bis in die Dörfer vorgedrungen. Generatoren gab es nur in den großen Regimentsposten, die schon die Größe von Städten erreichten.

Das war die Zeit Bobbys, der die Nachmittage in meinem Bett verschlief. War es dort zu laut, dann ging auch schon mal ein anderes Bett. Er schloss sogar das Moskitonetz wieder, wenn er sich in das Feldbett eingeschlichen hatte und ließ sich nur ganz selten wecken.

Das hatte manchmal auch fatale Folgen. In Phu My war ein Marokkaner unweit des Postens mit seinem LKW mit Motorschaden liegen geblieben. Wir hatten kein Fahrzeug und konnten ihn nicht abschleppen. Auch mit 30 Mann schafften wir es nicht, den GMC zu schieben. Also abladen und die Sachen zum Posten tragen. Schon am anderen Morgen war nicht mehr viel vom LKW da, der Viet war Weltmeister in der Demontage. Besonders die Reifen waren gefragt, daraus wurden Sandalen für die Kampftruppen gefertigt. Die Viets kämpften eigentlich barfuss, nur die Sturmeinheiten, die durch die Barrikaden und den Stacheldraht mussten, trugen Sandalen. Diesen Vorfall mit dem LKW hatte Bobby verschlafen. Mit Einbruch der Dunkelheit nahm Bobby seinen Dienst als wachhabender Hund auf. Er besuchte alle Posten, begrüßte die Legionäre mit freundlichem Schwanzwedeln bis zum Ablecken, je nach Beliebtheit. Er hatte den gesamten Posten im Griff. Der arabische Fahrer musste abends unsere Latrine aufsuchen. Bobby stellte eine Person fest, die sich im Posten aufhielt und nicht hierhin gehörte, ohne dass er davon wusste. Zum ersten Mal zeigte er, was ein Legionshund alles kann. Der Sanitäter hatte reichlich zu tun, bevor er alle Bisswunden versorgt und genäht hatte. Der Araber hätte keine Chance gehabt, jemals wieder von der Latrine zu kommen. Ich musste Bobby erst einfangen, selbst in der Sanibude wollte er noch mal seine Zähne einschlagen lassen. Erst am nächsten Morgen hatte er sich beruhigt und verstanden, dass dieser Mensch zwar ein Fremder, aber kein Feind war.

Wie Legionshund Bobby sich das Croix de Guerre verdiente

Das war Bobbys größter Auftritt!
Der Posten Phu My, zwischen der Stadt Phuc Yen und dem Roten Fluss gelegen, wurde auch Posten Heinz Attig genannt, da wir Heinz dort zuvor beerdigt hatten. Es war nur eine große Pagode, an den Ecken mit

vorgebauten MG-Bunkern, sonst nur Schießscharten in den Wänden, das genügte. Das Gebäude war viel zu groß für 50 Legionäre.

In einer mondlosen Nacht im September 1949 wollte der Viet uns ausheben. Die Posten dösten hinter den MGs und der Wachhabende kontrollierte nur, dass keine der Wachen schlief. Auf die Außenrunde vor den Wachposten, die in den MG-Ständen standen, wurde meist verzichtet. Es war sehr umständlich und auch sehr gefährlich, vor den MG-Läufen herumzulaufen. Es konnte auch mal ein ängstlicher Wachposten hinter dem MG sitzen, dann war es aus! Eine kurze Kontrolle der Küche, die sich außerhalb der Pagode befand, aber nur, um einen Kaffee zu holen oder etwas zum Essen. Das erforderte aber immer erst eine Absprache mit den Posten, denn diese Runden waren der beste Weg, von den eigenen Leuten erschossen zu werden. Wachhabende Sous-Officiers, die in einem schlechten Verhältnis zu ihren Leuten standen, vermieden tunlichst diese Runden vor den Wachposten.

Alles ruhig bis 1 Uhr morgens, nur die Geckos auf dem riesigen Banyan-Baum schrien ihr „Geccoooh" ab und zu in die Nacht, und das mit einer Lautstärke, da zuckte jeder zusammen. Die Legende sagt, dass die Geckos nicht mehr schreien, wenn etwas Ungewöhnliches in der Nähe passiert. Aber das war eben eine Legende!
Keiner bemerkte, dass der Viet Minh schon lautlos den Bambusverhau abgebaut hatte.
Bobby ging durch die Schießscharte nach draußen an die Barrikade zur Außenkontrolle. Das machte er öfters und freute sich, wenn ein Wachhabender ihn zum Mitkommen aufforderte, um mit einer Taschenlampe den Bambuszaun zu überprüfen. Nach der Inspektion kam er ganz aufgeregt durch die Schießscharte zurück, meldete bellend Raubtier. Zog den MG-Schützen an den Haaren, winselte alle anderen Posten an und sprang dann in die Betten. Selbst sein großer Nichtbeachter, Lieutenant Poisson, wurde nicht verschont.

Wir hatten verstanden. Also alle aus den Betten und an die Schießscharten. Alarm! Und schon fiel unsere Bambus-Barrikade auf 20 Metern Länge um. Alle unsere Waffen begannen gleichzeitig zu feuern. Der Kampfschrei der Viet Minh ging unter, unser Feuer war stärker.

Nach 3 Minuten - Feuer aus. Ein Heulen und Jammern von Verwundeten in der Barrikade. Bis zum Morgengrauen sind wir nicht aus der Stellung heraus. Das haben noch einige der verwundeten Viets genutzt, sich zurückzuschleichen. 9 Tote, alle mit Sprengsätzen in den Händen, lagen in der Barrikade. Wenn die die 20 Meter bis zu unserer Mauer geschafft hätten, man hätte uns das Licht ausgeblasen. Die Viet Minh, Meister im Anschleichen, hatten den Bambusverhau aufgeknüpft und dann einfach mit Seilen weggezogen. So war die Bahn frei. Leider hatte Bobbys Wachsamkeit den Vorsprung, den die Viet Minh gehabt haben, vor uns an den Schießscharten zu sein, wettgemacht. Selbst wenn nur 4 Sprengladungen durch die Schießscharten in der Pagode explodiert wären, die Section Montagne hätte nicht mehr existiert!

Unser Sieg war ausschließlich ein Sieg Bobbys! Lieutenant Poisson war damit einverstanden, dass Bobby das Croix de Guerre verliehen wurde, das er stolz am Halsband trug. Eine Freundschaft zwischen Bobby und unserem Chef de Section war trotzdem nicht entstanden.

Die katholische Bevölkerung kehrte zurück in die Dörfer, ein gutes Zeichen, der Viet gab die Region tagsüber auf, nachts war er nach wie vor der Herrscher. Was auf der anderen Seite des Flusses los war, interessierte uns nicht, wir sahen nur die vielen Zuckerrohrfelder, die auch abgeerntet wurden, nur wir sahen keine Leute - wenn wir auftauchten, waren sie verschwunden.
Die bitteren Lehren von Van Dong waren nicht vergessen. Der große und massive Tempel ließ sich leicht in ein starkes Bollwerk verwandeln. Von Süden war er durch einen 50 Meter breiten Fluss mit sehr sauberem Wasser abgegrenzt. Von Norden und Westen war er von Reisfeldern umgeben. Im Osten lag der große Marktplatz mit riesigen Banyan-Bäumen. Für indochinesische Verhältnisse ein denkbar guter Punkt, einen starken Posten auszubauen. Gegen Van-Dong eine wahre Festung. Das Dorf war kurz vor unserem Einmarsch verlassen worden. Geflügel und Vieh waren noch in den Stallungen, in den gepflegten und sauberen Steinhäusern gab es reichlich Lebensmittel. Die Küche hatte sich jetzt langsam auf die chinesischen Zutaten umgestellt und konnte so zu Mittag einen Festschmaus zubereiten. Endlich fand das Essen einmal die ungeteilte Anerkennung der Legionäre und der Kulis.

Die Gruppe, die Baumaterial suchen sollte, brachte große Tonkrüge mit „Waffenöl" in den Tempel. Dieses Waffenöl mundete wunderbar und reinigte die Kehlen der Legionäre vom Staub.

Nach schweren Wochen konnten man mal wieder eine große Anzahl internationaler Sauflieder hören. Der Tag des großen, allgemeinen Besäufnisses brach an. Der Reisschnaps wirkte gründlich, und nach einer Stunde lagen fast alle total besoffen im Schatten der mächtigen Banyan-Bäume. Nach der Siesta ging der Capitaine in weitem Bogen um den Posten herum. Zufrieden vom Stand der Arbeiten ließ er die Compagnie den Rest des Tages weitertrinken. Er rief seinen Putzer. Decker erhob sich nur widerwillig aus der fröhlichen Zecherrunde und baute sich torkelnd vor seinem Capitaine auf.
„Decker, hol deine MP, ich will jetzt das Dorf ansehen."
„Oui, mon Capitane!"
Minard schlenderte bereits dem Dorf entgegen, während Decker fluchend in der Pagode verschwand, um seine deutsche MP zu holen, die Minard im Waffendepot in Tunis regelrecht gestohlen hatte.

Fritz Ferianz, 1,97 Meter groß, früher wohnhaft in Klagenfurt, ehemaliger SS-Mann mit ungeklärter Staatsangehörigkeit, sah einen Annamiten an der Eingangspforte des Dorfes hantieren.

Auf dem Dach der mächtigen, geschwungenen Pagode Phu My griff er nach seinem Gewehr, das an einem furchterregenden Drachenkopf aus Gips hing. Er griff 5 Mal zu und 5 Mal erwischte er seine Feldflasche, aus der er jedes Mal einen Schluck nahm, bevor er sie zurück hängte. Nun griff er endlich richtig zu und hatte sein Gewehr gepackt. Jetzt war der Annamit verschwunden. Bedächtig lud er sein Gewehr, legte auf dem Drachenkopf an und visierte die Holzpforte. Er war sich sicher, wie er uns berichtete, dass er den Annamiten mit einem glatten Kopfschuss erwischen würde, wenn dieser wieder durch das Tor kam. Obwohl er das Ziel wie bei mittlerem Seegang laufend aus dem Visier verlor, war er von seiner Treffsicherheit überzeugt. Ein leiser Aufschrei kam über seine Lippen, als er plötzlich die auf dem Rücken gefalteten Hände des Capitaines im Visier hatte. „Verdammt, jetzt hätte ich fast Minard umgelegt", sagte er zu sich selbst. „Wo will denn der Idiot hinspazieren? Wenn ich genau wüsste, dass er das Schnapslager anzündet, dann knall ich ihn doch noch ab. Aber ich muss ihn doch warnen. Wo ist denn der verdammte Viet?"

Ferianz überlegte, ob er einen Warnschuss knapp über den Kopf des Capitaines setzen oder rufen sollte. Die Entscheidung wurde ihm abgenommen. Minard hatte sich der Pforte bis auf wenige Meter genähert. Decker tauchte mit seiner MP im Blickfeld des Wachpostens auf, als die Pforte mit einem berstenden Knall auseinandergerissen wurde.

"Einer der schmuckhaften Pagodeneingänge. Solch Schönheit muss immer den Kriegsinteressen weichen."

Minard musste etwas geahnt oder gesehen haben, denn im Bruchteil einer Sekunde vor der Explosion drehte er sich und warf sich zu Boden. Ein Holz- und Ziegelregen ging auf die Reisfelder nieder, eine Rauch- und Staubwolke folgte. Kraftlos hob Minard einen Arm hoch und ließ ihn wieder sinken. Decker schoss ohne Ziel in das dichte Gestrüpp an beiden Seiten der Pforte. Geduckt warf er sich in ein Reisfeld neben dem

Pfad und wartete auf die Legionäre, die kaum 100 Meter hinter ihm aus Schlaf und Trunkenheit hochgerissen wurden.

Endlich kamen die Ersten schreiend zu Hilfe. Ohne Waffen waren sie sofort losgestürzt und rannten auf Minard zu, der quer über dem Pfad in einer kleinen Mulde lag. So war sein Körper vor den direkten Splittern geschützt worden, was ihm das Leben gerettet hatte. Von roten Ziegelsteinen fast zugedeckt, hatte er nur eine große Wunde am linken Oberschenkel. Das Portal war fast vom Erdboden verschwunden. Nur ein langer Draht zeugte von der hinterlistigen Art des Minenlegers. Er musste eine ziemliche Menge Sprengstoff verwendet haben. Die Ladung hätte gereicht, einen Panzer unschädlich zu machen. Der Minenleger hatte aus sicherer Entfernung die Ladung gezündet und nach der Explosion sofort das Weite gesucht. Eine aufgeregte Meute raste aus dem Dorf und jagte den Viet. Minard wurde auf einer Trage geborgen und in den Tempel zurückgetragen. Kotsal war noch nicht fertig mit der Versorgung des Verwundeten, als der Funker Verbindung zum Bataillon bekam. Minard wurde auf Anweisung des Stabsarztes sofort zum Roten Fluss getragen. Das waren aber 20 Kilometer durch unbesetztes Gebiet!

Die 1. und 2. Section machten sich marschbereit. Nachdem die letzten Nachzügler wieder im Dorf waren, ging es im Eiltempo zum Roten Fluss. Die restliche Besatzung diskutierte noch aufgeregt die neue Situation und ging dann eifrig daran, den Posten noch weiter zu sichern. Es war ungewiss, ob Viet-Truppen in der Nähe waren oder es sich um einen Einzeltäter handelte. Späher hätten die abziehenden Sectionen sicher weitergemeldet, und eine günstige Gelegenheit hatte der Viet noch nie ausgelassen. Wie viele Einheiten waren durch solch ausgetüftelte Aktionen schon vernichtet worden. Abseits gelegene Posten, die keine Luft- oder Wasserverbindungen zu anderen Einheiten hatten, wurden bei günstigen Gelegenheiten angegriffen oder in Hinterhalte (Embuscaden) gelockt. Das Ziel war, möglichst viele Verletzte zu erzielen, damit die Überlebenden alles daran setzen mussten, diese zu retten und in Hospitäler zu bringen. Selbst Verletzte, die von den Legionären nicht geborgen werden konnten, mussten von der Zivilbevölkerung zum Posten geschleppt werden. Die dann personell geschwächten Posten

wurden angegriffen und aufgerieben. Auch die Verwundetentransporte wurden angegriffen, wenn sie noch in Hörweite des Postens waren. Da niemand tatenlos zusah, wie die eigenen Kameraden angegriffen wurden, rückte die Postenbesatzung zur Hilfe aus. Auch diese wurden so dann nach wenigen 100 Metern in einen Hinterhalt gelockt und unter Feuer genommen, dass sie den Kopf nicht mehr hochbekamen.
Diese alte Taktik des Guerillakrieges war zwar überall bekannt, aber trotzdem hatte der Viet damit zu viele Erfolge erzielt. Aber zum Glück schien der Minenleger von Phu My tatsächlich ein Einzelgänger gewesen zu sein. Die Sectionen funkten gegen Abend, dass sie unbehelligt den Roten Fluss erreicht hatten. Unser Posten wurde in der Nacht lediglich durch ein paar Gewehrschüsse aus der Ruhe geschreckt.

Die beiden Sectionen blieben, auf Anweisung aus Hanoi, noch am Roten Fluss und warteten auf Nachschub für das Bataillon. Lieutenant Poisson ließ derweil den Posten weiter ausbauen. Zwei Häuser und die Marktstände wurden angezündet, um mehr freie Sicht zu schaffen. Die riesige Rauchsäule hatte eine unerwartete Wirkung. Gegen Mittag näherten sich am anderen Ufer des Flusses ein paar Männer mit weißen Fahnen. Laut rufend machten sie sich bemerkbar und durchquerten, die Fahnen schwenkend, den Fluss. Mit unzähligen Verbeugungen näherten sie sich den Posten, wo Legionäre sie mit ihren Waffen im Anschlag nach selbigen durchsuchten.

Es waren 6 sehr alte Tonkinesen in langen, schwarzen Seidenkutten und -kappen. Offenbar Dorfälteste. Der Älteste von ihnen trat vor, mit unzähligen Verbeugungen, die Hände vor der Brust gekreuzt. Er flehte um Gnade und begann endlich, in einem kaum verständlichen Französisch, auf Lieutenant Poisson einzureden. Er bat darum, mit der Dorfbevölkerung zurückkehren zu dürfen. Poisson brach das kaum verständliche Gestammel ungeduldig ab und befahl dem Alten, sofort mit der gesamten Bevölkerung zum Dorf zu kommen. Von den Legionären zur Eile getrieben, verschwanden die Dorfältesten im Laufschritt im dichten Buschwerk.

Eine knappe Stunde später erschien eine große Menschenmenge aus den weiten Zuckerrohrfeldern und näherte sich dem Posten. Poisson ließ alle Legionäre in Stellung gehen. Ferianz und Ritter, die größten Legionäre des Zuges, beide mit Vollbart, gingen mit Poisson der Dorfbevölkerung entgegen. Der Anblick der bärtigen Riesen war für die kleinen Annamiten ein wahrer Schock. Poisson versprach sich viel von dieser Abschreckung. Die Viet-Propaganda stellte auf ihren Bildern die französischen Expeditionssoldaten genauso dar. In blutrünstiger Weise, Kinder mordend und brandschatzend.

Angstvoll und um Gnade flehend wichen die Frauen und Kinder, die an der Spitze des Zuges gingen, zurück. Aber wir zeigten uns von unserer besten Seite und krümmten niemandem ein Haar. Poisson rief den Wortführer zu sich und hielt eine lange Rede, die der Älteste der gespannt lauschenden Menge übersetzen musste. Er teilte seinen Leuten so mit, dass die Franzosen sie von der Unterdrückung durch die Viet Minh befreit hätten und für alle nur das Beste wollten. Die Viets seien in einigen Wochen niedergekämpft und dann sei Frieden. Die Frauen, deren Männer und Söhne allesamt bei den Viets kämpften, nahmen diese Meldung ungläubig zur Kenntnis. Am Ende aber waren sie froh, ihr Dorf zum großen Teil unzerstört vorzufinden. Und so ließen sie auf Geheiß des Ältesten Poisson und seine Legionäre als Stellvertreter Frankreichs in Phu My hochleben.

Am anderen Morgen bot das Dorf bereits wieder ein Alltagsbild. Die Scheu vor den Weißen war bis auf wenige Ausnahmen verflogen und das Leben ging seinen normalen Gang. Kotsal war bereits als „Arzt“ tätig, Kranke und Verletzte wurden zu ihm gebracht. Er machte seine Sache gut: Kopfschmerztabletten wurden als Wunderpillen gegen alle Krankheiten verordnet, Geschwüre geschnitten und mit Salbe bestrichen. Die dankbaren Patienten zahlten in Viet-Währung – für eine kleine Behandlung 5 Eier, für eine große ein Huhn.

Einige Tage später kehrten die Sectionen vom Roten Fluss zurück. Mit ihnen kam eine Marokkaner-Einheit mit Mauleseln, voll mit Verpflegung und Munition. Vor allem aber wurde Wäsche und Schuhe für die Compagnie abgeladen, danach zog die Muli-Karawane weiter zum Bataillon. Das Leben wurde sofort erträglicher. Nun war die gesamte Dorfbevölkerung zurückgekommen, keine Mine, kein Schuss mehr. Der

Viet hatte das Gebiet als verloren aufgegeben. In wenigen Tagen war von einer riesigen Menschenmenge unter unserer Anleitung die Straße wieder befahrbar gemacht worden und wurde auch nachts nicht wieder zerstört.

Die persönlichen Beziehungen zwischen den Legionären und den Eingeborenen entwickelten sich schnell, und fast ausnahmslos hatte jeder Legionär eine junge, hübsche Frau im Dorf als „Wäscherin" engagiert. Hier wollte jeder seine 24 Monate Indochina-Einsatz verbringen. Besser ging es nicht mehr.

29.07.1949
Die erste Operation mit den Flussbooten

LCT-Landungsboote – wie sie von den Amis bei der Invasion in der Normandie und im Pazifik benutzt wurden. Wir fanden nur verlassene Dörfer vor. Kein Mensch, kein Tier, die Häuser leergefegt! Der Viet Minh war gut informiert, wusste rechtzeitig, dass wir kommen!

Aber wir kennen uns jetzt mit den Dörfern im Delta aus und staunen über die Propaganda des Viet. Alle Hausdächer waren mit Parolen bemalt. Lang lebe Ho Chi Minh und der Sozialismus. Auch auf Deutsch wurden wir begrüßt: „Kämpft nicht für den Imperialismus, kommt zu uns in die Freiheit!"

03.08.1949

Mertens hatte ein großes Bündel Wäsche unter dem Arm. Verstohlen sah er nach dem Sonnendach, wo Lieutenant Poisson seine Siesta hielt. Die lähmende Mittagshitze ließ alle erschlaffen. Jede Nacht 4 Stunden Wache und das ungewohnte Klima setzte allen schwer zu. Die Wache hockte unter einer schlaff gespannten Zeltbahn, nur mit einer kurzen Hose bekleidet, das Gewehr an einen Pfosten gelehnt. Er drehte nur

kurz den Kopf, als Mertens mit dem unförmigen Wäschebündel vorbei ging.
Der hat Glück bei den Weibern, kaum acht Tage hier und poussiert schon mit der Tochter des alten Kolonialregenten im Dorf. Na ja, mich ging es nichts an, dass er jeden Mittag verschwand. Tief in Gedanken, übersah der Posten, dass Merten seine MP und Magazine umgeschnallt hatte.

Außer Sichtweite, begann Mertens schneller zu laufen. Er lief einen Bogen um die Pagode, denn da lag schon eine geheime Meldung über den SS-Mann Herten alias Caporal Mertens. Er wusste nicht, wie es herausgekommen war. Er wusste nur, dass er abhauen musste, desertieren. Kurz vor dem Mittagessen hatte sein Kriegskamerad Banner ihn mit einem Augenzwinkern aus der Kirche geholt.
„Ich habe hier einen versiegelten Umschlag für Minard, ich weiß aber, was drinsteht. Kratz sofort die Kurve, man hat dich erkannt. Heute oder morgen holen sie dich ab."

Anh-Ti hörte ihren Namen rufen. Der Viet-Offizier, der ihr gegenüber saß, verschwand unter dem hochbeinigen Bett. Er hatte Anh-Ti angeleitet, einem Caporal der Legion schöne Augen zu machen. Er lauschte gespannt der Unterhaltung im Hauptraum, verstand aber wenig von der Unterhaltung, die gar nichts von einem Rendezvous hatte.

Hatte der Caporal Verdacht geschöpft? Hatte er gesehen, wie der Viet in Anh-Tis Hütte gegangen war? Plötzlich flog die Bambustür auf und Anh-Ti stürzte rein. Einige Wäschestücke zusammenraffend, rief sie ihm aufgeregt zu:
„Wir müssen weg, Caporal muss fliehen, sonst erschießen ihn die weißen Teufel!"
Mertens sah erstaunt auf den jungen Annamiten, der aus Anh-Tis Schlafzimmer kam. Bevor er zu einer Reaktion fähig war, hatte dieser schon das Wäschebündel in einen Korb geworfen und sagte völlig ruhig:
„Ich Viet Minh, kommst du bei unsere Armee, bist du in Sicherheit!"
Minuten später durchquerten zwei Männer und eine Frau die Reisfelder hinter dem Dorf. Mit durchgeladener Maschinenpistole ging Mertens schweißgebadet voran. Anh-Ti schluchzte hinterher, mit zwei Wäschebündeln an einer wippenden Bambusstange auf den Schultern. 30 Meter

dahinter ein stolzer Lieutenant der Volksarmee, der selbst über diesen Erfolg überrascht war. Er warf den grünen Buschhut von Mertens in ein Reisfeld, damit es nach einer Entführung aussah. So etwas schüchterte die Legionstruppen ein und sie bewegten sich nicht mehr so frei im Dorf. Denn das störte den Viet bei seinen Nachschublieferungen, auch wenn die Legionäre die Wichtigkeit der Fahrradreifen und Taschenlampen in den Körben der Frauen bisher nicht erkannt hatten. Sie suchten nach Munition und Waffen.

Beim Antreten nach der Siesta wurde Mertens vermisst. Poisson schickte Mayr und mich los. Alle wussten von der Liebschaft und alle machten sich Gedanken, in welcher Situation wir ihn wohl erwischen würden. Die Wetten standen 2 zu 35, dass wir sie in sturmfreier Bude antreffen würden.

Mayr kam im Laufschritt zurück. In der Hütte sei alles durcheinander und kein Mensch da. Ich hatte dort eine eigenartige Handgranate gefunden und diese zum Compagnie-Posten gebracht. Poisson gab sofort Alarm. Alle stürzten zu den Waffen, das Leben eines Kameraden war in Gefahr!

Die Dorfbewohner flohen aus ihren Häusern. Wild mit den Waffen drohend, durchsuchten wir leere Hütten. Alle Türen wurden aufgerissen, alle großen Behälter umgeschmissen. Capitaine Minard reagierte eher als Poisson. Er erkannte die Zusammenhänge schneller und ließ die anderen Züge die Dörfer in nördlicher Richtung absuchen. Er erklärte den Officiers den vermutlichen Grund des Verschwindens von Mertens. Das Auffinden der primitiven Viet-Granate konnte er sich aber auch nicht erklären.

Die Compagnie ließ man im Glauben, Mertens sei überrumpelt worden. Der Hut war allen der Beweis dafür. Niemand würde in der sengenden Sonne ohne Kopfbedeckung herumlaufen. Vier Dörfer wurden kurz- und kleingeschlagen. Unzählige, kläffende Hunde erschossen und fast 30 junge Burschen als Geiseln festgenommen. Mertens und seine Freundin wurden natürlich nicht gefunden. Niedergeschlagen kehrten wir bei einbrechender Dunkelheit auf den Posten zurück.

Die Schmerzensschreie eines alten, eingeborenen Sergenten, der ahnungslos ins Dorf zurückgekehrt war, waren ein eindeutiges Zeichen dafür, dass Lieutenant Fourier, der Chef des 2. Büros, eingetroffen war. Er hatte wohl einen Ersatz für Mertens gefunden.

Die Legionäre, die in Nordafrika einen Fluchtversuch unternommen hatten, wussten, wie genial Fourier es verstand, aus einem Menschen in wenigen Minuten ein willenloses, blutiges Stück Fleisch zu machen. Er nahm die jungen Burschen unter die Lupe, suchte einige heraus und ließ die anderen mit Draht aneinander fesseln. Mit seinem Assistenten, Sergent Weinbach, begann er sofort, die Gefangenen zu verhören. Bis in die frühen Morgenstunden hallten die Schmerzensschreie der Gefolterten durch die Pagode. Heimlich schlichen wir an eine Mauerritze. Angewidert die Einen, freudestrahlend die Anderen.

Ob Fourier sich im Klaren war, dass er das Gleiche tat, wofür er Mertens verhaften sollte? Mertens war dafür zum Tode verurteilt worden. Das Verhör verlief ergebnislos. Die blutig Geschlagenen wurden zum Bataillon gebracht. Auf ausdrücklichen Befehl ging der Weg durch alle Dörfer und nicht über den sicheren Deich. Die fast freundliche Atmosphäre, die schon zwischen Dorfbewohnern und uns geherrscht hatte, war jetzt zerstört. Die hübschen Mädels grüßten nicht mehr, hetzten am Posten vorbei. Betrübt mussten wir feststellen, dass all unsere Anbändelversuche zunichte gemacht waren. Fourier hatte uns die Petersilie verhagelt.

In den folgenden Tagen machte das Bataillon kleine Erkundungseinsätze. In Trupps von 50-100 Mann machten wir überraschende Überfälle von Flussbooten aus auf kleine Dörfer am Roten Fluss. Ob wir nur an ungefährlichen Stellen eingesetzt wurden oder nicht, überraschend genug angriffen, nie trafen wir auf Widerstand. Die Dörfer waren meistens leer. Die warmen Töpfe auf den gelöschten Feuern verrieten aber, dass die Dorfbewohner erst kurz vor unserem Erscheinen das Weite gesucht hatten. In den Dörfern, an denen wir nur vorbeifuhren, herrschte reges Treiben. Sehr verdächtig. Wenn der Viet wusste, welches Dorf wir angriffen, war es auch ein Leichtes, hier einen Hinterhalt anzulegen. Aber nichts geschah. Da wurden die Standorte des Bataillons umso heftiger angegriffen. Nachts sind die Posten rundherum vermint worden und neben den Minen hat man Schilder mit der französischen Aufschrift „Es lebe Ho Chi Minh!" aufgestellt. Auf der Rückseite stand auf Annamitisch: Nicht auf diesem Weg laufen! Hier liegen Minen der Volksarmee.

Der letzte Nachtposten bemerkte in der Morgendämmerung ein Schild, kaum 50 Meter vor ihm. Nach seiner Ablösung wollte er es entfernen und trat auf die Mine. Dieser lächerliche Trick forderte fast noch ein zweites Opfer, aber die Mine versagte. Jetzt war nicht mehr schwer, die restlichen Minen zu finden. Eine Stunde, nachdem der Sanka den Verwundeten nach Hanoi gebracht hatte, fuhr ein Jeep zwischen der 1. und 3. Compagnie auf eine Mine. Der Jeep wurde völlig zerstört, der Fahrer fand sich unverletzt 15 Meter weiter in einem Reisfeld wieder. Sofort mussten wir alle Wege und Straßen nach weiteren Minen absuchen und fanden auch noch eine ganze Reihe.

Nach der Siesta flog dann ein LKW in die Luft. Der Viet hatte in der Pause einen Artillerieblindgänger in ein schon vorher von uns gesäubertes Minenloch gelegt. Im nachfolgenden Jeep saßen der Bataillonsarzt Sergin und 2 Sous-Officiers. Vor Angst sprangen sie ins Gebüsch und schossen wild mit ihren Pistolen auf einige verdächtige Gestalten. Diese waren aber so weit entfernt, dass sie kaum mit einem Gewehr zu treffen waren. Der Fahrer hing indessen mit zerfetzten Beinen noch in der Kabine und schrie um Hilfe. Als Dr. Sergin sich endlich seiner Pflichten als Arzt besann und das Schießen den Sous-Officiers überließ, war sein Blutverlust so groß, dass er nach wenigen Minuten starb. Das Militärhospital wäre nach 10 Minuten erreicht gewesen. Wütend nahm sich die Eskorte den Arzt vor, und es wäre ihm schlecht ergangen, wenn nicht die zu Hilfe eilende Section des Lieutenant Poisson eingetroffen wäre. Sergin fühlte sich in Anwesenheit des Offiziers sofort wieder stark, beantragte aber keine Bestrafung der Legionäre. Er wusste sehr wohl, dass er schuldig war.

Wir kontrollierten täglich die Straße, fanden aber keine Minen. Entweder war die Abschreckung groß genug, oder der Viet hatte keine Minen mehr.

06.08.1949
Flussaufwärts mit den LCTs

Die gesamte 2. Compagnie wurde auf 4 Landungsbooten sehr weit den Fluss heraufgebracht. Diese LCT waren das einzig mögliche Verkehrsmittel auf den Flüssen. Leicht gepanzert, kaum Tiefgang, mit einer großen Bugklappe. Diese Boote waren von den Amis für die Invasion in der Normandie gebaut. Ein LCT war groß genug für einen LKW oder 40 Mann, ein LCM für ein Bataillon oder 10 Panzer. Die waren aber für diese Flüsse schon zu groß.

In den Nachmittagsstunden führten wir eine Scheinlandung am rechten Ufer durch. Kurz nach Mitternacht ging es dann wieder auf die Boote. Mit gedrosseltem Motor, völlig abgedunkelt, ließen wir uns in der Mitte des Flusses stromabwärts treiben. Unter strengstem Sprechverbot gingen wir lautlos und unbemerkt an Land. Uns an den Händen haltend, schlichen wir durch die stockdunkle Nacht. Zwei Partisanen führten uns. Offenbar waren sie hier zuhause. Nach einigen Minuten stoppten wir. Wortlos verschwanden die beiden Eingeborenen im Dschungel. Unsere Spitzengruppe misstraute den Beiden, denn oftmals wurde die Truppe so in einen Hinterhalt geführt. Unruhig lauschten wir den Geräuschen der Nacht. Zwischen den Schreien eines aufgeweckten Vogels dann ein abgewürgter Schrei. Leichtes Knacken von Ästen verriet näher kommende Menschen. Ein leises Klicken, Mayr lud sein MG durch. Das aber war so laut, dass die beiden Partisanen sich zu erkennen gaben, bevor es zu Schüssen kam. Mit Erleichterung stellten wir fest, dass die beiden einen geknebelten Viet Minh an den Armen hinter sich her zogen. Ohne Aufregung erzählten sie, dass sie einen weiteren Viet erwürgen mussten. Der Gefangene wollte zuerst nicht sprechen, aber als er unsanft ein Messer an den Hals gedrückt bekam, sprudelte alles Wissenswerte aus ihm heraus. Er hoffte, sein Leben zu retten, wenn er seine Kameraden verriet. Das stellte sich im Nachhinein als Trugschluss heraus. Nachdem vermutlich alles Wichtige gesagt war, stach einer der Partisanen mit seinem Dolch blitzschnell zu. Er schien große Erfahrung auf diesem Gebiet zu haben, denn bevor uns klar war, was da vor sich ging, sackte der Viet lautlos tot zusammen. Minard brummte ärgerlich irgendetwas in die Nacht. Die Beiden erklärten aber, dass der Viet uns einen Weg beschrieben habe, auf der wir unweigerlich Alarm für die Viets ausgelöst hätten. Woher sie ihre Weisheiten hatten, interessierte jetzt niemanden und das Gegenteil war nicht zu beweisen. Der Fall war damit erledigt und wir schlichen weiter. Die Ermordung eines Gefangenen war nicht mehr rückgängig zu machen.

"Mit unseren beiden Partisanen Yen und Tio."

Das lautlose Schleichen strapazierte die Nerven ungeheuer. Jemand rutschte in einer Pfütze aus und seine Waffe schlug mit einem metallischen Klirren auf einem Stein am Boden auf. Nur ein paar Meter weiter war vom Geräusch nichts mehr zu hören, aber die ganze Compagnie lag Augenblicke später im Dreck. Doppelt vorsichtig setzte sich diese nach einigen Minuten angestrengten Wartens wieder in Bewegung. Da vorsorglich Tennisschuhe als Schuhwerk befohlen wurden, waren nur leise tappende Schritte und das Scheuern der nassen Uniformen zu hören. Nachdem wir einen Bach durchquert hatten, ging es etwas schneller voran. Bald war das jede Sicht nehmende Dickicht verlassen, die Gefahr eines Hinterhalts somit vorbei. Vor uns tauchten erntereife Reisfelder auf, in denen man sich gut verbergen konnte. Der Reis stand jetzt einen halben Meter über dem Wasser. Selbst in vollem Mondlicht konnte man sich darin einem Ziel fast unbemerkt nähern.

Wir waren an das Dorf bis auf 500 Meter herangekommen. Der Lichtschein einiger Taschenlampen flackerte wie Glühwürmchen durch die Dunkelheit. Der leichte Nachtwind trug Gesangsfetzen heran. Nichts ahnend feierten die Bewohner ein Fest, eine Hochzeit oder vielleicht etwas Religiöses. Es dauerte fast eine Stunde, bis die Compagnie sich im Halbkreis um das Dorf verteilt hatte. Mit einem von Mann zu Mann weiter geflüsterten Befehl schlichen wir uns bis auf 200 Meter heran. Wir knieten bis zur Brust im Wasser, die Waffen nur eine Handbreit darüber. Die Feldraine, die die Reisfelder in kleine Quadrate aufteilten, boten uns hervorragende Deckung. Leider nicht vor den Moskitos und Blutegeln, die sich auf uns als leichte Beute stürzten, während wir auf das Morgengrauen warteten. Trotz der Gewissheit, dass es zum ersten Kampf kommen würde, waren vereinzelte Schnarcher zu hören. Vor dem Aufbruch um Mitternacht hatten die Zugchefs über den Zweck des Unternehmens aufgeklärt, aber das zweistündige Anschleichen hatte Einige total erschöpft. Im Angesicht des Feindes, der sich in Sicherheit wähnend unbekümmert Lieder sang, forderte der Körper sein Recht. Und anstatt größte Aufmerksamkeit walten zu lassen, sanken immer mehr von uns in den Schlaf. Der Rest kniete reglos im Wasser und versuchte krampfhaft, die Augen offen zu halten. Das fiel leichter, als die ersten Umrisse des Angriffszieles zu erkennen waren.

Wie auf geheimnisvollen Befehl tauchten mit Reispflanzen besetzte Hüte aus den sich sanft im Wind wiegenden Reisfeldern auf, wechselten im Zeitlupentempo die Quadrate und versanken wieder im Reis. Im steten Wechsel tauchten andere auf, Hüte hoben und senkten sich, wie in einer Choreographie. Wie eine Würgeschlange zogen wir unsere Kreise enger, um das Opfer zu erlegen.

Die äußere Gruppe des linken Flügels lag kaum 25 Meter von einer einzeln stehenden Bambushütte entfernt. Vor der Hütte ein flacher Strohhaufen, daneben ein offener Stall. Unruhig stampfte eine Kuh, ein paar Schweine grunzten im Schlaf. Einer der beiden Partisanen hatte das Anwesen durchstöbert und keine Menschenseele angetroffen.

Die Flügelgruppe wollte das Anwesen besetzen, aber Sergent-Chef Martinez, ihr Chef de Section, ließ die Gruppe im Reisfeld ausharren. Wütend über diesen unverständlichen Befehl, scharte sich die ganze Gruppe um das MG. Der MG-Schütze hatte es gewagt und unter seiner über den Kopf gestülpten Jacke eine Zigarette angezündet. Der Geruch hatte die anderen abgelenkt. Jetzt zogen alle ihre Zigaretten unter dem Hut hervor und sogen den lang entbehrten Rauch tief ein, die Glut mit beiden Händen und Hut abschirmend. Das knarrende Geräusch einer sich öffnenden Tür ließ alle zusammenfahren. Vom Dorf drangen Laute herüber. Eine Taschenlampe blitzte auf und beleuchtete 4 Gestalten, die sich auf einem schmalen Pfad den Anwesen näherten. Verdammt, was tun? Äußerstes Schießverbot war befohlen. Zischend erloschen die Zigaretten im Wasser. Schutz suchend drückte sich jeder noch tiefer in den Schlamm. Leises Klicken, die Waffen wurden durchgeladen. Unsere Gewehre hatten keine Sicherung, deshalb war es strengstens verboten, die Waffe durchgeladen zu führen. Erleichtert stellten wir fest, dass sich nur 2 Männer und 2 Frauen näherten. Völlig unbekümmert plapperten sie miteinander, es sah nicht nach einer Wachablösung aus. Irgendein Scherzwort rufend verschwand ein Pärchen in der Hütte. Dicht umschlungen stand das zweite Pärchen vor der Tür. Leises Kichern der Frau, dann waren sie in der Hütte verschwunden. Ein Knarren im Haus verriet, dass sie sich sofort zur Ruhe legten.

Vasquez lag etwas abseits der Gruppe. Bebend vor Erregung hatte er die Szene auf dem Anwesen verfolgt. Er war in seinem Element, das war etwas für ihn. Seit dem Bürgerkrieg aus seiner spanisch-marokkanischen Heimat entwurzelt, trieb er sich als Söldner vieler Armeen in der Welt umher. Sein von vielen Messerstichen übersäter Körper war von ihm selbst an allen möglichen Stellen mit obszönen Figuren tätowiert. Er selbst hatte sich unauslöschbar gezeichnet. Seinen verschlungenen Lebenslauf und seine gefährliche Triebhaftigkeit. Er zögerte nicht lange. Ein kurzer Blick genügte: Die Gruppe lag regungslos im Schlamm. Behutsam zog er unter dem Uniformhemd einen gebogenen Dolch hervor und verschwand lautlos wie eine Schlange durch das Reisfeld Richtung Dorf.

Der Gruppenführer hörte nur ein leises Plätschern und sah zu seinem

Entsetzen den sich entfernenden Vasquez. Das Gewehr und die Patronentasche lagen noch an ihrem Platz. Ehe er sich klar wurde, was der Spanier vorhatte, war es zu spät. Er zischte leise, aber der Spanier hörte nichts mehr oder wollte nichts hören. Halb aufgerichtet verfolgten wir gespannt das Geschehen. Vasquez hatte bereits den Pfad erreicht und robbte hastig der Hütte entgegen. Ein Geräusch ließ alle erstarren. Eine Gestalt erhob sich vom Strohhaufen und näherte sich dem flach hingestreckten Vasquez. Hatten sie den dunklen Schatten auf dem Pfad gesehen? Wir wagten nicht, zu atmen. Caporal Platzer lief es eiskalt den Rücken herunter. Die Gestalt drehte sich um und kauerte nieder. Als sie sich wieder aufrichtete, erhob sich auch Vasquez langsam und sprang sie mit einem riesigen Satz an. Der Sprung war aber zu kurz. Stolpernd kam Vasquez auf dem Boden auf, strauchelte und fiel mit einem lauten Klatscher ins Reisfeld. Die Gestalt schrie gellend auf, jetzt als Frau erkennbar. Sie sprang auf und rannte wie irrsinnig schreiend in die Hütte. Platzer riss erschrocken am Abzug seiner Maschinenpistole. Wir alle sprangen auf und rannten wild schießend auf das Dorf zu. Der Schrei hatte alle dösenden und schlafenden Legionäre hochgerissen. Die Schüsse der MP und das dumpfe Knallen der Karabiner waren für alle das Angriffssignal. Wie ein Storch im Sumpf versuchten wir loszurennen, aber wenn man bis zu den Knien im Schlamm steckt, wird ein Sturmangriff zu einer Zeitlupe. Das langsame Vorankommen wurde durch lautes Schreien und rasantes Feuer aus allen Waffen ausgeglichen. Minard schrie etwas Unverständliches. Niemand hörte auf ihn, der Angriff lief.

Vereinzelt war Gegenfeuer zu hören. Ein paar Stielhandgranaten taumelten durch die Luft, krepierten aber wirkungslos im Wasser. Durch die Schüsse und die schreienden Angreifer hindurch hörten wir die Angstschreie der überraschten Dorfbewohner. Klägliche Misslaute einer Trompete aus dem Dorf wurden von dumpfen Gong-Schlägen weiter entfernter Dörfer beantwortet. Jetzt war die gesamte Umgebung alarmiert. Wir hatten einen tollen Überraschungsangriff hinbekommen, der gesamte Landstrich floh vor den Befreiern.

Keuchend erreichten wir endlich eine Weide, die als einziger trockener Flecken das ganze Dorf umschloss. Erschöpft kletterten wir aus dem

Reisfeld und warfen uns auf den festen Boden. Das Geschrei war längst zu einem kläglichen Rufen geworden. Obwohl kein Schuss mehr aus dem Dorf abgefeuert wurde, steigerte sich das Feuer der Angreifer weiter. Bellend fegten jetzt lange MG-Salven in den das Dorf umgebenden Bambuswall. Die Schreie der Eingeborenen wurden schwächer und schwächer. Das schwere MG auf dem rechten Flügel jagte Trommel um Trommel in das Reisfeld jenseits des Dorfes. Man hatte die Schatten der flüchtenden Dorfbevölkerung entdeckt und jagte ihnen einen todbringenden Kugelhagel hinterher.

Die 2. Compagnie hetzte auf den Bambuswall los. Ratlos liefen wir am Wall auf und ab – hier gab es kein Durchkommen. Die beiden Tore waren noch immer verriegelt und an die dicken Bohlen der Tore waren angespitzte Bambusrohre angebracht. Als hätte man einen riesigen Igel angenagelt. Unsere Handgranaten, die pausenlos über die Tore flogen, zeigten keinerlei Wirkung. Die Pforten gaben nicht nach. Plötzlich stob eine Horde wild quiekender, schwarzer Schweine aus dem Bambuswall hervor und jagte durch unsere Beine. Instinktiv erlegte ich eines der Schweine mit der MP. Erst mit ein bisschen Verzug erkannten wir die Chance, die uns die Schweine gegeben hatten. Wir stürzten uns in das Dickicht und robbten durch einen mit Schweinescheiße gefüllten Abflussgraben unter dem Bambuswall ins Dorf.

Ich sah noch das graue Nest über mir hängen und versuchte, es möglichst nicht zu berühren. Aber das war den Insekten wohl egal, die Biester mit den knallroten Hinterteilen griffen mich an. Ich wurde von mehreren Bienen oder Wespen gestochen und blieb sofort am ersten Haus sitzen. Kuttel versorgte mich, zog die Stacheln heraus und legte einen Verband an. Aus Frust nahm ich dem mir folgenden Mayr das MG ab und zersiebte mit einigen Garben zur Sicherheit die um uns stehenden Hütten. Elend fluchend tauchte jetzt Mann um Mann aus dem Jauchegraben auf und verschwand in den hinter dem Wall ausgehobenen Schützengräben. Im Feuerschutz des MG ging Bassel mit seiner Gruppe auf die erste Hütte los. Leer! Geduckt vorwärts schleichend folgte der 2. Zug. Die Salven des noch vor dem Dorfe liegenden 2. MGs pfiffen uns um die Ohren. Endlich drang die Meldung zu ihnen durch, dass wir schon im Dorf waren. Nachdem wir nicht mehr durch unser eigenes Feuer gefährdet waren, ließ Lieutenant Poisson die 1. und die 3. Gruppe auf die Tore los.

Moses Heiler war der 2. MG-Schütze. Die Begeisterung riss ihn mit. Wild schreiend drängte er sich an den vorsichtig vorgehenden Kameraden vorbei und stürmte durch die Gemüsegärten auf das Tor zu. Freudestrahlend zeigte er auf einen zerfetzten Viet Minh. Den Befehl seines Capos missachtend, hantierte er am Bambusstamm, der das Tor stützte und gleichzeitig Sperrriegel war. Nur wenige Zentimeter hob er den Bambus an, da wurde er von einer Explosion mit dumpfem Knall in die Luft und gegen eine Hauswand geschleudert. Sekundenlang stand er mit ausgebreiteten Armen da, bevor er mit unmenschlichen Schreien in die Knie sank. Schreckensstarr mussten wir ansehen, wie er sich wieder erhob. Erst jetzt sprangen wir auf, konnten aber nur noch den zusammensackenden Körper auffangen, bevor er auf den Boden klatschte.

Totenstill war es, als Minard uns beiseite fegte. Schweigend starrte er auf den leise wimmernden Moses. Eine kleine, am Riegel befestigte Mine hatte seinen Körper mit unzähligen, kleinen Metallsplittern gespickt. Erst als Moses das Bewusstsein verlor, sah Minard auf und trieb uns schreiend in das Dorf. Kotsal, der Sani, stürzte herbei und kniete sich neben den Verwundeten. Minard riss die zerfetzte Hose auf und begann, den blutüberströmten Körper zu verbinden. Kotsal sägte eine Ampulle auf, um Moses ein Schmerzmittel zu spritzen. Mit Tränen in den Augen nahm sich Capo Kowalski den verstört dreinblickenden Minard zur Seite und fuhr ihn an: „Arschloch, wie kannst du ihn denn wegrennen lassen? Wenn Moses hops geht, dann bist du unten durch!" Minard konnte nicht antworten und ließ keinen Blick vom leise stöhnenden Heiler.

Nachdem dieser notdürftig verarztet war, trugen wir ihn in die erste Hütte. Auf einer Klapptrage liegend, schlug er verwirrt die Augen auf. Uns anstarrend, setzte er mühsam zum Sprechen an.
Kotsal redete leise auf ihn ein: „Moses, sei still und rede nicht. Es wird alles gut, versuche zu schlafen. Hast du Schmerzen? Wenn du wieder munter wirst, bist du in Hanoi im Hospital und …"

Moses unterbrach ihn: "Ich... ich... ich weiß, ich muss sterben. Warum hat mich der Capitaine auch mitgenommen nach Tonkin? Ich wollte doch nach Hause, nicht nach China. Warum habt ihr kein gutes Wort für mich eingelegt, damit die Legion mich laufen lässt? Ich will hier sterben, so kaputt soll meine Mutter mich auch nicht mehr sehen."

Als die Spritze endlich wirkte, sank der blutjunge Moses Heiler aus Stettin zurück auf die Trage und verlor das Bewusstsein. Jetzt kehrten wir wieder in die Wirklichkeit zurück und auf Zehenspitzen traten wir auf den Hof hinaus. Die ersten Sonnenstrahlen stachen in die Augen. Wir mussten feststellen, dass hier das Leben weiterging. Die Compagnie durchkämmte das Dorf, einzelne Schüsse waren zu hören. Hier und da waren Tote zu sehen, Viets in schwarzen Uniformen und gelben, aus Stroh geflochtenen Helmen. Eine nackte Frau lag zusammengekrümmt in einer Blutlache auf einer gepflasterten Hoffläche. Als Kotsal sie umdrehte, um nach ihrer Wunde zu suchen, fuhr er erschrocken zurück. Sie hielt in ihren Armen den Leichnam eines Neugeborenen, erst wenige Stunden alt. Von schaumigem Blut verschmiert, rutschte es aus den Armen seiner Mutter. Kotsal schob das Baby mit einem Besen wieder zu seiner sterbenden Mutter zurück und warf eine Schlafmatte über die Beiden. Minard lehnte sein MG an die Hauswand und fing an zu kotzen.

Seffrov tauchte lachend mit einem großen Korb voller Eier auf. Laut grölend kam die erste Gruppe hinter ihm auf den Hof. Mit erbeuteten Helmen und Waffen behängt, trieben sie johlend 2 junge Frauen in Viet-Uniformen vor sich her. Sie verstummten sofort, als sie die Mienen von Minard, Bassel und mir sahen.
„Was ist passiert?"
Ich stammelte nur: „Moses hat´s erwischt, als er das blöde Tor öffnen wollte."
Mit einem derben russischen Fluch schleuderte Seffrov den Eierkorb auf die finster blickenden Flintenweiber und ging in das halbdunkle Haus. Siderowitsch bekam einen Teil der Eier ab, wütend trat er die beiden Viets auseinander. Die gefesselten Frauen, die jetzt zusätzlich zu den Eiern noch mit dem Dreck des Hofes verschmiert waren, boten einen grausigen Anblick.

Ohne weiteren Widerstand wurde das Dorf besetzt. Die Bevölkerung und die Viets waren leider rechtzeitig geflohen. Lediglich in den Häusern am Dorfrand wurden ein paar Tote und Verletzte gefunden, die in ihren Betten von diesem Angriff überrascht wurden.

Verwundert stellten wir fest, dass rings um das Dorf starke Verteidigungslinien gebaut waren. Laufgräben durchzogen das Dorf in alle Richtungen. Alles war sorgsam gegen Luftaufklärung getarnt. Hätten die Viets Zeit gehabt, in die Stellungen zu gehen, hätte es sehr schlecht für uns ausgesehen. Eine Meldung traf ein. Die Flussboote, die uns den Fluss heraufgebracht hatten, waren abgezogen worden. Bis zum ersten Posten waren es von hier aus 15 Kilometer. Da wir den Befehl hatten, das Dorf vollkommen zu zerstören, machte sich die 3. Section auf den Weg, um den schwer verwundeten Moses und Brandtner, der auf dem Rückmarsch auf eine Mine getreten war und am Fuß schwer verletzt wurde, nach Hanoi zu bringen.

Wir wussten, wie schwer es war, wenn ein Zug 2 Schwerverwundete über eine lange Strecke tragen musste. Aber wir hatten von den Viets gelernt. Auf den schmalen Pfaden zwischen den Reisfeldern konnte man nicht mit 4 Mann eine Trage schleppen! Ab sofort hatten unsere Krankenbahren ausgedient, ab jetzt Methode „Reisbauer“: eine Hängematte und ein langer Bambusstab, da kann man zu zweit im Eilschritt tragen, zur Not auch mit 4 Mann. Bambusstangen und die Hängematten fand man in jeder Hütte! Über der Trage wurde mit einer Zeltbahn ein Sonnenschutz errichtet. Die beiden Frauen wurden an einen langen Telefondraht gebunden und als Minentreter vor dem Zug her getrieben. Alle 5 Minuten wurden die 4 Träger abgelöst, so dass wir schnell den Deich des Roten Flusses erreichten. Im Eiltempo ging es so in Richtung Hanoi. Nach einigen Kilometern war der Deich zerstört. Eine mühselige Kletterei begann. Wir versuchten den stöhnenden Moses so sanft wie möglich zu tragen, aber oft rutschten die 4 Träger auf dem matschigen Boden aus und die Trage schlug auf den Boden auf.

Moses verlangte unablässig zu trinken. Da aber auch seine Därme verletzt waren, durften wir ihm nichts geben. Ich nahm mein schweißnasses Halstuch und wusch es in einer Pfütze mit relativ klarem Wasser aus. Dann legte ich es dem dankbar blickenden Moses über das Gesicht. Er biss in das Tuch und versuchte, die Feuchtigkeit aus dem Tuch zu saugen.

Ohne Pause wurde marschiert. Zur Mittagszeit waren wir am Ende. Mit aufgedunsenen, hochroten Gesichtern taumelten wir unter der sengenden Sonne dahin. Die Träger lösten sich jetzt fast im Minutentakt ab. Selbst die Karabiner waren zu schwer. Endlich hatte die Natur Gnade walten lassen und Moses war in eine tiefe Bewusstlosigkeit gefallen. Nun war es möglich, ein wenig schneller durch die fast 2 Meter tiefen Gräben zu klettern, die die Viets als Hindernisse in den Deich gegraben hatten. Die Kolonne hielt nicht mal an, als die Spitzengruppe einige flüchtende Viets beschoss. Knapp 500 Meter vor uns waren sie aus einer kleinen Strohhütte am Fuß des Deiches geflohen. Als wir an der Hütte vorbeizogen, nahmen wir uns nicht einmal die Zeit, die Hütte zu durchsuchen.

Die größte Gefahr drohte uns, als wir ein am Deich lang gestreckt liegendes Dorf passieren mussten. Fast rennend durchquerten wir das etwa einen Kilometer lange Dorf. Laute Rufe aus unmittelbarer Nähe ließen die drohende Gefahr noch spürbarer werden. Nur ganz kurze Salven feuerten wir in die Büsche. Der Posten war noch lange nicht erreicht und die Munition reichte nicht mehr für die Abwehr eines stundenlangen, erbitterten Widerstandes.

Der Posten war schon weit vorne in Sicht, als der dicke Wagner, der als Aufklärer zwanzig Meter voraus ging, über einen Minendraht stolperte. Inmitten einer schwarzen Rauchwolke wurde er 2 - 3 Meter hoch und einige Meter weiter vorwärts geschleudert. Er landete auf Händen und Füßen, tappte benommen mit seinen Händen auf der Erde herum und schrie: „Mein Hut, mein Hut!" Als er uns auf sich zulaufen sah, schrie er uns auf Deutsch zu: „Haut ab! Hier liegen Viet-Minen!"

Bis auf Mayr und mich hatten alle „Viet Minh" verstanden und hatten aus allen Waffen das Feuer auf die Büsche eröffnet, die um Wagner herum standen. Wir beiden wagten es nicht, uns vom Fleck zu rühren, wenn wir nicht von unseren kopflosen Kameraden umgelegt werden wollten. Selbst Lieutenant Poisson knallte in der Gegend herum. Erst als er uns mit unserem MG mit eingezogenem Kopf auf dem Deich sitzen sah, begriff er und ließ das Feuer einstellen.

Wagner hatte durch die Mine zahlreiche Splitterwunden an den Beinen, war aber nicht lebensgefährlich verletzt. Er versuchte selber zu laufen, das klappte aber nicht. Zum Glück hatte ihn nicht auch noch der eigene Geschosshagel erwischt. Trotzdem mussten wir ihn jetzt auch noch schleppen. Mit 2 Bambusstangen und 5 Uniformjacken wurde eine Behelfstrage geknüpft. Doppelt belastet ging es jetzt mit vermindertem Tempo weiter. Alles nur, weil die beiden Viet-Weiber, die wir vorher als Minenfinder vorgeschickt hatten, unser Tempo nicht durchgehalten hatten oder uns absichtlich verlangsamten. Wir wollten sie dafür erschießen, aber Poisson nahm sie von der Spitze weg und hatte Wagner vorgeschickt. Sie hatten ihr Ziel erreicht.

Total erschöpft, hungrig und von der Sonne versengt, erreichten wir gegen 15 Uhr den ersten Posten. Die ängstliche Besatzung, Senegalesen, von einem französischen Officier kommandiert, kamen uns kaum bis an die ersten Bambusbarrikaden entgegen. Sie zeigten auf die dicken, schwarzen Rauchwolken in der Richtung, aus der wir kamen. Erstaunt mussten wir feststellen, dass sich die Compagnie wohl nicht mit dem angegriffenen Dorf zufrieden gegeben hatte. Nach wenigen Minuten raste ein Sanka in Begleitung mehrerer Spähwagen heran. Ein Arzt verband Wagner ordentlich. Für Moses hatte er nur ein mitleidiges Kopfschütteln übrig. Völlig erschöpft lag der Zug im Schatten einiger Bäume. Bevor die Kolonne sich auf den Weg machte, erhob sich Sidorowitsch als Einziger, ging zum Sanka und streichelte Moses noch einmal über den Kopf.
Die Schwarzen des Postens gebärdeten sich wie Kinder, als sie sahen, wie wir uns auf die Brote und die Fleischkonserven stürzten. Sie hatten buchstäblich einen Heidenspaß, uns schmatzende Legionäre zu füttern. Noch größer wurde ihr Spaß, als sie mitbekamen, dass sich in unserem Tross 2 gefangene Viet-Frauen befanden. Deren Feindschaft gegen uns war plötzlich wie weggeblasen, als sie die begehrlichen Blicke der Schwarzen sahen. Obwohl sie von uns nicht viel Gutes zu erwarten hatten, schienen wir aber das bessere Los der beiden zu sein. Plötzlich konnten sie Französisch und baten um etwas zu essen.

Nach einer Stunde Pause gingen wir zum Baden zu einem in der Nähe liegenden Bach. Die Stimmung kehrte langsam zurück, nachdem die grausame Wirklichkeit mit einigen Flaschen Bier heruntergespült war, die der Officier gegen Bezahlung abgetreten hatte. Allgemeine Gaudi kam auf, als ich die beiden Mädchen losband und ihnen befahl, ebenfalls zu baden. Natürlich nackt, sonst hätte es uns ja keinen Spaß für gemacht. Gesäubert sahen sie ganz hübsch aus, auch später noch, in ihren triefend nassen Uniformen.

Gegen 18 Uhr trafen Fahrzeuge ein, um die Compagnie abzuholen. Poisson ließ sofort aufsitzen und, ohne auf uns zu warten, fuhr er zurück nach Hanoi. Beim Hospital ließ er halten und erkundigte sich nach den Verwundeten. Mit gesenktem Haupt, den Hut in der Hand, kam er zurück und ohne ein Wort zu sagen, ließ er losfahren. Worte waren überflüssig. Jeder sah es ihm an: Moses war tot!

Nicht jeder hatte die Ehre, so nichtssagende Worte wie „Gefallen auf dem Feld der Ehre" oder „Gestorben für Frankreich" auf seinem Grabstein eingemeißelt zu bekommen.
Moses bekam nur einfach und schlicht: „Gestorben im Kampf".

Als er von der Mine zerfetzt wurde, war er ja eigentlich noch mit Gefängnis bestraft und somit nicht in Ehren gefallen. Keine posthume Beförderung zum Legionär 1. Klasse und zum Träger der Militärmedaille. Verlegen klärte Poisson seine Section nach der Beerdigung über diese Tatsache auf. Zum Trost ließ er uns in einer Bar eine Flasche Bier auf seine Kosten leeren. Der Lieutenant hatte mehrere Gründe, uns besoffen zu machen. Er hatte das Kommando an Sergent-Chef Bosanic abgegeben, einen ehemaligen, hohen Offizier der jugoslawischen Armee. Er selbst musste mit einer „Kavalierskrankheit" in Hanoi zurückbleiben. Fast jeder hatte ihm unverblümt gesagt, dass wir keine Lust hatten, mit dem völlig unfähigen Bosanic in den Einsatz zu gehen. Poisson, der von uns „Fisch" genannt wurde, wusste, wie recht wir hatten. Als Bosanic nicht dabei war, stauchte er uns zusammen, faselte viel von Disziplin. Nachdem wir Moses reichlich in den Himmel gesoffen hatten, quetschten wir uns alle auf einen LKW und fuhren der Compagnie hinterher.

Pastis

Wir hatten mit Erlaubnis unseres Alkoholfeindes Lieutenant Michel Poisson immer unsere Limonade, die während der Arbeit getrunken wurde, je 5 Liter Gamelle mit einer Flasche Pastis der schlimmsten und billigsten Sorte, Atomic 45, auffüllen dürfen.
Der Grund: Wir hatten Trinkwasser im Delta und im Gebirge. Also Wasser aus Tümpeln, Flüssen, bestenfalls aus den Zisternen der Einheimischen. Abkochen war nicht immer möglich. Also eben Wasser mit Mückenlarven und anderem Dreck! Die Wassertabletten halfen auch nichts gegen diese Viecher! Es gelang uns, den Lieutenant Poisson zu überzeugen, dass Pastis das Wasser desinfiziert und er dadurch stets gesunde Legionäre ohne Durchfall zur Verfügung hatte. Also spendierte er den Pastis, aber eben nur in der Verdünnung. Das war nicht weiter schlimm, wir hatten doch sowieso viel Durst. Und nach der 3. Mischung waren wir fidel!

An einem Tag gewährleisteten wir den Rückzug eines Senegalbataillons ab, das seinen Posten verlassen musste. Ich saß am Flussufer auf Sicherung, und die Senegalesen wurden übergesetzt. Ein sehr junger Senegalese war am Ende seiner Kräfte, der Seesack fiel immer von seinem Kopf – sie trugen ja alles auf dem Kopf und kannten keine Rucksäcke. Er bat um Wasser, und ich gab ihm einen Becher Limo aus unserer Gamelle. Er brach die Limo sofort wieder aus und fauchte mich bitterböse an: „Das ist Alkohol, ihr seid verrückt!"

Am liebsten hätte er mich erschossen. Tat mir leid, ich hatte mir nichts dabei gedacht und vergessen, dass die Senegalesen Moslems waren. Ein Schluck aus dem Bidon des Sani-Kaffees beruhigte ihn dann!

10.08.1949
Großangriff auf das reiche Delta

Es ging in die Ausgangsstellung zum Großangriff auf das reiche Delta. Unseren Posten im Dorf hatten wir im Morgengrauen aufgegeben und wieder dem Machtbereich des Viet Minh preisgegeben, um ihm an anderer Stelle eine ganze Provinz zu entreißen.

Kampflos marschierte das Bataillon Thomas vom Pont Rapide aus 15 Kilometer in Richtung Norden. Im Gänsemarsch, mit 10 Metern Abstand von Mann zu Mann, Angriffsformation Indochina. Die tonkinesische Bevölkerung floh entsetzt vor der grünen, sich durch die Reisfelder windenden Menschenschlange. Ohne einen Schuss abzugeben, erreichten wir die riesige Pagode Phu Lo, die dem gesamten Bataillon Unterkunft bot. Dieses herrliche Bauwerk mit den unzähligen Innenhöfen, prachtvollen Portalen und kunstvoll geschwungenen Dachgiebeln wurde sofort zur Festung umgeformt.

Schießscharten wurden in die mächtigen Mauern gebrochen. Furchteinflößende Sagenfratzen und Fabelwesen, Drachen und Elefanten, kunstvoll aus Stein und Gips geformt, sollten die bösen Geister fernhalten. Einige Jahrhunderte lang erfüllten sie schweigend ihre Pflicht, von den Gläubigen immer mit reichen Opfergaben belohnt. In wenigen Stunden war diese Pracht den Spitzhacken der Legion zum Opfer gefallen. In den Augen der Officiers behinderten diese Kunstwerke jetzt das Schussfeld.

Ebenholztafeln mit Perlmutt-Einlegearbeiten, chinesischen Zeichen und wunderbaren Landschaftsbildern wurden zu Betten, Dächern für MG-Bunker oder Feuerholz. Im innersten Hof befand sich ein kleiner Tempel. Die Schönheit der wunderbar geschnitzten Säulen aus Teakholz, die sich zierlich übereinander aufschwingenden Dächer und der mit einem farbenprächtigen Mosaik ausgelegte Hof ließ Kostbarstes im Inneren vermuten. Durch mehrere Vorräume, bewacht durch grausige Wächter aus Holz und Stein, gelangte man endlich zum Hauptraum. Im Halbdunkel, nur von einer flackernden Öllampe beleuchtet und in den Rauch unzähliger Weihrauchstäbchen gehüllt, war ein riesiger Baumstumpf von wenigstens 3 Metern Durchmesser zu sehen. Aus diesem war von Künstlerhand eine komplette Landschaft mit Bergen, Flüssen und Dörfern, Menschen und Vieh in allen Variationen herausgearbeitet.

Ehrfürchtig bestaunten wir Eindringlinge dieses Wunderwerk. Worte konnten unsere Eindrücke kaum wiedergeben. Von der Schönheit des

"Prachtvolle Tempelanlagen."

Werkes beeindruckt, umringten wir das Kleinod. Keiner wagte Hand an dieses wertvolle Kunstwerk zu legen. Die magische Kraft der Schönheit ließ alle Zerstörungswut vergessen. Selbst Blacky Darès zog es derartig

in den Bann, dass er unbewusst seinen Hut zog und in seiner Muttersprache mit sich selbst redete. Es war das erste und letzte Mal, dass ich ihn Englisch sprechen hörte. Sofort ließ er 2 Posten im Raum aufziehen, damit niemand das Kunstwerk auch nur anrührte. Allzu leicht hätte jemand an einer dieser bis in kleinste Detail herausgearbeiteten Figuren „kleben" bleiben können, um sie als Souvenir mitzunehmen.

Die Mönche zeigten uns eine 40 cm-Granate eines Schiffsgeschützes, die als Mine vorbereitet war. Mit Hammer und Meißel hatte man ein Loch in die Wandung geschlagen, um einen Zünder zu installieren. Die Mönche hatten diese Granate bereits außerhalb der Pagode eingegraben. Wir stellen fest, dass gar kein Pulver mehr vorhanden war - also ab in den Kanal damit, weg für immer.

Die einzelnen Compagnien waren in allen Dingen selbstständige Einheiten geblieben. Der Nachschub, das Essen und auch die Patrouillen in der Umgebung waren Angelegenheiten der Compagnie. Während die anderen Compagnien noch mit dem Stellungsbau beschäftigt waren, hatten wir bereits die verlassenen Dörfer inspiziert. Etwa 30 Kühe und Wasserbüffel hatten wir zusammengetrieben, die nach Hanoi gebracht wurden. Die Beute wurde nicht abgeliefert, sondern einfach verkauft. Vom Erlös wurde die Kantine reichlich eingedeckt und der Sani hatte 4 Freudenmädchen unter seiner Obhut.

Unserem Beispiel folgend machte sich auch das übrige Bataillon auf den Weg, den Rahm hatten wir aber schon abgeschöpft. Zögernd kehrte die Zivilbevölkerung in die Dörfer zurück. Hilflos musste sie zusehen, wie ihre Hühner und Schweine abgeschlachtet wurden. Sie selber wurden zusammengetrieben und zum Straßenbau eingesetzt. Da es aber keine Übergriffe durch die Legionäre gab, blieb die Bevölkerung in den Dörfern, und ihr Alltagsleben begann wieder.

09.09.1949
Rückkehr zum Brückenposten Thanh Van

Die Marokkaner waren mehrfach angegriffen worden und mussten abgelöst werden. Wir bauten jetzt den Posten richtig aus - nun hatten wir bereits Erfahrung und vor allem auch richtig was zu essen. Hierhin kehrte die Bevölkerung nicht zurück, schlecht für uns. Laufend kleine

Schießereien mit den Viets, die uns Nacht für Nacht mit einzelnen Schüssen provozierten. Wenn sich mal ein Wachposten unvorsichtig eine Zigarette ansteckte, knallte es schon, aber nie jemanden getroffen. Aber wir wussten, dass die Viets da waren und uns beobachteten. Das Geräusch eines Gewehrschusses, der aus dem Dunkel auf dich abgefeuert wird, geht dir nie mehr aus den Ohren.

Und wir hatten den herrlichen Blick auf die weiße Stadt oben in den Bergen, Da Lat mit den Wasserfällen. Kühle Sommerresidenz der Kolonialherren, tausend Geschichten wurden davon erzählt. Angeblich wohnte Ho Chi Minh dort und die Stadt sollte uneinnehmbar sein. Dort entsprang der Canal Rapide, ein Trinkwasserfluss, der erst bei Sept Pagodes in den Thai Binh mündete und bis dahin als Trinkwasserspender genutzt wurde. Rapide, weil er so schnell floss, dass wir ihn nie zum Schwimmen nutzen konnten.

Helmut Lissner wurde bei der Suche nach Baumaterial im Dorf getötet – gekillt mit einem Haumesser, genannt Coup-Coup! Sicherlich hatten wir im Dorf geplündert.
Bei der Suche nach Baumaterial wurden von uns die vergrabenen Steingutfässer der Bewohner gefunden. Dort waren vor allem die kostbaren Kleider und der Hausrat vergraben, den die Bewohner bei der Flucht nicht mitnehmen konnten. Nachts schlichen sich dann die Annamiten in ihre Häuser und holten ihre Sachen zurück, abgesichert von dem Viet Minh, die dann schon mal einen Schuss auf uns abgefeuerten. Der Viet war immer da, nur man sah ihn nicht! Helmut hatte sich eben 100 Meter allein zu weit ins Dorf gewagt. Und allein ins Dorf zu gehen, das war ein Risiko, weil es eben unbewohnt war. Als die Nha Que wieder in das Dorf zurückgekehrt waren, passierte im Dorf nichts mehr.

29.09.1949

Nach 3 Wochen harter Arbeit war der Posten fertig ausgebaut. Nur ein riesiger Turm, der die Hauptstellung des Postens werden sollte, war erst zur Hälfte fertig.

Als niemand damit rechnete, schmetterte ein Trompetensignal aus dem Posten Richtung Dorf, der den Rückzug befahl. An einem Sonntagnachmittag, als die Mehrzahl von uns ihren verdienten Mittagsschlaf hielten, natürlich bei ihren Freundinnen im Dorf. Wir fuhren hoch und machten uns missmutig auf den Weg zum Posten. Im Posten herrschte gereizte Stimmung. Ein Bataillon Nordafrikaner lagerte vor dem Posten und wollte ihn beziehen. Für uns war sofort ein Marsch mit Ziel Roter Fluss befohlen worden.

Mit den gemeinsten Verwünschungen setzten wir uns knapp 90 Minuten später in Marsch und waren bei Einbruch der Dunkelheit am Ziel. Wir hatten unsere Aufgabe erfüllt. Das Gebiet war besetzt und befriedet. Die Bevölkerung hatte sich wieder eingefunden, das Leben normalisierte sich. Hier brauchte man keine Legionäre mehr, hier reichten Araber - oder Einheiten aus Schwarzen.

Am nächsten Morgen wurden wir mit Schwimm-LKW über den hier fast 1,5 Kilometer breiten Fluss gebracht. Eine riskante Kiste. Wir setzten immer wieder auf Sandbänken auf, eine Überfahrt dauerte mindestens 1 ½ Stunden, da höchstens 12 Mann zugleich befördert werden konnten. Statt wie erwartet nach Hanoi, ging es aber in die entgegengesetzte Richtung. Son Tay hieß das neue Ziel, zu Fuß, für die 5 Kilometer schickte man uns keine Fahrzeuge. Hier bezogen wir mitten in der Stadt „Ruheposten", was auch immer das bei der Legion heißt.

Der Stab, die 1. und 4. Compagnie besetzten den total zerstörten Ort Tong und den Flugplatz.
Die 2. Compagnie blieb in Son Tay. Capitaine Minard hatte diesen Platz für seine Leute reserviert.
Die 3. Compagnie kam in einen 15 Kilometer entfernten, in unübersichtlichem Hügelland liegenden, sehr gut befestigten Posten am Fuß des Mont Ba Vi.

Posten umbauen, lange Streifentouren bis an den Mont Ba Vi, um den Viet zu provozieren. Aber auch Gewehrgriffe klopfen, damit wir nicht aus der Übung kamen. Wir begannen als Section Eclaireur unseren Job entlang des Schwarzen Flusses und in die Vorberge des Mont Ba Vi, des beherrschenden Berges des Deltas. Wir klärten auf. Mal mit Unterstützung einer Compagnie, meist verschwiegen, alles auf krummen Wegen. Aufklärer suchten und stellten den Viet Minh. Wir sollten herausfinden, wie weit uns der Viet in sein Revier eindringen ließ.

Wir hatten Erfolg - mal eine Nachschubeinheit des Viet, dann mal nur 5 Officiers oder ein Boot mit Funktionären, die wir beim Übersetzen in Empfang genommen hatten! Der Mont Ba Vi war eine Festung des Viet, das wurde uns bewusst, und wir mussten dort oft unsere nackte Haut retten. Es war uns schon eine Lehre. Das waren keine Reisfelder mehr, hier war Dschungel, in den man nicht eindringen konnte. Man war auf die Pfade und die Wildwechsel angewiesen, sonst kamen wir nicht von der Stelle. Der Viet hatte die meisten dieser Pfade mit Minen und besonders mit Fallen verbaut. Auch wenn wir nicht immer Verwundete hatten, so zeigte das Auslösen der Fallen dem Viet an, dass wir in seinem Revier waren. Oft bekamen wir sofort Granatwerferfeuer, das aber harmlos war, denn die schossen ohne Ziel einfach in den Dschungel, um uns zu verscheuchen. In den Hügeln vor dem Mont Ba Vi blieben wir immer wieder hängen, den Schwarzen Fluss hatten wir nur einmal aus der Ferne gesehen. Dort wollte uns der Viet nicht haben, und es war das erste Mal, dass wir Fersengeld geben mussten, bis wir wieder in Schussweite unserer Artillerie kamen. Die hatte sogleich auch effektiv die Verfolgung der Viet abgebrochen. Selten, dass wir dann noch außerhalb der Reichweite unserer Artillerie operierten. Die Jungs waren echt gut. Wenn der Funkkontakt klappte, konnte man sich die Granaten bis auf 200 Meter vorlegen lassen, das gab uns Sicherheit. Denn zu Fuß war der Viet schneller, und in der Überzahl, wenn er sich zum Kampf stellte.

Bei uns herrschte bald Hochstimmung. Minard war einigermaßen geheilt zurückgekehrt. Aus dem Erlös der verkauften Wasserbüffel, die wir zu Beginn der ersten Operation „requirierten“, hatte er einige gute Anschaffungen gemacht. Stromaggregate, Wasserfilteranlagen und, noch wichtiger, Fußbälle. In der bestens eingerichteten Bar konnte man zum Einkaufspreis trinken, was man wollte. Die Bardamen waren nach Angaben des Capitaines aus den besten Etablissements Hanois wie „Sonne“, „Himmelsschlüssel“ oder „Mond“! Und natürlich kostenlos.

Aber vielleicht ging es uns zu gut, daher verlangten wir öfter mal was Neues. Also fuhren Minard, sein Putzer Decker und der Professor nach Hanoi. Wie uns berichtet wurde, wollte Minard, nach einem vergnügten Mittagessen im Hotel National, eigentlich ins Hospital fahren, um Lamesan und Sikolowski zu besuchen. Da aber alle 3 schon ziemlich tief ins Glas geschaut hatten, ließ Minard sich überreden, zum Haus des Professors zu fahren. Das lag in einem Dorf direkt an der Stadtgrenze. Der Posten an der Stadtgrenze wollte sie nicht passieren lassen, obwohl Minard noch einen Fahrer vom Stab geholt hatte. Der Posten beteuerte, dass kein Soldat diese Dörfer betreten hatte, seit die Einheit Minard sie verlassen hatten.
„Viel Viet jetzt, Viet, Viet“, beschwor der kleine Annamit. Minard schob ihn aber lächelnd beiseite und erwiderte lachend: „Egal, ob ich alleine komme oder mit Compagnie, kein Viet Minh da!“ Der Fahrer und Decker teilten den Optimismus des Capitaines nicht, aber sprachen auch nicht dagegen. Mit großer Geschwindigkeit jagte der Jeep über den Deich und verschwand im Dschungel.

Pinogia, der Jeepfahrer, blieb bei seinem Fahrzeug auf dem Deich. Decker, seine Maschinenpistole im Anschlag, ging voran. Minard und der Professor schlenderten hinterher, wie Bauern, die ihre Felder inspizieren wollten. Decker erkannte das Dorf nicht mehr. Er rieb sich die Augen: „Was ist denn hier los? Bin ich wirklich so besoffen?“, sprach er zu sich selbst. Von der Mauer um die Kirche war nichts mehr zu sehen, der Tempel völlig abgebrannt. Die Menschen gingen scheu an den Eindringlingen vorbei, kein Gruß mehr. Selbst der Priester drehte sich um, als die drei ihm entgegen kamen.

Auch im Haus des Professors herrschte keine große Wiedersehensfreude. Schnell zog man die drei in das Dunkel des Hauses und leise flüsternd sprachen viele erregte Stimmen auf den Professor ein. Hastig übersetzte er: „Die Viets sind im Dorf, wir müssen schnell wieder weg!“ Eine große Kinderschar hatte sich im Innenhof eingefunden und plapperte wild durcheinander. Minard ließ sich durch nichts stören und legte sich in eine Hängematte. Als der Professor ihn anflehte, so schnell wie möglich zu verschwinden, antwortete er mürrisch: „Ja, ja, aber erst eine Tasse Noug-Da!“

Der Lärm vor dem Haus wurde immer größer. Zwischen den schreienden Kindern, von denen eine Menge rote Papierfähnchen geschwenkt wurden, standen jetzt junge Männer, die vorher nicht zu sehen waren. Minard trank ganz gemütlich seine Tasse Tee und tat so, als sähe und höre er nichts. Der Professor wusste aber, was er angestellt hatte und konnte seine Angst nicht mehr verbergen. Er weinte und flehte, doch Minard blieb stur. Decker achtete nicht auf das, was im Haus geschah.

Langsam durchschaute Minard das Spiel. Die vielen roten Fahnen und die vor Hass glühenden Blicke der jungen Männer hatten ihn von der alkoholischen Gleichgültigkeit befreit. In Sekundenschnelle war er nüchtern und sein Hirn arbeitete wieder normal. Wie kommen wir heil heraus? Endlich erhob sich Minard und stellte sich ganz lässig hinter Decker. So geschützt, zog er seine Pistole hervor und lud sie durch.

Erschrocken hörte Decker eine eiskalte Stimme hinter seinem Rücken, grausam und brutal: „Decker, die haben uns am Arsch! Wir gehen jetzt ganz gemütlich zurück, als wenn nichts wäre. Wenn es knallt, dann Adieu! Sieh zu, dass du durchkommst. Hast du nur ein Magazin mit für die MP? Dafür verpasse ich dir sofort hier 30 Tage Bau, du Idiot! Das bezahlen wir vielleicht mit unserem Leben."

Kraftvoll schob er Decker zwischen die schreiende Kinderhorde, und, ohne sich zu verabschieden, torkelte er hinterher. Der Professor beeilte sich, zwischen dem Capitaine und Decker, der 10 Meter voraus lief. Fluchtartig wurde der Dorfweg geräumt, alles war wie leergefegt. Sie waren jetzt allein auf dem Weg. Einige Halbwüchsige riefen ihnen Schimpfwörter nach, aber als Minard seine beiden Pistolen in die Fäuste nahm, wurde es still. „Lauf nicht so ängstlich. Diese Würmer haben nur Messer und deshalb musst du viel schießen, dann wird nichts passieren!" Laut und hart brüllte Minard seinen Putzer an, der sich nicht traute, weiterzugehen. Im Vorbeilaufen knallte er Decker mit einem harten Schlag die Pistole auf die Schulter. Erschrocken sah Decker auf und blickte in ein verbissenes Gesicht. Mit einer Grimasse, in der sich die Todesangst widerspiegelte, fauchte er Decker nochmals an: „Bleib jetzt hinter uns, bis wir über die kleine Wiese sind. Dann komm sofort nach, und dann laufen wir durch die Reisfelder. Die Viets warten bestimmt am Dorfausgang auf uns!“ Ein unterdrückter Fluch folgte als Erinnerung daran, dass Decker für seine gute, deutsche MP 42 nur ein Magazin mit hatte. Damit war sie fast wertlos, kaum 10 Sekunden konnte er sich damit wehren.

Der Professor und Minard betraten gleichzeitig den kleinen Grasflecken vor der katholischen Kirche. Decker hockte sich auf einen Grabhügel und wollte das Magazin aus der MP nehmen, um zu kontrollieren, ob auch nichts klemmte. Als er einen Blick zurück Richtung Dorf warf, sah er 2 oder 3 Viets hinter einem Busch. Sie waren im Begriff, auf ihn loszustürmen. Er sah nur die klobigen Buschmesser in ihren Händen. Die MP herumreißen und Schießen war eine einzige Reaktion. Während alle drei auf den Boden fielen, getroffen oder nicht, spürte Decker eine Druckwelle im Rücken und einen berstenden Knall. Durch Staub und Dreck sah er Minard zusammensinken, seine Kleidung brannte, wie das Gras um ihn herum. Sein Offizierskäppi rollte einige Meter weiter vor Decker in den Graben. Eine von der Explosion hochgewirbelte Grasnarbe fiel platschend in das nahe Reisfeld. Von allen Seiten ertönte wildes Geschrei. Als die erste Handgranate dumpf neben ihm zerknallte, begriff er.

In mächtigen Sätzen sprang er über den Rasen und jagte im knietiefen Wasser der Reisfelder zum Deich hinauf. Pinagio stand aufrecht im Jeep, dessen Motor schon lief, und feuerte mit dem Gewehr ins Dorf. Keuchend und total erschöpft warf sich Decker in den Jeep. Mit Vollgas rasten sie rückwärts.

In einem dicht bewachsenen Stück des Deiches standen 2 junge Burschen und wollten den Jeep stoppen. Der Fahrer zögerte keine Sekunde. Kopf einziehen, ein Schuss peitschte auf. Ein dumpfer Schlag, den schlingernden Jeep abfangen, Vollgas. Pinagio war sich nicht bewusst, dass er die beiden überfahren hatte, und Decker bemerkte es nicht einmal. Ungehindert erreichten sie den Posten. Der vietnamesische Wachposten hatte schon einen Sanka alarmiert. Als die beiden aufgeregten Legionäre ihm klarmachen wollten, was passiert war, verstand er kein Französisch mehr. Auch für einen Capitaine der Legion wollte er nichts riskieren. Von Heldentum hielt er nicht viel. Der Sanka traf ein. Eine Französin fuhr, ein Senegalese war als Sani dabei. Skeptisch betrachteten sie Decker, der wie ein Wahnsinniger auf sie einredete und mit ihnen Minard holen wollte. Pinagio versuchte verzweifelt eine Verbindung über das Telefon des Wachpostens zu bekommen. Nach langen Minuten sprach er endlich mit einer Fallschirmjägereinheit der Legion. Irgend jemand versprach ihm, ein paar Leute vorbeizuschicken. Ein Klicken – aus.

Im Vertrauen auf die Verstärkung fuhren sie wieder voraus. Zwei Fahrzeuge, 3 Männer und eine Frau, mit 2 Gewehren und einer lächerlich kleinen Pistole. Decker fand nirgendwo 9 mm-Munition für seine MP. Nach circa 2 Kilometern Fahrt mit freier Sicht näherten sie sich der Stelle, wo Pinagio die beiden Viets umgefahren hatte. Jetzt liefen mehrere Personen herum. Die beiden Wagen stoppten und beschossen aus einiger Entfernung die Burschen und alles, was sich hier sonst noch bewegte.

Nach einer halben Stunde fegte ein LKW mit 25 Paras heran. Ein baumlanger Sachse in Unterhosen und Sonnenbrille schrie los: „Was ist? Wo ist euer Alter?" Decker zeigte auf das Dorf, das noch gut 3 Kilometer entfernt lag. Daraufhin wurde der Sachse ruhiger. „Ihr ward doch wohl besoffen, oder nicht? Was wolltet ihr denn da? Da gannste mit deiner Oma hingehen, aber nicht mit uns, mein Guudster!"

Nach langem Hin und Her wollten sie es wenigstens versuchen, ins Dorf zu kommen. Schrittweise näherten sie sich dem Gebüsch und fanden tatsächlich die beiden überfahrenen Viets. Triumphierend warf man sie auf den LKW und fuhr weiter zum Ort des Überfalls. Als sie bereits in breiter Linie durch das Reisfeld auf das Dorf zustapften, fegte ein Jeep mit einem Officier der Paras und einem Arzt heran. Sie sahen sich das Dorf lange durch einen Feldstecher an. Dann gaben sie den Befehl zum Angriff. Ohne jeglichen Widerstand konnten sie in das Dorf eindringen. Außer ein paar Uniformfetzen und dem Käppi Minards fanden sie aber nichts. Blutspuren führten in ein Reisfeld und von dort in ein anderes Dorf. Das war zu weit. Enttäuschung und Hass wüteten einige Minuten. Danach stand das halbe Dorf in Flammen und sie zogen sich zurück.

Erst als Decker mit Pinagio in das 70 Kilometer entfernte Son Tay zurückkehrte, erfuhren wir von diesem Überfall. Die gesamte Compagnie war auf Vergeltung aus und wollte sofort los in Richtung Hanoi.

Erst einige harsche Worte des herbeigeeilten Commandanten Thomas brachten uns zur Besinnung.

Am nächsten Morgen fand man die Leiche Minards. Kaum 100 Meter vor dem Posten an der Stadtgrenze zu Hanoi. Es konnte nicht mehr festgestellt werden, ob er von der Explosion getötet worden war. Sein Körper wies jetzt noch zusätzlich mindestens 30 Messerstiche auf. Der Professor war noch am Abend von seinen Angehörigen zum Hospital getragen worden, aber er war nicht wieder zur Besinnung gekommen.

Nach der Beerdigung von Minard in Hanoi machten wir anschließend, besoffen und noch in Paradeuniform, einen ungenehmigten Vergeltungsschlag gegen das Dorf. Alles wurde flach gemacht und angezündet. Zur Strafe verlegte man uns sofort wieder nach Thang Van, das von den Viets gestürmt wurde. Diesmal war die Brücke aber kaputt!

"Thang Van, 80 km von der chinesischen Grenze. Unsere Gruppe,wie sie übrig blieb nach der 1. Attacke."

28.10.1949
Aus dem III/6. R.E.I. wird das I/5. R.E.I.

Angeblich hat man die Fahne des alten 5. R.E.I. in Tong gefunden. Dort hätte der damalige Colonel die Fahne 1945 den Japanern aushändigen sollen, was er nicht getan hatte.

Der Mont Ba Vi, ein ruhender Vulkan, erhob sich 1.300 Meter aus dem flachen Delta, ein imposantes Bild. Hier herrschte eisenhaltige Luft, der Viet wehrte alle Versuche, in die Nähe des Ba Vi zu kommen, ab. Das war seine Bastion im Delta! Es rankten sich Legenden, wie viele Einheiten schon in diesem Dschungel aufgerieben wurden. Die Natur half dem Viet - keine freien Flächen. Nur Bergbambus, Stange an Stange, alleine mit Haumessern konnte man einen Weg bahnen, einen Meter in 2 Minuten. Die Wege waren mit Fallen und Minen vom Viet nur so gespickt.

Die Section Montagne war gefordert, wir legten mehrfach Hinterhalte, schlichen uns ein und blieben auch nachts draußen. Aber der Viet ließ sich nicht in die Karten schauen, und die nahezu undurchdringliche Natur half nur dem Gegner. Jetzt zahlte sich unsere Ausbildung in Tunesien aus. Wir mussten alle Finessen anwenden, um nicht in einen Hinterhalt zu geraten. Der Mont Ba Vi und der Schwarze Fluss waren in der Hand des Viet, wir hatten keine Chance, auch nicht in Compagnie-Stärke.

Und weiter ging´s mit unserem Job. Über das Reis- oder Nuttentelefon, das sehr zuverlässig war, erfuhren wir, dass unsere Patrouillentätigkeit dem Viet nicht gefiel. Angeblich waren Kopfprämien auf die Section Montagne ausgesetzt. War aber nicht gut, wenn man über uns sprach! Wir mussten unser Abzeichen, den grünen Stern im blauen Kreis, von den Ärmeln abtrennen!

Lieutenant Rousseau wurde neuer Compagnie-Chef. Einige Tage nach der Beerdigung von Minard lösten wir die 3. Compagnie an ihrem Posten ab. Die einsame und trostlose Stellung am Fuß des Mont Ba Vi war zu viel für die Legionäre der Dritten. Da sie auch hier weiterhin sehr hart von ihren Vorgesetzten für den Indochinaeinsatz gedrillt wurden, war ihnen der Kragen geplatzt. Eine 7 Mann starke Gruppe, unter Führung des ungarischen Capos Thot, war geschlossen desertiert. Dabei misshandelten sie 3 nicht willige Legionäre, der Caporal der Gruppe verstarb. Es hatte den Anschein, als wollten noch weitere die „Platte putzen". Also Postenwechsel mit der Zweiten, die jetzt noch den Tod von Minard als Schreckmittel für Deserteure im Gepäck hatte. Innerhalb des Bataillons wurden unzuverlässige Legionäre mit zuverlässigen getauscht und auch Officiers wurden versetzt.

Die 2. und 3. nahmen die Verfolgung auf. Ein Ungar kehrte um und wollte zurückkommen, ohne Waffe, aber er bekam so viele Kugeln von seinen eigenen Kameraden, dass er nichts mehr berichten konnte.

Wir hatten solche Probleme nicht. Dafür mussten wir einen starken Zug für eine „Opération Spéciale" abstellen! Möglichst Leute, die etwas von Bergen verstanden. Obwohl Sergent-Chef Martinez keine Ahnung vom Klettern hatte, wurde er mit der 2. Section abkommandiert. Als Verstärkung eine Gruppe des 3. Zuges mit Capo Kowalewski.
„Verteilt Euch auf die Fahrzeuge - 3 Legionäre pro Wagen!"

Ein Officier der Garde Républicaine wies uns etwas dumm dreinschauende Legionäre auf die Fahrzeuge. Sobald sich alle zwischen Kisten und Säcken eingenistet hatten, jagte der Konvoi aus der Zitadelle von Hanoi zu einer Stadt in den Bergen los. Eine Stadt, von der wir bisher nie etwas gehört hatten. HOA BINH.

Selbst Martinez war es etwas seltsam zumute. In der Zitadelle wimmelte es von „Gardes". Polizisten im Dschungeleinsatz? Hoa Binh war von der Garde besetzt und die umliegenden Dschungelberge waren mit kleinen Vorposten der Garde durchsetzt. Das Bergvolk der Muong war den Franzosen treu ergeben und wehrte den Viet Minh energisch ab. Nur die 90 Kilometer Straße zwischen ihrer Hauptstadt Hoa Binh und Hanoi war von den Viets kontrolliert und musste öfters „gesäubert" werden. Aber dass man einen Zug der Legion brauchte, um Nachschub nach Hoa Binh zu bringen? Mindestens tausend Polizisten hielten sich in der Zitadelle auf und verfolgten die Abfahrt unseres Konvois.

22.11.1949
Verlegung nach Hoa Binh

Die 2. Section von Sergent Martinez wurde durch 2 Gruppen verstärkt und nach Hoa Binh verlegt, fast 100 Kilometer entfernt. Lieutenant Christofari und Poisson waren Zugführer, der Führer der 2. Section, Adjudant Guillaume, blieb in Phu My.

Eine herrliche Gegend, die Schweiz von Tonkin. Schwarze, senkrechte Calcaires (Kalkwände), 100 Meter hoch, total zugewachsen bis an die Straße. Dazwischen Elefantengras, undurchdringlich. Eine tolle Gegend im Frieden, aber nicht mit den Partisanen des Viet.

Wir waren in der Hauptstadt der Muong, ein Bergvolk, das auf der Seite der Franzosen war und nie mit den Annamiten in Freundschaft gelebt hatte.

Die Dörfer waren alles Wehrdörfer, wie Hoa Binh auch. Die Garde Nationale stellte hier die Officiers, den Rest machen die Muongs selbst. Der Colonel der Garde, Simon, empfing uns und gab die Lage bekannt. Erstmals erfuhren wir Legionäre, was uns erwartete, so etwas gab es bei der Legion noch nie. Der Colonel war aber auch enttäuscht, dass kein Officier der Legion dabei war. Von Martinez hielt er nicht viel, das merkte man sofort.

Am nächsten Morgen Aufbruch, wir überquerten den Schwarzen Fluss, circa 2 Kilometer unterhalb des Postens, mit einer kleinen Fähre, und dann die R.C. 6 bis Cho Bo, 25 Kilometer. Der Colonel der Garde Nationale, Simon, begleitete uns mit 10 Partisanen!

Zwischen den Wehrdörfern lagen oft 20 Kilometer Bergwelt und Bambusdschungel. Der Posten Cho Bo lag mitten im Dorf auf einem kleinen Hügel, und mit unserer Ankunft war der Posten restlos überfüllt. Die Hälfte der Muong-Partisanen schlief im Dorf. Wir brauchten ihre Plätze.

Am 24.11. Weitermarsch zum nächsten Posten. Nach 5 Kilometern waren wir in einen gefährlichen Hinterhalt geraten, den wir bemerkt hatten, wo wir aber von Martinez hineingetrieben wurden. Rückzug nach Cho Bo mit 2 Toten und 6 Schwerverwundeten. Auf dem kleinen Posten Cho Bon wurden wir vom Viet eingeschlossen. In einer Bravouraktion gelang es dem Colonel, mit seinen Partisanen und unseren Schwerverletzten, sich die 25 Kilometer bis Hoa Binh durchzuschlagen!

Nach 4 Tagen kam unsere 3. Compagnie, um uns zu befreien und wurde bei der Flussüberquerung, 2 Kilometer vor uns, zusammengeschossen. 16 Tote und 6 Vermisste, die mit der Fähre abgetrieben wurden. Nach weiteren 2 Tagen kamen dann unsere 4. Compagnie und die 2. Compagnie der Fallschirmjäger der Legion, die in Hoa Binh abgesprungen war. Der Viet war verschwunden, die 4. Compagnie löste uns ab, die Paras suchten die Vermissten und fanden sie auch. Diese waren fast alle bei der Landung auf der Viet-Seite verwundet worden, aber hatten keine Ahnung, dass der Fluss sie wieder nach Hoa Binh gebracht hätte. Die beiden Compagnien gingen nochmals in Richtung Norden vor, die 4. geriet in einen Hinterhalt und wurde von den Paras rausgeholt. 30 Legionäre vermisst, der Posten Cho Bo wurde aufgegeben.

Die Section Montagne setzte man im Hochplateau, Richtung Laos, ein. Dort wurden jetzt auch die Posten gestürmt, der große Posten Mai Chau wurde mit schweren Waffen beschossen. Wir halfen den kleineren Posten beim Rückzug nach Mai Chau, und das war nicht so einfach - da geht ein Dorf auf die Flucht, mit Kindern und Wasserbüffeln.

Hier hatte ich die erste Kettenreaktion in Vietnam ausgelöst. Um den Viet das Nachrücken zu erschweren, hatten wir in einer Furt, nachdem alle durch waren, Handgranaten mit Gummi aus den Fallschirmsäcken umspannt und dann entsichert. Der Gummi hielt den Druck des Zünders aus, war aber sehr gespannt. 10 Stück ganz vorsichtig in das Wasser gelegt und nichts wie weg. Der erste Viet, der durch das Wasser lief, berührte eine Granate, der Gummi riss und - bumm! Die anderen Gummis rissen durch die erste Detonation - Kettenreaktion! Wir hatten es gehört, hörte sich gut an, wenn man Fersengeld geben musste. Unserem Auftrag entsprechend hatten wir uns in die Büsche geschlagen, um den Viet ebenfalls bei seinem Vormarsch zu stoppen. Jetzt erneut mit Lieutenant Poisson, Martinez wurde abgesetzt - und versetzt!

Jetzt waren wir wieder zigarettenlos und verwischten die Spuren, wie gelernt. Kein Mensch hatte uns gesehen, auch kein Muong oder Meo oder Thai - alle lebten dort in Eintracht, aber streng getrennt in ihren Weilern oder Pfahlbauten! Und wir mogelten uns ungesehen durch, legten Hinterhalte oder observierten von den Bergen.

Beim Hinterhalt am Fluss, mit meiner Kettenreaktion vom Vortag, erlebten wir den Alptraum eines Hinterhältlers: Typischer Hinterhalt, wenige Leute in der Nähe, Absicherung durch die MG, kleine Werfer usw. 200 Meter zurück, mit freiem Schussfeld auf die Gegner und Absicherung des Rückzuges nach hinten durch die Reserve. Alles lief, der ideale Ort, 2 Stunden festgenagelt, dann kamen die ersten Viet. Sie hatten nichts gemerkt, wir ließen sie durchgehen und dann kam ein komplettes Regiment mit etwa 20 Granatwerfern und sMG. Wir wurden zum Glück nicht bemerkt, keiner hatte die Nerven verloren. Nochmals 2 Stunden regungslos zusehen und dabei noch in die Hose pinkeln! Danach haben wir uns ganz langsam abgesetzt, wir waren auch nicht mehr scharf auf die Nachschubeinheit. Die waren meistens nicht bewaffnet und fast immer nur Frauen und alte Männer. Wir hatten das 96. Artillerieregiment gesehen! Wir gingen auf eine Lichtung in circa 800 Meter Höhe, dort oben wohnten die schwarzen Thai. Immer eine Familie für sich, weit weg von den anderen. Das wollten wir - die Familie wurde komplett angetroffen, also konnte keiner den Viet Kenntnis geben. Wir konnte uns etwas Warmes kochen, wie immer Reis mit etwas aus der Dose, Tee und Kaffee und ausschlafen. Wichtig waren die Sicherungsposten weit von der Hütte, damit man nicht überrascht wurde.

Boron war so ein Posten, am Rande einer Brandrodung. Bewegen war auch hier verboten, die Viet Minh und auch die Thai hatten gute Augen! Boron jedenfalls schlich umher und fand eine Höhle, die sehr gut getarnt war, wie er später sagte. Auf der Suche nach dem goldenen Buddha fand er nur jede Menge Flaschen und Steinkrüge, alle gefüllt mit dunkler, klebriger Masse. Boron dachte an Harz, in seiner polnischen Heimat wurde es von den Bäumen gesammelt. Was soll der Mist, ein paar Flaschen kaputtgeschlagen und schnell wieder auf Posten, es war stündliche Ablösung! Nur ein paar Mohnkapseln nahm er mit, Mohn schmeckte immer gut, wenn man nur noch Kekse aus der Notreserve

hatte. Mit dem Mohn fiel er beim Rückmarsch auf. Faifwroski, ein Capo-Chef, dessen polnische Eltern in Frankreich lebten, das war ein Geldschneider, der jeden Piaster nach Hause schickte und sich bei uns durchfraß! Faif fragte nun Boron, wo er die Kapseln gefunden hatte, jeder sah, dass es Opium-Mohn war. Und Boron erzählte von der Höhle mit den Steinkrügen und Flaschen. Da war ein Korb mit Mohn gewesen! Faif: „Boron, wie viele Flaschen waren das, du polnischer Eselteiber?"
„Na, so 30-50!"
„Du hast hier mindestens für jeden der Section 3 Monate Sold da oben stehen lassen! Hast Du noch nie Opium gesehen oder geraucht im Puff, wir sind doch nicht nur zum Viet Minh fangen, du ...", nachfolgend nur noch Polnisch!

Vacek Boron kam nie über den Rang eines Legionärs 2. Klasse hinaus.

25.11.1949
Vorstoß nach Suyut

Wir wollten den nächsten Posten, Suyut, aufsuchen, 20 Kilometer immer nur am Fluss entlang. Suyut hatte sich schon 3 Tage nicht gemeldet. Nur ein „Garde" begleitete uns. Der Colonel, der mit uns gehen sollte, blieb auf dem Posten bei seinen Muongs zurück. Auch wurden wir nicht von Muongs begleitet, obwohl der Posten überfüllt war. Fanden wir komisch, aber was soll´s! Die Franzosen hatten alle keine Dienstgrade, nur eben „Garde", bis auf den Colonel. Angeblich mussten diese Nationalgardisten eine Strafe in Indochina abbrummen, wegen ihrer Zusammenarbeit mit den Deutschen im 2. Weltkrieg. Deshalb keine Dienstgrade.

Wir kamen nur etwa 2-3 Kilometer weit. Links der Straße lag ein Reisfeld, dahinter Gebüsch. Rechts, direkt an der Straße, ein Steilhang. Vor dem Reisfeld ein massives Gebäude, zerfallen, jemand hatte dort eine Person gesehen. Alles Halt, Haus überprüfen. Negativ, keine Treppe in den ersten Stock. Während der Kontrolle gab es mehrfach laute Schläge mit einem Coup-Coup gegen Bambus. Also war jemand hier!

Wir waren zwar noch neu in Tonkin, aber ignorierten solche Zeichen nicht, es roch nach Kampf. Martinez kam zu uns und wurde informiert. Wir wollten das Reisfeld umgehen! „Nein, keine Angst, weiter auf der Straße, wir haben noch 20 Kilometer bis Suyut", sagte er und weg war er, wieder zurück in die Mitte der Kolonne.

Ich ging mit Tetsche Herwig an der Spitze, wir waren Eclaireure. Ein Bach, die Brücke war kurz vorher zerstört worden. Links das Reisfeld, 100 Meter breit, dahinter dichter Bambus. Am Ende des Reisfeldes machte die Straße eine Kurve nach rechts, die wir nicht einsehen konnten. Wir waren fast am Ende des Reisfeldes, da sah Tetsche rechts über uns einen Viet am Steilhang stehen. Grüne Uniform, Helm mit gelbem Stern, MP in der Hand, ein Regulärer. Ich gab Zeichen zurück zur Gruppe: Gefahr! Tetsche hob das Gewehr, da knatterte es schon, Tetsche hatte mehrere Einschüsse von der MP im Oberschenkel und sackte zusammen. Jetzt ging die Hölle los, von allen Seiten wurde auf uns geschossen. Wir waren schon wieder in einen Hinterhalt gelaufen, der Albtraum aller Indochina-Kämpfer.

Ich zog Tetsche an die Böschung, sein Gewehr lag noch mitten auf der Straße. Da wurde uns bewusst, dass unmittelbar vor uns ein MG feuerte, voll die Straße herunter. Es lag auf der anderen Straßenseite im Graben, gut getarnt, fast wären wir darüber gestolpert. Aus dem Gebüsch hinter dem Reisfeld knallte Gewehrfeuer. Der Angriff sollte wohl aus dem Steilhang heraus beginnen. Wenn wir uns in den Graben zum Reisfeld geworfen hätten, dann hätten sie uns wie Schießscheiben abknallen können. Jetzt lagen wir zwar sicher im Graben an der Seite des Steilhanges, aber wegkommen konnten wir hier nie.

Das MG hämmerte unendlich lange Salven auf die Legionäre, die im Bachbett und weiter zurück lagen. Von oben fielen ein paar Handgranaten. Ich machte meine beiden Handgranaten klar und warf diese in Richtung MG. Das erste Mal, dass ich im Ernstfall überhaupt eine Handgranate warf und das auch noch im Liegen. Tetsche gab mir seine Granaten auch noch, schon entsichert, aber das MG schoss schon nicht mehr. Ich warf, noch eine Granate nach oben, wo der Viet stand. Weil wir den blöden Sicherungsring der vierten Granate nicht mehr fanden, hatte ich die auch noch mal in Richtung MG geworfen. Wir sahen, dass die Section sich rückwärts absetzte, obwohl Martinez immer „En avant, en avant!" schrie.

Wir waren fast allein im Reisfeld. Wir hatten die Zeit zum Rückzug verpasst, unsere Kameraden waren alle schon getürmt. Ab, zurück bis in den Bach, das waren 50 Meter. Aber mit der Nase im Gras, wir robbten. Tetsche konnte nicht mehr, und ich stützte sein gesundes Bein, damit er schneller voran kam. Im Bach hockte noch Gerd Trommer mit einer Schusswunde am Gesäß und einem Streifschuss an der Schläfe. Neben ihm lag Caporal Albel, mausetot, eine volle Garbe in die Brust. Das Fernglas war in mehrere Teile zersplittert. Ich wunderte mich, dass ein Mensch in so einer kurzen Zeit schon völlig weiß im Gesicht war. Ich musste zweimal hinschauen, um ihn zu erkennen. Es wurde jetzt eng für uns, wir waren die Letzten und würden das volle Feuer bekommen, wenn wir aus dem schützenden Bach kamen. Ich zündete die 3 Phosphorgranaten, die wir hatten, und warf diese in das Reisfeld in Richtung der Viets. Sowie der gelbe Qualm aufstieg, nahm ich Tetsche und Trommer in den Arm und wir schleppten uns 30 Meter bis in die Büsche. Mit gutem Feuerschutz unserer Gruppe, die auf unseren Zuruf reagierte und gewartet hatte.

Die beiden Kameraden wurden mir abgenommen und im Graben erst einmal notdürftig verbunden. Aus der Deckung feuerte eine Gruppe, die keine Verwundeten hatte, weiter in Richtung des Gegners, damit wir mit den Verwundeten Abstand gewinnen konnten. Aber der Viet verfolgte uns nicht. Ein Siegesschrei. Na gut, der Viet hatte gewonnen, unseren Vormarsch nach Suyut gestoppt!

Wir stellten das Feuer ein und zogen uns zurück, bis wir in Sichtweite des Postens waren. Sergent Martinez war vermutlich schon fast wieder in Cho Bo, als wir im Schutze der nächsten Biegung waren und die Viets ihr Siegesgeschrei anstimmten. Zum Glück verfolgten sie uns nicht, das wäre böse geworden. Wir hatten immerhin 5 Verwundete, die getragen oder gestützt werden mussten. Martinez machte einen Riesenaufstand, als wir gestanden, dass Tetsche Herwig seine MAS liegenlassen musste. Ich hatte das gar nicht bemerkt und Martinez sah mich vorwurfsvoll an!

Dass die gesamte Section an Caporal Albel vorbei gerannt war und ihn nicht mitgenommen hatte und auch Trommer alleine gelassen wurde, das konnte ich nicht einfach so hinnehmen. Ich rieb es dem Zugchef im Beisein des Colonels kräftig unter die Nase! "Du hast uns in die Embuscade getrieben, immer nur „En avant, en avant" geschrieen, anstatt die Embuscade einzukreisen. Wie die Kinder auf dem Bahnhofsvorplatz in Marseille!"

Martinez hielt mir später vor, ich hätte nicht nur ihn, sondern die ganze Legion beleidigt! Als es um die Frage der Verleihung von Auszeichnungen ging, war Martinez sauer, dass nur die beiden Spanier der Section dafür stimmten, dass er ein Kriegskreuz erhalten sollte! Er habe nur voreilen wollen, um dem Colonel Meldung zu machen. Aber er bekam unsere Meinung über seine Tapferkeit deutlich zu spüren. Unmissverständlich wurde ihm gesagt, wo sich ein Chef aufzuhalten hat. Besonders Ante, unser Kampfbrocken, musste ganz schön zurückgehalten werden, er wollte Martinez unbedingt die Fresse polieren! Martinez hatte schnell die Nähe des Colonels gesucht und die nächsten Nächte nicht bei uns geschlafen.

Am gleichen Abend fiel ein Muong-Wachposten, der auf seinem Aussichtsbaum saß, tödlich getroffen herunter. Wir erlebten eine bedrückende Zeremonie, einen Tanz der Muong-Kämpfer mit ihren Waffen. Im Kreis und in Reihen, Gemurmel und Zischen, man konnte als Zuschauer Angst bekommen. Auch wir wurden aufgefordert mitzustampfen und so der Toten zu gedenken!

Einzelne Gewehrschüsse wurden auf den Posten abgegeben, es wurde klar, wir waren eingeschlossen. Unsere 5 Verwundeten wurden in der Dunkelheit durch das Dorf auf ein Boot gebracht, die Muongs brachten die Jungs sicher nach Hoa Binh. Es wurde bekannt, dass alle Wehrdörfer nördlich von uns bereits von den Viets gestürmt wurden. Der Schwarze Fluss war in der Hand des Viet Minh, bis auf Cho Bo und Hoa Binh. Die gesamte Grenze zu Laos war jetzt unter Kontrolle des Viet und die Region der Muong in ihrer Hand.

27.11.1949
Schwere Schießerei an der Fähre

Gegen 14.00 Uhr gab es eine schwere Schießerei an der Fähre. Wir sahen, dass auf der anderen Seite eine Legions-Einheit lag und auf unsere Seite feuerte. Sofort gingen 2 Gruppen in Richtung Fähre. Ich nahm noch ein MG von den Gendarmen mit. Die hatten uralte US-MGs, die man aber sehr gut alleine bedienen konnte. Zu allem Unglück begann ein Legions-MG von der anderen Seite auf uns zu feuern. Wir kamen trotzdem erstaunlich weit, waren schon bis auf 300 Meter an den Anlegeplatz der Fähre heran und sahen jetzt das Fiasko. Im Sand des Ufers lagen mehrere Tote, die Fähre trieb führerlos flussabwärts Richtung Hoa Binh. Der Viet hatte erst eine Gruppe übersetzen lassen und dann das Feuer eröffnet. Eine Embuscade wie aus dem Lehrbuch. Auf der anderen Seite standen noch die Rucksäcke in Reih und Glied. Eine Douzette, ein 12,7 mm-MG, zerstückelte im Einzelfeuer die Rucksäcke. Man hatte uns jetzt bemerkt und wir bekamen reichlich Feuer und einen Gegenangriff der Viets.

Ohne Verluste, aber um eine böse Erfahrung reicher, schafften wir es bis zum Posten, der aus allen Rohren feuernd unseren Rückzug sicherte. Später erfuhren wir, dass es unsere 3. Compagnie war, die in den Hinterhalt geraten war und uns eigentlich raushauen sollte. Bilanz: 14 Tote! 8 Vermisste und 9 Verwundete alleine auf der anderen Uferseite beim Versuch, die Rucksäcke und Gewehre von der Anlegestelle wegzuholen. Typisch 3. Compagnie. Disziplin, auch wenn es fehl am Platz war. Hauptsache, die Rucksäcke standen in Reih und Glied im freien Schussfeld, die Gewehre wie im Manöver ausgerichtet auf den Rucksäcken.

2 Tage später kam, mit Voranmeldung, unsere 4. Compagnie. Wir empfingen sie an der Anlegestelle. Kampflos konnten die Paras übersetzen, der Viet hatte sich verzogen, was unsere Muongs nachts feststellten.

Wir trafen viele Kameraden aus der gemeinsamen Zeit in Le Kef wieder und erfuhren, dass Lieutenant Chapeau, früher Chef der Section

Montagne, als erster Mann des 1. B.E.P. gefallen war. 2 Stunden später traf noch die 2. Compagnie des 1. B.E.P. ein, die vorher noch die versprengten Legionäre der 3. Compagnie gesucht hatte, welche sich an die Fähre geklammert hatten, als diese abtrieb. Leider hatten die Kameraden keine Ortskenntnis und sie versuchten, sich an Land zu retten. Dort waren sie jetzt verschollen. Die Fähre aber trieb nach Hoa Binh, wo sie an Land gezogen wurde. Hier konnten noch 2 Schwerverwundete gerettet werden, die in der Fähre lagen.

Das B.E.P. konnte kampflos den Ort einnehmen, in dem wir in den Hinterhalt geraten waren. Sie fanden das Grab von Albel und mehrere Gräber im nächsten Dorf. Wir hatten also auch getroffen. Meine Angaben über die MG-Stellung, die ich zerstört hatte, wurden vom Officier der Paras bestätigt. Sergent Martinez hatte das nicht glauben wollen. Er hatte ja von diesem Kampf nicht viel mitbekommen, weil er doch bis zum Ende der Section zurückgegangen war!

Das B.E.P. fand schlussendlich die Kameraden der 3. Compagnie, die sich an die Fähre gehängt hatten, nach 4 Tagen völlig erschöpft im Dschungel. Zwei davon waren an den Verwundungen verstorben. Woher sollten die armen Kameraden wissen, dass sie sich mit der Fähre einfach nach Hoa Binh treiben lassen konnten. Es gab ja nie eine umfassende Aufklärung für uns Legionäre!

29.11.1949
Erneuter Vorstoß nach Suyut

Das B.E.P. und unsere 4. Compagnie, die nachgekommen war, gingen wieder in Richtung Suyut vor. Ein Gendarm begleitete uns auf dem Marsch. Garde Richard, die Gendarmen hatten keine Dienstgrade, lief mit mir als Aufklärer, wir verstanden uns sofort. Bei dem Hinterhalt wurde er mit einem Schuss in den Oberarm verwundet. Er ließ sich aber nicht evakuieren, waren doch bloß 3 Gendarmen auf den Posten.

Am nächsten Tag kam, wie immer, wenn der Morgennebel gelichtet war, eine JU 52, Versorgungsflug. Mit Flugtüchern hatten wir signalisiert: Eingeschlossen, keine Fallschirmabwürfe!

Das wurde hart, alle in die Bunker, wenn die Tante JU im Tiefstflug über den Posten rauschte, denn die Fracht wurde jetzt ohne Schirm aus 10 Metern abgeworfen. Ein Sack Reis, gefüllt - halb Reis halb Munition -, wog immer so 40 Kilo. Wer so etwas auf den Kopf bekam, der war mausetot. Und das Team oben war perfekt, es traf punktgenau. Und dann der Höhepunkt: der Flieger nahm die Post mit. Auf dem Ausguckbaum mitten im Posten wurde ein Hühnerkorb mit einer Bambusstange aufgestellt, der wurde mit einem Schleppseil mit Haken, der aus der Tür der JU 52 hing, abgerissen und nach oben gezogen. Garde Richard wagte es, den Korb nach oben in Richtung des Fanghakens zu halten, denn der Haken pendelte im Fahrtwind. Garde Richard war ja verwundet, er hatte den Korb zwar gepackt und ich hatte den Part oben auf dem Ausguck übernommen. Und es klappte auch - im zweiten Versuch! Richard war happy und erzählte, dass sein Zwillingsbruder Rene der Pilot sei, der immer die Post abholte. Da war auch schon mal ein Huhn drin, oder ein Wels, die Muongs stachen diese Riesenfische mit dem Speer ab.

Doch auf dem Weg nach Suyut gab es wieder eine Embuscade, die 4. Compagnie verlor fast eine komplette Section, 3 Legionäre schlugen sich durch und kamen nach 4 Tagen zurück. Viele der Section waren nach ihren Angaben in Gefangenschaft geraten. Beim Versuch, die versprengten Legionäre zurückzuholen, erlitten die Fallschirmjäger ebenfalls hohe Verluste. Insgesamt wurden 45 Legionäre als verschollen gezählt. Es war schon am 26.11.1949 bekannt, dass der Posten Suyut gefallen war! Überlebende Muongkämpfer des Postens Suyut waren doch bereits in Cho Bo eingetroffen. Unser Marsch war vollkommen sinnlos! Alles war bekannt, weshalb mussten wir nochmals einen 25-Kilometer-Marsch durch einen Dschungel voller Feinde machen, um einen abgebrannten Posten anzusehen? Ein Aufklärungsbild aus einer JU 52 hätte den Tod von mehr als 80 Soldaten ersetzen können!

Wir verließen mit Colonel Simon Cho Bo in Richtung Hoa Binh. Vorher hatte der Colonel viele von uns ausgezeichnet. Ich erhielt von ihm das Croix de Guerre mit Palme für das Ausschalten des MG und für die

Bergung der 2 Kameraden. Meine Rolle bei dem Einsatz am Flussufer, zur Entlastung der 3. Compagnie, wurde im Bericht erwähnt. Ich wusste selbst nicht, was ich dort so gut gemacht hatte, dass es eine Erwähnung fand! Ich wurde als einziger Nichtverwundeter ausgezeichnet. Das hatte später ein böses Nachspiel, die Legion erkannte die Auszeichnungen in dieser Qualität nicht an. Sie reduzierte auf ein Croix de Guerre der Brigade mit Bronze-Stern. Die Palmen für die Verwundeten blieben bestehen, obwohl das in der Legion auch nicht üblich war. Martinez ging leer aus und wurde versetzt.

Unterwegs kam uns die 3. Compagnie entgegen, die in ein Seitental in Richtung Laos wollte. Auch dort riefen mehrere Posten um Hilfe. Die Compagnie wartete an einer Abbiegung auf uns. Kein gutes Zeichen. Wegen der Verluste an der Fähre nahm uns Compagnie-Chef Capitaine Rogoll einfach mit. Da halfen auch die Proteste von Colonel Simon nicht. Jetzt war ein Officier der Legion hier und der hatte das Sagen! Und wenn ein Officier der Legion den Bart raushängen ließ, dann konnte das Capitaine Rogoll besonders. Wir stiegen also auf die LKW, der Colonel setzte mit seinen Partisanen den Weg zu Fuß fort. Nach einigen Kilometern fuhr der erste GMC auf eine Mine, Fahrer und Beifahrer waren sofort tot, mehrere Verwundete auf der Ladefläche. Die LKW kehrten um, der zerstörte LKW wurde die Böschung runtergekippt, wie immer. Zu Fuß war es immer sicherer, das war doch eine Legionsweisheit!

Der erste Posten, Lo Son, wurde in der Nacht erreicht. Eine Festung wie im Mittelalter: Fels und Beton, mit Artillerie, Wassergräben, Scheinwerfer! Uneinnehmbar. Vauban, der Festungsbauer Frankreichs, hätte hier seinen Spaß gehabt. Am nächsten Tag ging es in ein Seitental, 8 Kilometer von Lo Son. Ein Posten, der bereits zur Hälfte zerstört war und seit Tagen unter Mörser- und Flugbomben-Beschuss stand. Die Flugbomben lagen aber alle außer Reichweite, sonst wäre hier nur noch Kleinholz gewesen. Die Flugbomben stammten aus dem 1. Weltkrieg, wogen 20 kg und flogen nur 500 Meter weit.

Wir übernahmen die beiden 80er-Werfer und die Bunker mit den sMG. Kaum eingerichtet, begann der nächste Angriff der Viet, die tatsächlich ihre Feuerstellung in die Nähe verlegt hatten. Der Posten-Chef kannte sich aus und wusste, wo die Viet lagen. Wir richteten alle Waffen ein, eine Section verließ mit Muongs den Posten zum Gegenstoß. Wir feuerten alles ab, was an Granaten noch da war, der Gegenstoß lief hervorragend. Beide Abschussgeräte für die Bomben, ein 80er-Werfer, total neu, ein russisches 14,5 mm-sMG. Alles ließen die Viets liegen, dazu die Munition und 4 tote Viets. Den Spuren zufolge mussten sie noch eine Menge Verwundete und Tote mitgenommen haben. Das Artillerieregiment 96 des Viet Minh, das der Legion so schwere Verluste zugefügt hatte, war ohne seine schweren Waffen geflohen. Alles wurde sofort zerstört und wir räumten den Posten einschließlich der Dorfbewohner. Sie verließen mit Vieh und Hausrat ihr Tal, denn sie wussten, was ihnen blüht, wenn wir weg waren. Der Viet würde alle Männer und Frauen des Dorfes, die etwas tragen konnten, mitnehmen. Es wurde berichtet, dass der Viet grausam mit den Muongs abrechnete, die nicht sofort für den Viet arbeiten wollten. Viet waren Annamiten!

Vom Posten Lo Son zogen die Zivilisten in Richtung Laos, wollten nicht mit uns nach Hoa Binh. Sie wussten wohl schon, dass der Viet dort auf uns wartete. Viele der Partisanen gaben ihre Waffen ab und zogen mit ihren Familien davon. Die jungen Muongs aber, zwischen 14 und 20 Jahre alt, verabschiedeten sich von ihren Clans, blieben bei uns. Denn sie wussten, was passieren würde, wenn sie den Viets in die Hände fielen. Sie würden ihre Angehörigen nie wieder sehen! Die Angehörigen des Bergstammes weinten! Ein Bild, das sich tief ins Gemüt einfraß. Wir begannen diesen Krieg zu hassen!

Wir übernachteten in den großen Pfahlbauten, die verlassen waren, und marschierten danach zurück nach Hoa Binh. Im Gegensatz zum Delta, wo wir beim Verlassen alles in Flammen aufgehen ließen, blieben hier die prächtigen und riesigen Häuser unbeschädigt stehen. Eine Strohhütte im Delta war in 3 Tagen neu erstellt, diese riesigen Pfahlbauten konnte man nur in Monaten neu bauen.

Die Paras kamen uns entgegen und sicherten unseren Rückzug. Wir hörten, dass alle Posten von Dien Bien Phu bis Hoa Binh aufgegeben waren. Die Region Muong gehörte dem Viet Minh. Bei der Rückkehr sahen wir auch unsere Compagnie wieder, die nun ebenfalls in Hoa Binh war. Der Posten war völlig überfüllt, und wir wurden in der Stadt in das Hospital einquartiert, das von 3 Nonnen geleitet wurde. Den Nonnen passte das nicht, aber was soll's. Wir schliefen mit 20 Mann in einem Krankenzimmer, ohne Betten, sonst wäre kein Platz gewesen.

05.12.1949
Hoa Binh

Wir erfuhren, dass die 4. Compagnie kurz vor Suyut fast aufgerieben wurde. Die 2. Compagnie Fallschirmjäger war ebenfalls dabei, aber hatte weniger Verluste. Cho Bo wurde aufgegeben. Hoa Binh war jetzt ein Heerlager, restlos überfüllt. Täglich gingen wir in die Berge, suchten den Viet. Der griff in der Nacht zum 09.12. an, konnte in die Stadt eindringen und nahm alle Vorräte mit. Wir saßen im Hospital und rührten uns nicht. Sahen, wie hunderte Viets in die Häuser der Muong eindrangen und alle Nahrungsmittel mitnahmen. Alles geisterhaft, der militärische Teil Hoa Binhs lag unter schwerem Feuer, und hier, knapp 200 Meter weiter, gingen die Viets unbehelligt auf Raubzug.

22.12.1949
Die Viets drangen nach Hoa Binh ein

In der Nacht drang der Viet in die Stadt ein. Keinen Respekt vor der starken Truppenkonzentration der Kolonialmacht. 2 der 4 Wehrtürme wurden vom Viet gestürmt, keiner der Muongs überlebte. Der Posten in unserer Nähe konnte sich halten und die Angreifer erlitten hohe Verluste, weil sie in den Bambusbarrikaden hängen blieben und jämmerlich verbluteten. Die toten Viets hatten alle ein großes Strohbund auf einem langen Bambusstab, den sie auf die Barrikaden und den Stacheldraht warfen, um dann darauf den Stacheldraht zu überwinden. Aber leider direkt vor einem MG. An einer anderen Stelle hätte das geklappt, wie bei den anderen beiden Posten auch.

Die Kommandos der Viet plünderten die Geschäfte und steckten einige Pfahlbauten an. Als die Brände die Stadt erhellten, wurde es brenzlig für uns. Man entdeckte das Hospital und einige Viets näherten sich. Wir hatten bis dahin keinen Schuss abgegeben, nun mussten wir kämpfen, aus den Fenstern und der Tür. Die Gruppe aus dem Nebenhaus verließ das Haus und floh in Richtung Posten. Sie mussten in den Häusern der Bewohner Schutz suchen, bis sich die Viets im Morgengrauen zurückzogen - nicht ohne das Rollfeld zu verminen, der erste Flieger am Morgen machte sofort Bruch.

Hoa Binh wurde geräumt, als wir schon weg waren. Auf Wiedersehen in 2 Jahren zur großen Schlacht.

Dezember 1949

Weihnachten war unsere Compagnie bereits in Hanoi, wir lagen in der Kaserne der Bérets Rouges, die für uns nach Hoa Binh verlegt wurden.

Abends ein Aufruf: „Wer war in Cho Bo eingeschlossen und wer kennt den Garde Richard?"
Es war der Zwillingsbruder von Richard, der uns zu einem Umtrunk abholte. Richard war im Hospital in Hanoi und hatte ihm wohl von unseren Taten erzählt!
Genehmigung des Compagnie-Chefs, landfein gemacht und ab mit dem Piloten Rene - 5 Legionäre hatten immer Platz im Jeep. Und dann in ein piekfeines Hotel oder Casino oder Messe. Wir wurden vorgestellt, 20 Piloten feierten dort schon kräftig.

Nun, ich hatte wohl dem Zwillingsbruder das Leben gerettet und die JU 52, die unsere Post mitnahm, auch noch über den Baum gehoben. Wir wurden sehr gut aufgenommen, Händeschütteln und Schulterklopfen mit jedem, und, nicht zu vergessen, einen Schluck auf die Air und einen auf die Legion. Ruckzuck waren wir zu bis oben. Und was waren das für Typen, die Piloten. Die meisten waren Weltkriegspiloten, mangels Masse an französischer Air hatten sie bei den Kanadiern geflogen,

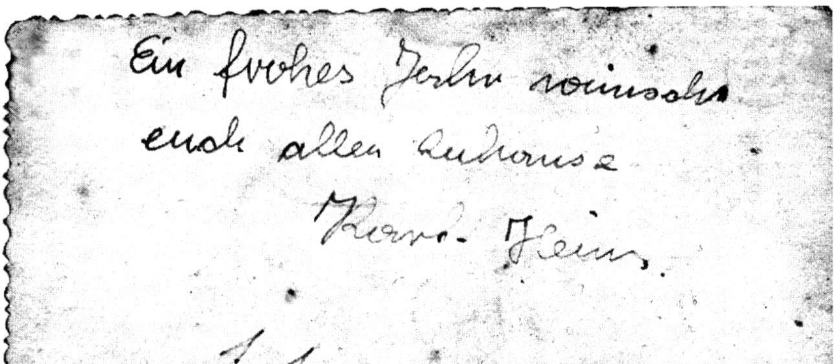

"Ein frohes Jahr wünscht euch allen zuhause Karlheinz. 1.1.1950"

die Engländer hatten keine Franzosen genommen. Und natürlich auch einige Nachkriegspiloten, die bei den Fliegern auch die "Blauen" waren. Und die Runde wurde immer größer, dann kam noch der Colonel oder General. Alles saß in einer Runde, und dann musste jeder ein Lied singen oder Gedichte aufsagen, oder Witze erzählen. Das war Tradition bei den Fliegern! Kuddel sang natürlich ein englisches Seemannslied, das kam gut an, weil bekannt, Paul Kieffer den Boudin, und dann ich. Als Kind war ich schon bekannt als Sänger und konnte auch jodeln, obwohl ich kein Seppl war!

Also das Erzgebirgler Heimatlied, dort wo „die Haad so rötlich blüht, mit kan König möcht ich tauschen, weil dort droben mei Häusl steht". Eine Einführung en français, dann aber los und mit voller Brust den Erzherzog Johann-Jodler hinterher, kurz angehalten, alle mussten mitjodeln. Spätestens jetzt war das Lokal leergefegt, die paar Zivilisten, die dort rumsaßen, waren weggejodelt. Das war eine Gaudi, 30 erfahrene französische Piloten jodelten, das machte mir keiner nach!

"Ehemals Museeum, heute Unterkunft für Legionäre. Hanoi, Januar 1950."

Januar 1950
Wir stoppten Mao Tse Tungs Rote Armee – mit einer Section der Légion étrangère!

Die Compagnien des I/5. R.E.I. wurden nach 7 Monaten Einsatz in den Repos (Ruhepause) verlegt. Militärisch hieß das, das 5. Regiment bewacht jetzt die Grenze zu China, von Mon Cai an der Küste über Ha Coi bis nach Tien Yen (65 Kilometer), dem ersten Flusshafen, wo die R.C. 4 begann, 150 Kilometer entlang der gesamten Front bis Lang Son und Cao Bang.

Dort war das 3. Regiment der Legion stationiert, das laufend in schwere Kämpfe mit dem Viet Minh verwickelt war. Das hieß, einen festen Posten besetzen und den normalen Wach- und Streifendienst versehen. Bewacht wurden nur die Städte. Die Kontrolle der Grenze war nicht möglich, war diese doch bis zu 60 Kilometer von der Küstenstraße entfernt. Es gab so gut wie keine Straßen. Mit Ausnahme der Küstenstraße existierte nur eine befahrbare Straße von Tin Yen bis Binh Lieu. Dort war noch ein großer Posten mit Vietnamesen und einem marokkanischen Tabor (Regiment). Von dort bis zur chinesischen Grenze waren es nochmals 30 Kilometer.

Die 2. Compagnie bezog den Superposten: verlegt an die Küste in die Baie d'Along, die schönsten Küste der Welt, nach Cam Pha – Muong Dong, ein Flecken zwischen Hong Kai und Port Wallut.

Haiphong Hafen, und von hier nordwärts die Baie d'Along auf einem Lastkahn hinauf, der von einem uralten Kohlen-Schlepper bis zum Kohlehafen Port Redon gezogen wurde. Die Schönheit der Bucht wurde nur durch Kohlenstaub getrübt, und das sehr stark. Das Besondere war, dass es dort keinen Krieg gab! Dort war immer Frieden, weil die Kohlebarone beide Seiten bezahlten. Da wurde Kohle gefördert und mit Schiffen exportiert, fast alles nach Japan. Die Vietnamesen schufteten wie die Sklaven in den Abbaugebieten, so wie vor 100 Jahren. Man schärfte uns ein, niemals zu schießen, weil das Gebiet international sei. Das wollte ein einfacher Legionär nicht so schnell begreifen, dass es hier keinen Krieg gab, sondern erst wieder 10 Kilometer weiter.

Eisenbahnen fuhren, ohne auf Minen zu fahren, alles war beleuchtet, kein Kabel wurde geklaut, keine Straße nachts abgetragen. Dafür wurde die Baie d'Along auch nicht durch die Marine kontrolliert. Der Viet Minh musste ja schließlich auch Nachschub bekommen, und die Seeräuberküste war nun eben unkontrollierbar.

In Muong Dong, auf einem zerstörten Minengelände, kampierten 30-40.000 Soldaten der Nationalchinesischen Armee, die vor den Truppen Maos geflohen und dort interniert waren. Frankreich konnte diese Leute nicht ernähren und betreuen. Dschunken und Motorschiffe kamen von Hainan und Formosa mit Nahrungsmitteln und nahmen immer Soldaten mit. Und die US-Marine war im Einsatz, allerdings nur zur Versorgung der Tschiang-Kai-Shek-Armee, die wir interniert hatten. Wie viele Truppen von der US-Marine mitgenommen wurden, interessierte die französische Armee nicht.

Wir waren schon zufrieden, dass die Amis die medizinische Versorgung übernahmen. Die Tschiangs hatten aber auch alle Seuchen mitgebracht. Einschließlich des schwarzen Fleckenfiebers. Täglich fuhr der Entlausungs-LKW durch das Lager und pustete Tonnen von DDT-Läusepulver über die Leute und Baracken. Wir übernahmen also mit circa 120 Legionären die Bewachung und Aufsicht. Das klappte sehr gut. Die Chinesen machten, was sie wollten, und wir störten sie nicht. Im Blitztempo war hier eine Stadt entstanden, alle Häuser im Karree, Kasernen! Dann kamen Beschwerden der Nationalchinesen, dass der Viet Minh die fliehenden Truppen schon vor Tien Yen entwaffnen würde. Dort mussten die Waffen abgegeben werden, nur die Officiers durften ihre Waffen behalten.

Also musste die Section Montagne den Sack schnüren und mit 2 GMC nach Tien Yen fahren. Dort lagen im Hafen noch einige tausend Gewehre und sonstige Waffen, es fehlten aber Schiffe zum Abtransport. Nachts war das Depot unbewacht. Der kleine Trupp Marokkaner, der in Tien Yen lag, freute sich und dachte, wir wären die Ablösung.

Am nächsten Tag Weiterfahrt nach Binh Lieu über den Panther-Pass. Wer jemals über diesen Pass gefahren ist, der weiß, was „Schiss" bedeutet.

An der berühmten Spitzkehre, die unter einem Wasserfall durchführt, kann man 15 Fahrzeuge 100 Meter tiefer bestaunen. Es soll nie der Versuch unternommen worden sein, Leute von dort unten zu bergen, das war auch kaum möglich! Ein Abgrund, nur mit Farnen bewachsene Felsen in diesem Wasserfall, mehr war nicht zu sehen. Da war jeder vom LKW abgestiegen und zu Fuß durch den Wasserfall gegangen. Ein Fahrer hat sich geweigert, seinen LKW durch diese Spitzkehre zu fahren. Wird nicht der Letzte gewesen sein!

In Binh Lieu war ein großer Posten mit etwa 200 Meo-Partisanen, die dort mit einigen Franzosen als Vorgesetzte in den Bergen lebten. Und das berühmte 8. Tabor Marocain. Hier herrschten Ruhe und Frieden, jetzt nur durch die durchziehenden Soldaten der Nationalchinesen gestört. Man konnte sich noch nie leiden, die Vietnamesen und die Chinesen. Man verachtete sich!

Noch 10 Kilometer klappte es mit dem LKW, dann war keine Brücke mehr vorhanden. Das war aber das Legionslos. Wenn es mulmig wurde, dann waren wir zu Fuß sicherer. Wer wollte uns denn garantieren, dass die Viets uns so einfach vorbeifahren lassen? Dass die Chinesen sich vom Viet entwaffnen ließen, war doch ein Zeichen dafür, dass sie hier waren. Keine 3 Stunden weiter, und wir waren an der Grenze zu China angekommen. Immer noch kamen kleine bewaffnete Trupps Nationalchinesen, Zivilisten, Händler und Huren, auf der Flucht vor der Roten Armee. Der Grenzposten war abgerissen, nur noch die Grundmauern waren zu sehen. Aber das war schon vor Jahren passiert, als die Fremdenlegion nach China geflüchtet war. 1945 hatte der Japaner versucht, die Fremdenlegion zu vernichten, als ihnen klar wurde, dass sie den Weltkrieg verlieren.

Wir ließen uns nieder, 2 Gruppen versteckt, weit zurück in guter Schussentfernung. Eine Gruppe offen an der Grenze. Den nächsten Tag kamen kaum noch Flüchtlinge. Ein Einzelkämpfer hatte ab und zu mal einen Schuss auf uns gefeuert, aber niemanden getroffen. Dann war gespenstische Ruhe. Kein Mensch kam an die Grenze. Wenn die Roten eintreffen, was wird mit uns passieren? Überrennen die uns? Abwarten! Und dann kam die Rote Armee, 2 lange Reihen, etwa 100 Soldaten, Gewehr im Anschlag, Marschgepäck auf dem Rücken! Bange Minuten, bleiben sie stehen oder tragen sie die Revolution sofort weiter?

Wir haben die Waffen nicht in die Hand genommen. Ich hatte die schwerste Waffe, einen 5 cm Granatwerfer, der war in Stellung. Das war aber reine Show! Wir hatten eine Trikolore, nur etwas größer als ein Taschentuch, die haben wir gezeigt. Frankreich zeigt Flagge, aber unser Lieutenant war nicht zu sehen. Der war bei den beiden Gruppen der Reserve. Taktische Kriegsführung nennt man so etwas!

Und wir machten unsere Taktik: nur nicht rühren, die anderen wollten ja was von uns. Die Chinesen gingen in Stellung, nicht ganz so friedfertig, wie wir es getan hatten. Aber immerhin, sie legten sich auch einfach in den Graben. Eine Gruppe kam näher, ein Palaver begann, keiner verstand den anderen. Die Meos aus Binh Lieu, die uns begleitet hatten, verstanden die Maos nicht oder wollten nicht! Das waren keine Südchinesen, sondern Mongolen oder was weiß ich. Gesichter zum Fürchten, die brauchten eigentlich keine Waffen. Aber sie hatten verstanden, dass hier eine Grenze war und dass der Krieg für sie gewonnen war.

Nach einer Stunde kam ein Offizier mit einem Pferdewagen, der sprach Englisch. Er hielt aber erst einmal eine Ansprache an seine Soldaten mit vielen Heil-Rufen. Wir verstanden, dass der Krieg aus war und Maos große Wanderung hier zu Ende sei. Gut für uns, mittlerweile waren um die 200 Soldaten eingetroffen! Unsere Chancen, hier einen Krieg anzufangen, tendierten gegen Null. Anton, unser Hufschmied aus Slowenien, mächtig groß und mit Vollbart, versuchte wieder einmal seine Schau abzuziehen. Augen verdreht, mit seinem Gewehr spielte er Gitarre, tanzte seinen Partisanentanz und sang noch dabei seine slowenisch-ungarisch-deutschen Lieder, die kein Mensch verstand. Die Chinesen machten respektvoll Platz, als er bewusst auf die chinesische Seite tanzte. Erst als Lieutenant Poisson aufkreuzte und ihm barsch den weiteren Auftritt untersagte, war der Spaß zu Ende. Augenzwinkernd sagte Anton: „Wenn die nur etwas partisanenslowenisch verstanden hätten, die Schlitzaugen, dann hätten wir jetzt doch einen Krieg. Ich hab´s den Maos gegeben!"

Nun musste unser Anarchist, Jonny Baker, ein Engländer, ran und übersetzen. Jonny, der fast alle osteuropäischen Sprachen und auch Deutsch perfekt beherrschte, machte jetzt die Schau. Er übersetzte alles erst mal ins Deutsche, damit alle mithören konnten, und ließ dann von Jean Raach, einem Luxemburger, alles für Lieutenant Poisson ins Französische übersetzen. Die Pointe war, dass die Chinesen nicht mit einem Lieutenant verhandeln wollte. Jonny hat ihm dann aber klar gemacht, dass die Staatsmacht Frankreich eben durch einen Lieutenant schon vertreten sei. Der Chinese war wohl der Meinung, dass hier Generäle erscheinen müssten, um die neuen Herrscher Chinas zu begrüßen.

Nach der Unterzeichnung eines Papiers ließ der Mao seine Truppe antreten und nach einer Rede wurde Hurra geschrieen, wahrscheinlich auf Mao und das Ende des Befreiungskampfes. Jonny Baker war total am Boden. „Ich scheißkleiner Tommy muss hier zwischen Frankreich und China vermitteln und müsste eigentlich im Bau sitzen, habe noch 10 Tage abzubrummen!"
Lieutenant Poisson hatte das mitgehört, ließ es sich übersetzen, obwohl wir alle wussten, dass er Deutsch verstand, aber nie sprach. Er lehnte Bakers Gesuch ab. Strafe war Strafe. Nach der offiziellen Zeremonie haben uns die Chinesen bestaunt, unsere Waffen begutachtet, besonders unseren 5 cm-Granatwerfer. Leider durfte ich keinen Probeschuss abgeben. Die Chinesen begannen sofort eine Bambushütte an der Grenze zu errichten, der Kontakt war zu Ende. Man verbat sich weitere Freundschaftsbesuche!

Wir sind am nächsten Tag wieder zurück nach Binh Lieu. Der Flüchtlingsstrom aus China war zu Ende. Im November 1950 waren wir noch mal dort im Einsatz, haben uns auf chinesisches Gebiet verlaufen und wurden von den chinesischen Grenztruppen entdeckt und gejagt.

Januar 1950
Popote des Officiers

Ich war jetzt der Chef des „Popote des Officiers" (Offizierskasino), feiner Job, immer im besten Tenue. Alkohol war für mich tabu. Kein Mensch fragte mich, wie ich die Officiers der Compagnie und die zahlreichen Gäste bewirtete, aber das hatte ich schnell im Griff. Sie genossen, was die Küche für die Compagnie kochte, nur wussten sie das nicht!

Lieutenant Christofari meinte, mich loben zu müssen. Noch nie seien die Herren so gut verpflegt worden. Er meinte, ich hätte wohl einen Kopfschuss, als ich fragte, was ich mit dem Geldüberschuss aus der Getränkekasse machen sollte. Derartige Fragen einem Lieutenant zu stellen. Also ging das in die eigene Tasche, ein Teil an die Küche für das gute Essen. Die Boys, junge Vietnamesen, 12-14 Jahre, die in jeder Compagnie als Wäscher und Putzer gehalten wurden, die den Popote sauber hielten und bedienten, musste ich bezahlen! Ich wurde zum Légionnaire de 1ère Classe befördert.

Februar 1950
Vaitcius und Zorro

Legionär Vaitcius war ein ganz normaler Soldat, Litauer, er hatte keinen großen Sprachschatz. Er konnte etwas Deutsch, wenig Französisch. Mit den Letten und Russen sprach er nicht, er sagte immer: "Die haben uns ausgerottet, die Russen mit Stalin und die Letten in der deutschen SS."

Nur der Compagnie-Chef, Capitaine Minard, das war sein Freund, der gab ihm immer eine litauische Zeitung zum Lesen, die Minard monatlich bekam. Also war Minard auch ein Litauer, weshalb sollte er sonst eine litauische Zeitung nach Indochina abonnieren? Vaitcius, dessen Vorname fast niemandem bekannt war, war ruhig, hatte keinen besonders großen Durst, immer bereit für alle Dienste und zuverlässig.

Auffällig war nur, dass er sein rotes Gesicht behielt, während wir schon alle den Pastis-Teint hatten, die gelbe Haut, die uns ein Jahr nach Indochina noch anhaftete. Und Vaitcius hatte weißes Haar – wenn er unrasiert war, dann nannten ihn die Kulis: Ong Bu Cac! Affenvater!

Mitte Februar 1950 wurde die 2. Compagnie in Muong Duong abgelöst, wir hatten dort ja die Nationalchinesen nach ihrer Flucht vor Maos Armee bewacht.

Endlich mal wieder in unserer Basis in Haiphong, den 5 ärmlichen Häusern am Stadtrand, die in unserer Abwesenheit immer mehr verfielen. Bei der Ankunft erst mal die Häuser reinigen, Ratten und sonstiges Viehzeug vertreiben, damit die Hütten für ein paar Tage bewohnbar wurden.

Während fast alle Legionäre in die Stadt zogen, um den Sold unter die schönen Mädchen zu bringen, zog es Vaitcius vor, nach ein paar Bier in das Kino zu gehen. Eine absonderliche Idee, die zu nichts Gutem führen konnte. Uralte Filme, meist nur mit Untertiteln, diesen Kulturschock haben wir uns nicht angetan. Die 3 oder 4 Tage Garnison konnte man besser verleben.

Am nächsten Morgen erzählte er uns, dass da ein schwarzer Bandit alle Leute umbrachte, keiner habe jedoch diesen Zorro killen können.
Vaitcius: "Dem zeige ich doch mal, wie schnell der aus dem Sattel fällt!"
Am nächsten Abend: "Alarm! Ein Legionär schießt im Cinema-Palast um sich! Sofort eine Section zum Kino!"
Außer der 2. und 3. Compagnie des 5. R.E.I. lag keine Legion in Haiphong, also war es einer von uns!

Beim Eintreffen unserer Truppe, natürlich zu Fuss, waren schon die vietnamesische Polizei, Militärpolizei der Marokkaner, der Marine und anderer Einheiten sowie jede Menge Zivilisten als Zuschauer vor Ort. Die begrüßten die Legion mit Beifall, die anderen Polizisten uns mit Missbilligung, weil wir so spät kamen. Die wagten sich nicht ins Kino, in dem ein Legionär herumballerte. Aber wir hatten nur einen Jeep, und der musste doch unsere Officiers zu ihren Hotels bringen und holen.

Kurzes Kompetenzgerangel, dann war klar, die Legion übernimmt den Fall. Einschleichen in das Kino, Anrufen des Gegners, es war Vaitcius, der erst nach langem Zögern mit erhobenen Händen aus dem Kino kam, nachdem er einige von uns, also von seiner Compagnie, erkannt hatte. Voll wie ein Bär und glücklich strahlte er uns an: "Ich habe den

Zorro aber abgeknallt, beim zweiten Schuss, da war er verschwunden, aber da war der Film schon aus und die Leute sind alle rausgerannt, ich habe doch bloß den Zorro abgeknallt!" Blitzschnell den angeblichen Terroristen gefesselt, das Gewehr gesucht und dann wollten wir uns schnell absetzen, damit unser Vaitcius in den Händen der Legion bleibt. Wir wussten, was mit dem armen Vaitcius passieren würde, wenn er bei einer fremden Truppe in Gewahrsam kam, er konnte für ein Jahr zur Straf-Compagnie kommen.

Und dann nahte schon das Unvermeidliche, die Militärpolizei (PM) der Legion. Wir mussten Vaitcius an die PM des 5. R.E.I. abgeben, bis dahin wussten wir noch nicht, dass unser Regiment eine PM hat. Sergent Reiffenberg war Leiter der Militärpolizei, ein ehemaliger Boxer. Der arme Vaitcius, als er 15 Tage Bau abgebrummt hatte (45 Tage hat er sich insgesamt eingehandelt), kam er zurück, die Augen waren immer noch zugeschwollen und blau. Er hat sich bei Reiffenberg eine „amerikanische Sonnenbrille" eingefangen, die hielt einen Monat! Die 2. Compagnie war sich einig, sollte der Sergent Reiffenberg mit seiner PM einmal zur rechten Zeit den Weg mit der Compagnie teilen, dann würde es blaue Augen geben.

Februar 1950
Opération Diabolo – Die Schlamminvasion
2 Compagnien der Legion landen von See aus in Dien-Diem

Ab 18.02.1950 lief in Tonkin die größte Operation der französischen Militärmacht an. Innerhalb eines Monats wurde die gesamte südliche Region des Deltas besetzt. Der Viet-Minh verlor die 3 Provinzen Thai-Binh, Nam-Dinh und Ninh-Binh mit 3 Millionen katholischen Einwohnern. Damit war das gesamte Delta, das Reisanbaugebiet, unter der Kontrolle der französischen Armee.

In waghalsigen Operationen wurde das Ralliement durchgeführt. Die Fallschirmjäger landeten in den Städten und die Infanterie-Bataillone stellten in Eilmärschen die Verbindungen her. Die Pioniere, unterstützt von marokkanischen Tirailleurs, stellten die zerhackten Straßen und Deiche wieder für den LKW-Verkehr her. Brücken gab es keine mehr in diesen Regionen, diese waren seit dem Abzug der japanischen Truppen 1945 alle zerstört.

Die 2. und 3. Compagnie des 5. R.E.I. waren als Reserve in Hai-Phong und führten kleine Tageseinsätze mit der Flussmarine durch. Anfahrt in der Dunkelheit, Landung im Morgengrauen, blitzschnell einige Dörfer besetzen, durchsuchen, Gefangene machen, damit das Deuxième Bureau Leute zum Verhören hatte, Obst und Hühner mitgehen lassen, auch etwas anderes - der Offizier musste ja nicht alles wissen, und er wollte es auch nicht wissen!

Alles wie gehabt. Die Bevölkerung ging organisiert flüchten, dorfweise setzten sich die Frauen und Kinder im Laufschritt ab. Gut gesteuert, sind nie in eine andere Einheit gelaufen, das hatte System. Wenn wir bemerkt wurden, dann ertönte der Gong in der Pagode. BUM BUM BUM BUM BUM - Alarm, die Franzosen kommen! In katholischen Dörfern wurden die Glocken in der Kirche geläutet.

Dann sprach Lieutenant Rousseau, unser Compagniechef: „Die armen Leute begrüßen uns, wehe, ihr tut den Leuten weh. Wenn Minen liegen sollten, das hat dann der Viet-Minh gemacht, die armen Leute werden uns warnen, wenn sie zurückkommen sollten!“ Die Armen kamen aber nie zurück, um uns zu warnen.

Am Abend des 28.02.1950, Embarquement auf den LCT der Flussmarine. Diesmal nur 50 Mann pro Landungsboot, sonst waren es auch schon mal 80! Diese US-Landungsboote waren eigentlich für einen LKW mit Anhänger gedacht oder einen Infanteriezug, aber nur bei den Amis! Und los ging es. 2 Stunden, und wir waren in diesen Nussschalen ohne Kiel auf offener See. Es reichten die kleinsten Wellen - und die Seekrankheit schlug erbarmungslos zu. Wohl dem, der eine Flasche 45%igen dabei hatte, der war dann blau und brauchte nicht so schnell die Fische zu füttern! An Schwimmwesten für uns - daran hatte noch nie jemand gedacht, und die Matrosen hatten ihre Westen bereits beim Verlassen der Flussgewässer angezogen!

Während der Nacht wurde in Küstennähe beigedreht, der Seegang war zu rauh. In der Morgendämmerung dann volle Pulle, der Kahn schepperte und zitterte, aber uns war es egal, Hauptsache wieder Land in Sicht. Eine Hoffnung aufs Überleben! Und siehe da, wir waren eine „Armada“: 7 Landungsboote, 2 Aviso mit Zwillingskanonen und noch ein paar kleinere Schiffe, Schnellboote oder so ähnlich. Und alle hinter unseren LCT, auf Hochtouren Richtung Land.

Dann kamen etwa 15 Dschunken von der Küste und versuchten ins offene Gewässer abzuhauen. Und schon röhrten die Schiffsgeschütze, immer direkt in die Segel. Bei jedem Treffer hatte eine Dschunke keine Segel mehr! Das weitere Schicksal der Schiffe konnten wir nicht mehr verfolgen, wir kamen bald an Land! Erste Latrinenparole: Wir müssen eine Seefestung des Viet einnehmen, Diem-Dien, soll schon einige Angriffe abgewehrt haben.
Lieutenant Poisson machte eine kurze Ansprache, das gab es noch nie, das würde dann schon ein hartes Ei sein!

Poisson: „Wir nehmen die Stadt Diem Dien, die am nördlichen Ufer 2 Kilometer flussaufwärts liegt. Was links am Ufer passiert, stört uns nicht, das machen wir aber nächste Woche! Unsere 3. Compagnie geht mit der Artillerie sofort an der Küste an Land, die können uns dann helfen, wenn wir Probleme haben sollten. So schnell wie möglich an Land, am Ufer ist ein befestigter Graben mit Schießscharten, und die sollen von einer Kompanie regulärer Viet-Minh besetzt sein! Wir gehen oberhalb der Stadt an Land, dort ist eine Werft, angeblich ohne Befestigungen, also auch keine Viet-Minh! Wer zuerst an Land ist, mischt erst den Graben auf! Haben alle alles kapiert, wenn nicht, dann den Nebenmann fragen!“

In der Flusseinfahrt musste der LCT alles geben, wir kämpften gegen den Ebbestrom an. Und die Ebbe hatte schon lange eingesetzt. Wir waren zu spät in der Zeit, durch den Stopp wegen des Seeganges. Vor dem befestigten Ufer war das Wasser schon teilweise 50 Meter zurückgegangen, und wir waren noch lange nicht da.
Lieutenant Poisson, der neben mir ebenfalls mit dem Feldstecher das Ufer absuchte, sagte leise: „Charly, da wird heute aber viel Schlamm vom

Tenue zu waschen sein!" – „Macht nichts, mon Lieutenant, ich wasche ihre Uniform mit, wenn wir erst mal da drüben ankommen, aber erst müssen die Viets da raus, die gehen erst jetzt in den Graben, ich kann es gut sehen!"
Tatsächlich kamen die schwarzgekleideten Viets im Laufschritt angerannt und verschwanden hinter der Ufermauer. Die waren auch zu spät alarmiert worden oder zu weit entfernt stationiert. Das war die Stärke des Viet, er war immer vor Überraschungen von uns gefeit!

Dass wir bereits beschossen wurden, haben wir erst bemerkt, als ein Legionär in unserem LCT einen Treffer in die Brust erhielt. Sofort gingen alle in Deckung im Boot. Bis dahin hatte jeder über die Bordwand geblickt, jeder wollte einen Überblick haben, wo es an Land geht, und durch den Motorenlärm hatten wir die Gewehrschüsse nicht gehört. Dann die ersten Mörsereinschläge auf dem Wasser, keine 50 Meter vor uns! Aber hallo, in Sekunden waren wir genau dort, und gegen Mörsergranaten senkrecht von oben, da war die Chance gleich Null. Aber die Granaten schlugen ziellos ein, ein Schlumschütze war am Werfer!
Jetzt ging aber die Hölle auf, der erste Schreck saß. Ein Aviso, der dicht neben uns auf der abgewandten Seite fuhr und somit durch uns vor eventuellen Bazookagranaten geschützt war, legte eine Serie aus dem Doppelturm mit den 15 cm-Kalibern hin. Dreck und Rost von unserem LCT wurden hochgepustet. Wir waren zuerst alle der Meinung, es hatte uns getroffen!

Alle Waffen der Marineschiffe donnerten jetzt in die Stadt und auf die Hafenmauer, auch unsere Matrosen hämmerten mit der 12,7 mm-Mitrailleuse (U.S. Cal.50) auf unseren Landeplatz, der schon fast am Ende der Stadt im Landesinnern lag. Der Aviso setzte im Schlamm auf und kam nicht mehr frei! Unser LCT drehte aus der Strommitte auf das Ufer zu, an der Bugwand wurden die Sicherungshaken hochgeschlagen. „Fertig zum Aussteigen!"
Jeder hatte seinen Platz innerhalb seiner Gruppe einzunehmen, genau nach der Einteilung! 3 Gruppen stellten sich nebeneinander auf, die Gruppen gingen gleichzeitig von Bord – alles geübt und schon mehrfach durchgeführt, kein Problem, keine Kommandos erforderlich! Mit Vollgas lief unser Boot auf Grund, ein abrupter Halt, und wer nicht

eingeklemmt war, lag auf der Nase! Empörte Rufe zum Steuermann, der in seiner gepanzerten Einmann-Kabine saß. Klappe auf und raus! Merde hoch 5, denn bis zur Hafenmauer waren es 40-50 Meter, und bis dahin nur schwarzer Schlick und Lehm! Die ersten, die in den Schlamm sprangen, saßen sofort bis zur Hüfte im Modder. Ratlosigkeit, dann der Befehl von Lieutenant Poisson: „Allez, en avant!" Vorwärts! Die 12,7 mm hämmerte weiter auf die Mauer vor uns, die Letzen der Gruppen schossen mit den Karabinern auf die Mauer. Die schon im Schlamm waren, konnten nicht schießen, sie mussten versuchen im Morast vorwärts zu kommen und nicht zu versinken!

Wieder Lieutenant Poisson: „Section Montagne, Seile aus dem Rucksack! Jeder seilt sich an!"
Die ehemaligen Legionäre der Section Montagne aus Tunesiens Zeiten hatten immer noch aus Tradition die Bergsteigerseile an ihren Tiroler-Rucksäcken gebunden und trugen auch noch das Edelweiß auf dem rechten Arm, obwohl es nicht mehr erlaubt war! Lieutenant Poisson, aus den See-Alpen stammend, hatte die Section in Tunesien geführt, und das war der beste Befehl, den Poisson je gegeben hatte. Dafür bekam er, auf Vorschlag seiner Section, später ein Croix de Guerre!

Caporal Meniger stellte sich auf die Bordwand und versuchte sich als Lassowerfer. Und er schaffte es. Nach einigen Versuchen hatte er sein Bergsteigerseil um einen Pfahl im Schlamm geworfen! Jetzt war bis dahin schon mal gesichert, dass niemand im Schlamm unterging!
Ein paar Leichtgewichte schafften es, bis an einige Pfosten im Wasser zu kommen und dort die Seile zu befestigen. Jetzt konnte sich die gesamte Truppe an den Seilen voranziehen! Es dauerte immerhin, trotz der genialen Hilfe durch die Seile, mehr als 30 Minuten, bis die Section auf festem Boden war und die Mauer besetzen konnte. Der Rest war keine einfache Kiste, jeder hatte so 10 Kilo schwarzen Schlamm an der Uniform, man konnte kaum gehen und das war eine zähe Scheiße. Es hatte einige Zeit gedauert, die Handgranaten vom Patronengürtel für den Sturm und das Aufrollen des Grabens abzumachen. Einige hatte ihre Gewehre im Schlamm verloren. Mit dem Coup-Coup wurde der Schlamm von den Hosen gestreift, trotzdem blieb er noch kiloschwer hängen! Schade, dass kein Photo davon existiert, aber dazu war auch keine Zeit.

Wir hatten sagenhaftes Glück – unser Landeplatz war nicht vom Viet besetzt, die ersten Gegner waren etwa 200 Meter weiter stadteinwärts. In der Werft wimmelte es von Schwarzuniformen! Aber wenig Gewehrfeuer, das immer noch auf die Boote gerichtet war. Die im Schlamm saßen und die Legionäre, die nicht direkt landen konnten, hatten einen noch weiteren Weg. Wir hatten einmal die Glückskarte gezogen, normalerweise hatten wir immer die Arschkarte!

Die Section machte sich in Minuten sturmbereit, wir mussten die Hafenmauer aufrollen, die knallten unsere Jungens, die hilflos im Schlamm saßen, sonst alle ab. Dazu mussten die MGs aber erst feuerbereit gemacht werden. In Teamarbeit wurden die MGs gewaschen, bis damit wieder geschossen werden konnte. Die Gewehrschützen nahmen die Viets unter Feuer und die Viets zogen sich ohne Gegenwehr in die Häuser zurück.

Dann kam der Hammer! 2 Flugboote der Marine kreisten im Tiefflug über den Hafen und mit ihren Bordwaffen aus den Heckkanzeln feuerten sie praktisch von hinten auf die Hafenmauer. Beim dritten Anflug dröhnten die Büffelhörner des Viet-Minh, Rückzug. Der Viet gab auf!

Wir mussten feststellen, die Schwarzuniformen, die uns oberhalb des Hafens aufhalten sollten, das waren die Jungpioniere des Viet gewesen. Diese Kinder waren kaum bewaffnet, wir erbeuteten nur einen uralten, japanischen Karabiner!

Wir waren die einzige Section, die gelandet wurde, der Rest konnte erst nach Einsetzen der Flut am Abend an Land kommen. Die 3. Compagnie mit der Artillerie, die an der Flussmündung gelandet war, kam besser an Land, hatte aber auch erheblich mehr Widerstand durch die Viets. Auch dort konnten die 2 Flugboote für einen Rückzug des Gegners sorgen. Wir hatten das Kriegsglück gepachtet!

Mit circa 10 Verwundeten und einem Sergent, der bei dem Aufsetzen des LCT von Bord fiel, unter das Boot geriet und nie wiedergefunden wurde, hatte die 2. Compagnie diese Invasion mit geringen Verlusten überstanden.

Am nächsten Morgen befanden sich ein japanischer Granatwerfer mit ein paar Schuss Munition, einige alte Gewehre und eine uralte Pistole auf dem Dorfplatz. Die Heimwehr der Stadt hatte sich ergeben. Einige Notablen, diese uralten Männer mit den Ziegenbärten, kamen zu uns und baten darum, dass die Zivilbevölkerung zurückkehren dürfe. Sie durften! Nach 4 Tagen ging das Leben in Dien Diem seinen gewohnten Gang weiter. Ein paar Häuser waren von der Artillerie zerfetzt, und wir haben uns natürlich im Zentrum, wie immer, einen Posten mit reichlich Schussfeld gebaut!
Die Stadt war wieder bewohnt. Als erstes wurden die Toten beerdigt, die meisten waren Bewohner der Stadt gewesen, Mitglieder der örtlichen Partisanen und der Jungpioniere. Es waren circa 30 Männer und auch 12 Soldaten des Viet-Minh, die so außerhalb der Stadt beerdigt wurden.
Die Bevölkerung, rein katholisch, war sofort zur Zusammenarbeit bereit. Erstmals gab es auch junge Männer im Dorf. Das hatten wir bisher noch nie erlebt, die waren doch immer vom Viet als Soldaten mitgenommen worden. Hier war aber Schiffsbau, mindestens 15 große Dschunken lagen auf Helling, und die Leute hier waren Schiffsbauer.

Und der Viet brauchte diese Schiffe dringend, also konnten diese Schiffe unter französischer Aufsicht weitergebaut werden. Ein Bürgermeister stellte sich zur Verfügung, aber nur wenige Tage, dann wurde er unter den Augen unseres Wachpostens von 4 Männern umringt, bekam einen uralten, rostigen Dolch durch das Auge ins Gehirn gestoßen. Tot! Bevor der Wachposten Alarm schlug, waren die Viets durch die Maulbeerhecken verschwunden!

In Zusammenarbeit mit einem Lehrer konnten wir in Nachteinsätzen 2 Beobachtungsposten des Viet überraschen, und einmal kamen wir mit 4 Gefangenen zurück. Alles Einsätze einer 15 Mann-Gruppe. Und dann der letzte Hammer: An einem Fährübergang, fast in Nähe der Stadt Ninh-Binh, hatten wir nachts 3 Viets überrumpelt, die diese Anlegestelle bewachten. Am Morgen kam das Boot, das Kennwort hatten wir den Bewachern abgepresst. Unser Lehrer, bekleidet mit der Viet-Uniform, antwortete und das Boot legte an. Neben 4 Marktfrauen befanden sich 3 Uniformierte im Boot. Alles Politkommissare, die sich sofort ergaben. Im Eilmarsch sind wir zurückgerannt, wir waren außer Reichweite unserer Artillerie. Irgendwann haben wir die Marktfrauen freigelassen und sind ungeschoren zurück nach Dien Diem gekommen.

Leider war am 26.03.1950 die schöne Zeit zu Ende, wir wurden durch Vietnamesen abgelöst. Für das ruhige Leben war die Legion nicht nach Indochina gekommen!

26.03.1950
Nach Mong Dong in das Chinesenlager

Ablösung, es ging sofort wieder nach Mong Dong in das Chinesenlager. Die Chinesen wurden mit US-Schiffen nach Formosa gebracht, was aber nicht alle wollten. Ganze Regimenter, die sich in den Dschungel absetzten und auch zurück nach China gingen. Unser Job war hart, aber wir waren machtlos. In der Chinesenstadt bummeln gehen, das war vorbei. Wir waren keine Freunde mehr. Jetzt wurde die Umgebung durch Streifen überwacht, wir trafen auf Tiger und Pythonschlangen, wilde Büffel und auf ein Bergwerk mit Schachtgerüst. Zehn Kilometer entfernt, alles marode und abgesoffen, aber das Trafohaus stand unter Strom. Ein Partisan, der auf das Dach kletterte, wurde von einem Stromschlag getötet. Ein Kabel ging in einen zubetonierten Schacht. Wir wunderten uns und hatten eine Ahnung, dass hier wohl eine Fabrik des Viet war – Strom von der Kohlegesellschaft gratis! Lieutenant Christofari machte sich Notizen und wollte das melden.

Ablösung, Haiphong, und weiter auf einen total verrotteten Posten in der Nähe von Dong Trieu. Wir bereiteten uns auf einen riskanten Sonderauftrag vor. In der Nacht zum 30. April schwammen wir flussabwärts, gingen unentdeckt am anderen Ufer an Land und besetzten einen Hügel oberhalb von Sept Pagodes. Dort sollte am 1. Mai eine Parade der Viet Minh mit General Giap oder Ho Chi Minh stattfinden.
Als die Parade lief, saßen wir auf dem Hügel. Alle mit einem Riesendurst, den ganzen Tag durfte sich niemand bewegen, um nicht entdeckt zu werden. Keine Unterstützung durch Jagdbomber und Artillerie, die

alles zerstören sollten. Wir griffen allein gegen eine Übermacht an. Der Viet war aber geschockt und floh in alle Richtungen. Wenn die gewusst hätten, was für ein kleiner Haufen da angreift. Wir verfolgten die Hauptgruppe, die wir als reguläre Einheit erkennen konnten. Am Eingang einer Schlucht bekamen wir kräftiges MG-Feuer. Ich war der Erste als Eclaireur, der unter Feuer genommen wurde. Ich musste ganz kräftig laufen, bekam einige Garben serviert. Lieutenant Poisson, der unmittelbar hinter mir war, meinte: „Den Légionnaire de première classe, den hast du dir wirklich verdient. Du bist so mager und so schnell, dich trifft noch nicht mal ein MG."

Wir fanden in der Schlucht riesige Warenlager des Viet. Auch 20 Nähmaschinen und Uniformstoffe ballenweise, eine Schneiderei für Offiziersuniformen. Bärwald zog sich ein großes Briefmarkenalbum an Land, Photoalben mit Bildern von General Giap wurden vom 2. Bureau einkassiert. Eine riesige Geldsumme wurde brüderlich geteilt, nur an die, die ihre Schnauze halten konnten. Bobby, unser Compagnie-Hund, entdeckte eine Affenherde, und wir konnten 2 Jungtiere fangen. Raritäten, Taschenaffen, die ausgewachsen immer noch in die Hemdtasche passten.

Zu den riesigen Depots des Viet in der Schlucht gab es keinen Zugang oder Weg, nur von der Schneiderei aus konnte man den Bach hochgehen. Von Stein zu Stein im Wasser hüpfend, 200 Meter weit bis zur ersten Hütte. Unzählige dieser Unterkünfte folgten immer dem Bach entlang. Alle gefüllt mit Lebensmitteln, tonnenweise Reis. Alle wurden angesteckt, bergen konnten wir nichts. Der Viet war da, als einige gepanzerte Fahrzeuge der Coloniale kamen, 2 wurden mit der Bazooka abgeschossen. Das war das Ende der Operation!

18.05.1950
Do Son

Es ging zur Kur auf die Insel Do Son in der Baie d'Along. Schwimmen, tauchen, saufen.

Operation Phu Ly

Im Handumdrehen und unversehrt hatten wir einen Vorposten an einer Schleuse des Canal Rapide eingenommen. Erst am 24.06.1950 waren andere Truppen in der Nähe, und wir erhielten Nachschub. Der Transport zur Compagnie endete mit einer Fahrt auf eine Mine, der neue Dodge hatte Totalschaden. Schade um das viele Bier, alles verbrannt.

Lieutenant Poisson ließ sich durch einen angeblichen Überläufer überreden und drang mit uns 15 Kilometer in das Viet-Gebiet ein, mit nur 30 Mann. Wir fanden Kasernen, ein Hospital, alles, nur kein Gefangenenlager, aber alles war noch warm. Als der Viet bemerkte, dass unsere tatsächliche Stärke nur 30 Mann war, blieb für uns nur das große Rennen. Wir waren total erschöpft, aber der Viet hatte uns nicht überholen können. Er hätte einen großen Bogen schlagen müssen, um sich vor uns zu setzen. Die 2. Compagnie konnte schnell laufen, besonders rückwärts, und in diesem Falle direkt, ohne Umwege. Das war für Poisson eine Lehre, er hatte sich zum ersten Mal mit uns abends unterhalten. Das musste er sich von der Seele reden, diese Pleite. Keiner war deswegen böse, wir waren froh, es geschafft zu haben!

Wir waren wieder in Hanoi. Kein Platz für uns, wir pennten auf dem Bahnhof in Waggons und auf den Gleisen. Wir benahmen uns auch wie die Bahnhofspenner. Ich war mit Karl Napp barfuss in die Stadt gegangen, die MP hatte uns zurückgefahren. Push-Push gespart. Der Korea-Krieg beginne an diesem Tag, hatten sie gesagt, wir sollten womöglich dorthin. Latrinenparolen, wie sie nicht selten waren.

01.07.1950
Grottenoperation

Wir fanden eine Eisengießerei und zerstörten sie. Vasques holte wenigstens 15 Viets aus den Grotten, die voller Scheiße von den fliegenden Hunden waren. Vasquez und die Gefangenen stanken zum Himmel, niemand half dem Spanier bei seinen Höhlengängen.

Am nächsten Tag wollte uns der Bataillonschef, Capitaine Darès, besuchen und unsere Erfolge bestaunen. Der LCT kam ohne ihn an, er war nicht mehr an Bord. Alle waren ratlos, aber sein Leichnam tauchte später im Fluss auf. Die Todesursache wurde nie geklärt. Blacky sollte zum Commandanten befördert werden, der erste Schwarze in der französischen Armee mit solch einem Rang. Es ging das Gerücht um, dass Capitaine Maurer vom 2. Bureau, der mit an Bord war, das verhindern sollte und nachgeholfen habe. Bei der Beerdigung in Hanoi war Maurer schon in eine andere Einheit versetzt worden.

12.07.1950

Das gesamte Bataillon wurde auf der „St. Michel" eingeschifft. Ging es also doch nach Korea? Nein, südwärts, nach Tourane (Da Nang), Mittelannam.

Das 1. Bataillon des 5. Regiments wurde von Tonkin nach Annam verlegt und führte dort einen Raid über fast 200 Kilometer von Tourane bis weit hinter Dong Hoi nach Bo Trach durch. Diese Operation dauerte bis zum 01.09.1950, dann brannte in Tonkin die Luft. Wir verließen fast fluchtartig das ungastliche Annam und kehrten in unser heimeliges Tonkin zurück! Wir folgten der Nationalstraße 1, hielten an allen Posten an. Die Posten waren alles militärisch besetzte Gebäude, Wehrtürme an Brücken oder Flussübergängen, Dörfer oder auch Pagoden oder katholische Kirchen. Manchmal mitten in einer Stadt oder auch einsam an strategisch wichtigen Punkten. Die Größe schwankte von einem Bataillon bis hin zu einer Section (40 Mann). Wir beseitigten deren Probleme mit dem Viet Minh innerhalb von 2 bis 3 Tagen und zogen dann weiter.

Wie immer beim 5. R.E.I. trat das Bataillon zu einer großen Operation bei Dong Hoi bis nach Laos nur geschlossen mit 3 Bataillonen Fallschirmjägern an. Operativ tat sich nicht viel in Annam, man führte ein Stadtleben mit den wichtigsten Posten. Den Dreck machte die Legion weg und der Viet war auch nur selten aktiv. Nach der Landung in Tourane wies man uns das verfallene Sportstadion als Basis zu. Der Klimawechsel und der Aufenthalt in den Zweimann-Zelten führten zu Ausfällen in den Compagnien bis zu 30 Prozent. Die Moral war dementsprechend.

16.07.1950
Faifo

Der erste Einsatz im Secteur Faifo. Das Klima tat uns nicht gut, wir hatten noch Wintersachen an und hier war eine trockene Hitze. Wie die Fliegen kippten die Kameraden um. Es gab Widerstand der örtlichen Viets, nur einzelne Schüsse. Aber uns genügte es, jeder Schuss wurde mit brennenden Häusern beantwortet. Nachmittags erschien ein Fieseler Storch und beobachtete uns. Abends gab es für die Officiers richtig Ärger. Der kommandierende General hatte uns zugesehen und war mit unserer Aufrechnung – ein Schuss, ein Haus – nicht einverstanden. Er soll sich das in seinem Machtbereich verbeten haben. Wir hatten aber endlich einen Namen: Bataillon Feuerzeug!

21.07.1950
Quang Tri

Mit der Eisenbahn über den legendären Wolkenpass bis Quang Tri. Herrlicher Ausblick, aber wir schauten viel mehr auf die Schienen, denn wir lagen auf dem ersten Flachwagen vor der Lok - dem Minenlocker, auf dem die Reserveschienen und Bohlen lagen. Gut, dass wir damals nicht wussten, was ein Herzinfarkt ist.

Vor der Lok 3 Waggons mit Schienen, Schwellen und Schotter, falls mal wieder eine Mine gelegt worden war. Hinter der Lok 5 gepanzerte Waggons, gebaut von den Legionären des 1. R.E.C. Der Viet war aber lieb zu uns, keine Mine, keine geklauten Schienen. Gut, dass wir nachts losgefahren waren. Als wir beim Weitertransport dann am Tag den Pass überquert hatten, da wurde es einigen nachträglich noch übel.

22.07.1950

Der erste Einsatz kurz vor Hue brachte die geballte Wut des amtierenden Generals, eines Vietnamesen, auf die Legion zutage. Eine Stunde Marsch in den Morgenstunden. Als es dämmerte, schoss ein Viet Minh mit einer Bazooka auf unsere Aufklärer. Nicht getroffen, aber die moralische Wirkung war enorm. Sturmangriff auf das Dorf, einige Gewehrschüsse, dann waren die Viet Minh verschwunden. Überall Schützenlöcher, Laufgräben, Ein-Mann-Löcher, also ein befestigtes, feindliches Dorf. Nach unseren Regeln aus Tonkin gab es nur ein Resultat: Filzen, nach Waffen und Beute suchen. Die Angelmethode brachte 2 Viet Minh aus einem Teich zutage. Eine Offensivhandgranate in das Wasser geworfen und alle Fische kamen an die Oberfläche, die Viet Minh aber auch!

Danach Operation Balai (Besen). Die Reisstrohbesen ergaben eine gute Fackel. Einmal angezündet, glimmten sie ewig, einmal fächeln, und sie brannten lichterloh. Damit konnte ein Mann ein ganzes Dorf anstecken und der Rest konnte zusehen, wie die Viet Minh aus ihren Verstecken kamen. Kaum war die mächtige Rauchwolke in Hue zu sehen, da kam schon ein kleines Aufklärerflugzeug und kreiste sehr tief über uns. Die Mützen rechts und hinten im Fieseler Storch machten drohende Gesten. Eine Rauchbombe brachte eine schlimme Nachricht – der vietnamesische General war über uns und unseren Einsatz sehr empört. Sofortiger Abbruch und Verbot, in Hue auszuruhen. Angeblich gab es 30 Tage Bau für alle Teilnehmer an der Operation. Wir nannten so etwas: Arschkarte gezogen, das war nicht die erste in Annam.

Wir nahmen es gelassen und unter Umgehung der schönen Stadt Hue zogen wir weiter nach Norden. Selten hatten wir so schnell LKW zur Verfügung, die uns bis Phong Diem brachten. Ein katholisches Städtchen, und der Posten war in einer katholischen Kirche eingerichtet, direkt an der R.C. 1. Für uns war kein Platz in den Gebäuden, wir kampierten vor den Barrikaden. Mit uns waren 2 Geschütze der Kolonialarmee angekommen, verdeckt auf den LKW, der Viet Minh musste nicht alles wissen. Wir lagen also als Schutz vor den Geschützen, die ebenfalls nicht in den Kirchenposten passten.

Am nächsten Tag konnten wir mit Ferngläsern sehen, wie in einem Dorf, ungefähr 3-4 Kilometer entfernt, auf einer Wiese eine Volleyballmannschaft spielte. Volleyball war Kommunistensport. Spaßeshalber wurden die Vietnamesen des Postens befragt, ob sie dort auch mitspielten. Nein, niemals, das sind die Viet Minh! Beim nächsten Spiel in den Abendstunden haben wir die Planen von den beiden 9 cm-Schnellfeuerkanonen genommen und eine lange Serie hingelegt. Die Treffsicherheit war offensichtlich gut. Am nächsten Tag kamen ein langer Zug Frauen und die Dorfältesten zu uns und klagten über den Tod von über 20 Jugendlichen. Wir hatten eine weitere Arschkarte in Annam gezogen.

27.07.1950
Ho Xa

In der Nähe von Quang Tri. Eine riesige Pagode mit vielen Mönchen und den ganzen Tag Gong- und Glockenklang. Wir campierten in den Parkanlagen der Pagode, einem riesigen Areal von Banyanbäumen. Oder war es nur einer, der sich immer wieder mit seinen Luftwurzeln von den Ästen herunter auf der Erde verwurzelt hatte und so ganze Marktplätze unter sich aufnehmen konnte? Wir schliefen in unseren Feldbetten mit Moskitonetzen, das genügte.

In Vietnam gab es eine Reihe seltsamer Tiere, dazu gehörten auch völlig zahme Vögel, die manchmal in Scharen auftauchten, um Futter bettelten und sich einfach zwischen uns breitmachten. Drosselgroß mit einem herrlichen Farbspiel, etwa wie unsere Stare, und sie konnten sofort alle Stimmen nachmachen. Wir nannten sie chinesische Nachtigallen, der vietnamesische Name ist mir leider entfallen. Werner Kroll hatte sich einen dieser zahmen Vögel zugelegt. Der Vogel saß in einer Rationskiste oberhalb des Moskitonetzes und brütete dort. Kroll lag darunter und hielt Siesta. In der Pagode war eine Prozession eingetroffen und es wurde laut gebetet, mit Gong und Kling-klong! Masur, der Weißwasserpole, lag circa 10 Meter entfernt von Kroll in seinem Bett und beobachtete, wie eine Baumschlange sich von einem Ast dem Bett

Krolls näherte und sich dann genau über dem Bett langsam abseilte. An den Vogel hatte Masur nicht gedacht, der hatte schon längst sein Geplapper eingestellt, war sich der Gefahr bewusst. Masur dachte nur an den armen Kroll, der gleich an einem tödlichen Biss der mächtigen, schwarzen Schlange sterben würde. Masur gab noch leise Alarm und die halbe Gruppe sah das Drama. Masur griff seinen MAS-Karabiner, lud durch und schoss auf die Schlange, die jetzt höchstens noch 15 cm über dem Nest baumelte. Volltreffer für Masur, die Kiste mit dem Vogel flog ins Bett, die Schlange auch. Kroll schrie wie abgestochen, jeder war der Meinung, die Schlange hatte gebissen! Jetzt entstand ein Chaos, einige versuchten eine Flucht, einige Beherzte griffen zum Coup-Coup, unseren 40cm langen Buschmessern, und hieben auf die Schlange ein. Die hatte sich aus dem Gewirr von Moskitonetz, Bett und Kroll befreit und versuchte mit einer Schnelligkeit, die man gesehen haben musste, den Schlägen der Buschmesser zu entkommen. Aber es trafen einige Hiebe, die Schlange wurde zerhackt.

Ein Prachtexemplar, 2,40 Meter lang, fast schwarz mit grünen und gelben Maserungen. Der Vogel war unverletzt, Kroll erlitt einen Schock, hatte sich in die Hose geschissen und musste zum Sani gebracht werden. Er war immer noch im Glauben, gebissen worden zu sein. Eine gute Gelegenheit, das Abenteuer mit einer Flasche Hommel-Bier zu beenden, da kam schon das Unheil in Form des Sergent-Chefs Sippli und des Syrers Assad heran.

„Wer hat in die Pagode geschossen? Ein Mönch ist getroffen worden, wer hat das zu verantworten? Dort sind hunderte Buddhisten und haben aufgehört zu beten und bemühen sich um den Mönch! Die werden gleich über uns herfallen, also wer hat geschossen?"

Natürlich hatte niemand geschossen, vielleicht ein Viet Minh!
„Wir haben hier den Kroll von einer Schlange befreit, die ihn erwürgen wollte. Was kümmert euch so ein Mönch, wenn hier ein schlafender Legionär von einer Schlange angefallen wird!"

Beide zogen ab, zurück zur Pagode. Wir betrachteten unsere Trophäe und dann auch den Schusswinkel von Masurs Meisterschuss, es passte

alles. Eine Leistung, durch das Gewirr von Blättern, Ästen und Bäumen noch die Pagode und einen Mönch zu treffen.
Masur behielt immer den Titel Maître Schlangenschütze. Wir hatten wieder eine Arschkarte gezogen und waren bei den Annamiten nicht gerade beliebt, und unser Ruf eilte uns immer voraus.

Großeinsatz in den Sanddünen! Wir suchen eine Brücke, über die mehrere LKW in Richtung Gebirge abgehauen waren. Die Fahrzeuge wurden bei einem Überfall bei Dong Hoi mitgenommen. Der Sand und die trockene Hitze machten uns total fertig, 10 Viets hätten die ganze Compagnie einsacken können. Keine Brücke, nur eine Furt durch den Fluss. Wir konnten 2 Stunden lang zusehen, wie die Flugzeuge nicht eine Bombe auch nur in die Nähe der Furt bekamen. Wir waren weit genug entfernt, so dass uns wenigstens die Bomben nicht trafen. Offenbar waren die Piloten das erste Mal im Bombeneinsatz! Danach haben wir dann die Furt mit den Händen zerstört.

Irgendwann waren wir in Lao Bao an der Grenze nach Laos, damals noch neutral - immer noch auf der Suche nach unseren LKW. Dann sprangen 2 Bataillone Fallschirmjäger ab, Bérets Rouges und Jaunes. Wir hatten bereits am Vortag die Gegend zum Absprung gesäubert. Das brachte leider Verluste, denn die Vietnamesen machten den ersten Einsatzsprung und sahen in uns Feinde. Man müsste vorher die Leute aufklären. Alle Einheiten machten eine Säuberungsaktion bis zurück nach Quang Tri. 5 Tage im Dauermarsch, Verpflegung aus der Luft, klappte aber selten, und wenn, dann bekamen wir die Vietnamesen-Ration, und die wahrscheinlich unser Bier. Der Einsatz in Annam hat die 2. Compagnie keine Toten gekostet.

Aber jetzt war der Spaß vorbei. General Giap startete seine erste Offensive und eroberte die gesamte R.C. 4 von Cao Bang bis Lang Son. Fast die gesamte Grenze zu China war jetzt offen für den Viet. Diese Offensive brachte den Verlust des 3. Regimentes der Legion, den Totalverlust des 1. Fallschirmjägerbataillons der Legion und zahlreicher Einheiten der Marokkaner und Vietnamesen. Und dann die große Hektik! Im Eiltempo zurück nach Quang Tri, Hue, Tourane, dort auf einen englischen Frachter als Deckfracht. Das ganze Bataillon 2 Tage an Deck!

LTC Transport.

Bobby war kein Seemann, bei den Matrosen hat er nie Anschluss gesucht. Er weigerte sich jedes Mal selbst an Bord der Landungsboote (LCT) zu gehen. Ich musste ihn mir unter den Arm klemmen beim Aufsteigen. Von Bord war er immer der Erste, der auf die Gangway sprintete, und das hatte einen dringenden Grund: Bobby konnte an Bord der LCT nie pinkeln, auch wenn wir den ganzen Tag an Bord waren. Keinen Meter auf der Gangway, und er blieb stehen und entleerte sich. Das dauerte, aber jeder hatte Verständnis, und mit einem Blick auf die wartenden Legionäre gab er den Weg frei. Wenn bei Landungen im Kampfgebiet durch die offene Landeklappe nur entfernt Wasser zu sehen war, fand Bobby immer einen Legionär, der ihn auf die Schultern nahm. Sein Lieblingsplatz war auf dem Rucksack, die Vorderpfoten um den Hals und über den Kopf des Trägers schauen. Wenn der Hut störte, dann schob er ihn zur Seite. Zu Zeiten Bobbys kämpfte das Expeditionskorps in Indochina mit dem Chapeau de Brousse auf dem Kopf, dem australischen Buschhut. Sobald Bobby an Land war und nicht mehr schwimmen musste, sprang er ab und übernahm die Führung. Ein Blick auf den Ersten der Section, und ein Armzeichen genügte, links oder rechts oder geradeaus, und Bobby stöberte los. Einsätze mit der Marine waren nicht sein Metier. Als wir für 2 Monate nach Annam verschifft wurden, da musste er in meinen Rucksack. Nur der Kopf schaute raus. Eigentlich durften keine Tiere mit auf den englischen Frachter, der uns nach Tourane brachte.

Und zurück nach Haiphong. Irgendwo war unsere Küche abhanden gekommen, macht nichts, weiter. Die Kranken und Verwundeten blieben in Annam.

Der Generalstab wusste etwas Neues – wir wurden dringend im Norden gebraucht. Im Hafen Haiphong vom Frachter sofort auf die LCT. Die Baie d'Along von Tien Yen bis Mon Cay wurde vom I/5. R.E.I. übernommen. Die 2. Compagnie ging auf kleine Boote und dann in Tien Yen an Land. Der Beginn der R.C. 4 und der wichtigste Hafen im Norden. Die gesamte Grenzregion zu China sollte geräumt werden. Der Hafen war überfüllt mit Straßenbaugerät und Material, das sah nach Rückzug aus.

27.09.1950
Binh Lieu

Wir gingen nach Binh Lieu. Ein Posten auf der halben Strecke nach China, Dongjien hieß die erste chinesische Stadt. Die 40 Kilometer bis Binh Lieu waren nur Gebirgsstraßen, wir überquerten wieder den Panther-Pass, bemerkten es aber nicht, es stand so in der Landkarte.

An der ersten Fährstelle wollte der Fahrer eines Dodge wenden, er sollte nochmals zurückfahren. Er rutschte auf der glitschigen Straße ab und runter ging´s den Steilhang in den Fluss. 40 Meter, nur einer konnte abspringen und war mit Knochenbrüchen davongekommen. 5 Mann mussten wir tot aus dem reißenden Bergfluss bergen.

Und der ganze Tag war nicht besser. In der Todeskehre, wo der Wasserfall über die Straße ging, nur Moos und glattes Gestein, und es ging noch ein GMC, voll mit Nachschub, in die Schlucht. Von unten grüßten mindestens 5 neue Autowracks, auch ein Sanka. Auch jetzt ging niemand runter und barg die Leichen. Unsere Fahrer waren Vietnamesen, wir hatten noch keine Fahrzeuge bekommen. Wir stiegen nicht mehr auf die LKW auf, keiner wollte in einer Schlucht landen.

Binh Lieu, alles feucht und kalt, wir waren aus dem heißen Annam wieder im Winter von Tonkin zurück. Die Bewohner, Bergvölker, Meo und Beck. Blaue Röcke auch für die Männer, die riesigen Strohhüte braun oder blau, mit einer Pagode als Spitze, die Menschen ganz dunkel und hässlich. Die Augen nur Schlitze, nicht zu vergleichen mit den schönen Vietnamesinnen. Am nächsten Tag eine gemeinsame Patrouille mit den Beck-Partisanen des Postens. Uns kroch eine große, grüne Schlange über den Weg. Aus für die Becks, mit einer grünen Schlange war der Tag für sie gelaufen. Da blieb nur noch die Pagode zum Murmeln und Räucherstäbe anzünden.

Am nächsten Tag wieder in die Berge, ohne die Beck. Zwei Sectionen unter Führung von Christofari und Poisson. Richtung China. Wir hatten Kontakt mit dem Viet und drangen nach China ein, weil Lieutenant Christofari keine genaue Karte hatte und diese auch nicht lesen konnte. Abhauen in die Berge, das beherrschten wir. Die Nacht verbrachten wir auf einem Gipfel im Regen und Sturm. Morgens mussten wir zweimal chinesische Suchtrupps vorziehen lassen, unser Verstecken klappte. Und wir rollten eine Embuscade der Viets von hinten auf, weil wir von den Bergen kamen und die Viets uns auf der Straße vermuteten. Schön, den Viet mal zum Weglaufen zu bringen, wenn man selbst 3 Tage gejagt wurde. Wir wurden vom Rest der Compagnie abgeholt.

01.10.1950
Chinesische Grenze

Nach der Säuberungsaktion in Mittelannam wurde das Bataillon im Eiltempo an die chinesische Grenze versetzt. Wir wussten nicht, dass der Generalstab beschlossen hatte, die Einheiten von der chinesischen Grenze längs der R.C. 4 von Lang Son bis Cao Bang zurückzuziehen. Wir übernahmen den Abschnitt von Tien Yen, dem Beginn der R.C. 4 bis Mon Cay, der Grenzstadt mit China an der Südspitze Tonkins.

Die Compagnien hatten untereinander keinen Kontakt, die Entfernungen waren zu groß. Die Legion lag nur in den größeren Ortschaften und als Feuerwehr für die zahlreichen Partisanenposten, die bis zur Grenze verteilt waren. Die 1. und 4. Compagnie in Mon Cay, die 3. in Ha Coi und die 2. in Tien Yen, dem Hafen von Lang Son und der gesamten Region.

Es fiel auf, dass der Hafen völlig überfüllt war mit Straßenbaumaschinen, Baggern usw. Das Material wurde nicht abtransportiert, aber das war nicht unser Problem. Es waren nicht genügend Schiffe da. Die Landungsboote, die den Hafen anfahren konnten, waren im Dauereinsatz. Wir nahmen umgehend unsere Patrouillentätigkeit auf, wie gewohnt als Aufklärungseinheit.

Und dann kam die große Pleite. Man nahm die Posten zurück, begann den Rückzug von Cao Bang. Der Viet wusste Bescheid und fuhr uns voll in die Flanke. Das 3. R.E.I ging vor die Hunde. Das 1. Bataillon Fallschirmjäger der Legion sprang bei That Khe ab, um dem 3. aus der Umklammerung zu helfen, wurde dabei völlig aufgerieben.

Ein Chaos entstand, die Flüchtenden und die Helfenden waren nur Kilometer auseinander, drehten sich im Kreis und wussten nichts voneinander. Ein völliges Versagen des Generalstabes. Es gab Überlebende, die nach der Gefangenschaft die Tatsachen erzählten, die dann aber niemand mehr hören wollte! Fest steht, dass die Officiers, die die tatsächliche Kommandogewalt hatten, die Bataillons- und Regimentschefs, versagten. Es war eben der Krieg der Lieutenants, wie es später der

General de Lattre de Tassigny höhnisch nannte. Nur 3 Officiers, 3 Sous-Officiers und 23 Legionäre konnten sich durchschlagen!

Zum Überfluss flüchtete jetzt noch das 1. Bataillon aus Lang Son, ohne Feindberührung und ohne auf die Versprengten zu warten. Selbst Flugzeuge blieben stehen, weil ein Taifun den Start nicht zuließ. Man flüchtete über die Westroute nach Hanoi, der Viet war erst 4 Tage später in der Lage, Lang Son zu besetzen.

Tien Yen - mit Amöbenruhr im Hospital

Ich lag wieder im Hospital mit Dysenterie ambienne (Amöbenruhr), diesmal nicht so schlimm wie in Thang Van. Dann kam die Parole, dass der Viet Minh die gesamte R.C. 4 aufgerollt hatte. Das 3. R.E.I. sei von Cao Bang, That Khe und Lang Son vertrieben. Das war nicht weit weg, also ging es uns jetzt an den Kragen.

Und wieder griff ein Taifun an, das gesamte Hafengebiet stand völlig unter Wasser. Der Taifun kam mit der Flut. Wir standen mitten in der Nacht plötzlich bis zu den Knien im steigenden Wasser – rette sich, wer konnte, auf den GMC. Wir fuhren in die Stadt, die etwas höher lag. Die Wache im Hafen musste im Bunker an der Fähre geschlafen haben, sonst wären sie nicht im Bunker ertrunken. In Lang Son mussten zehn JU 52 wegen des aufkommenden Taifuns landen, alle wurden am Boden durch den Taifun zerstört.

Die Natur war mit dem Viet. Die Garnison Lang Son und der Rest der geschlagenen Armee zogen sich über Bac Giang nach Bac Ninh zurück. Der Weg nach Tien Yen über die R.C. 4 war kürzer, aber durch die Berge, davon hatte man die Schnauze voll, obwohl der Weg noch frei war. Die zurückgelassene Verpflegung reichte den Viets für Monate, die Munition ebenfalls, die Artilleriegranaten genügten für Jahre bei den wenigen Geschützen, die der Viet zu dieser Zeit besaß.

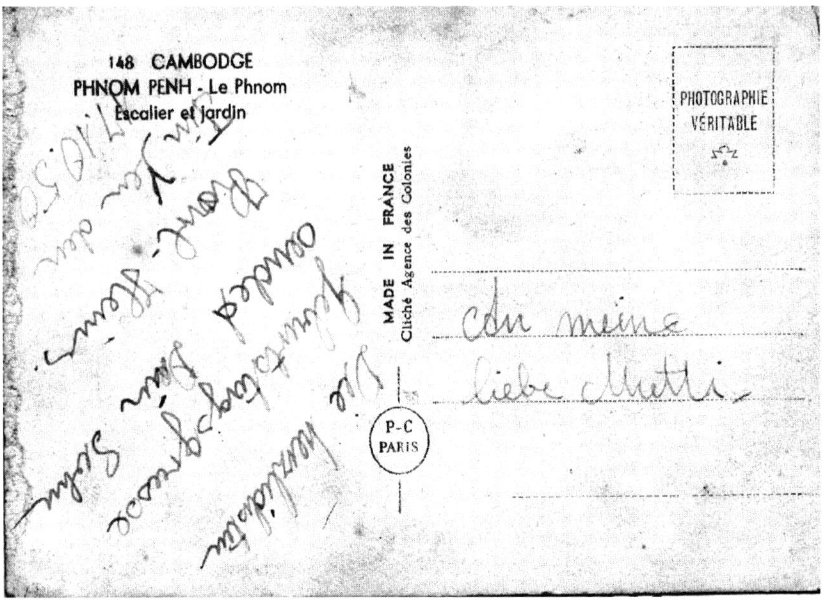

Geburtstagsgrüße an die Mutter aus Tien Yen, 17.10.1950.

17.10.1950

Die 2. Compagnie startete einen Gegenangriff, die gesamte Front an der chinesischen Grenze war aufgegeben worden. Cao Bang, That Khe, Lang Son, alles in der Hand des Viet Minh. Wir fuhren mit unserer Compagnie gegen einen gewaltigen Rückzug an. Und es klappte, wir schafften die 40 Kilometer auf der R.C. 4 und kamen bis zum Ortsrand der Stadt Dienh Lap. Halbe Strecke bis nach Lang Son, dem Zentrum der China-Front und des 3. Bataillons der Fremdenlegion.

Die meisten Vietnamesen der Einheit hatten das Weite gesucht, keine echten Deserteure, aber die Angst vor dem Viet war eben größer. Die Jungs hätten die Gefangennahme nicht überlebt. Die Artilleristen waren auch nicht begeistert, wieder mit uns nach Norden zu fahren, lieber wären sie zurück nach Tien Yen. Aber wir hatten die LKW und haben einfach die Kanonen angehängt, die jetzt mit uns gegen den Viet Minh fuhren.

Unmittelbar vor Dinh Lap stießen wir auf eine kleine Einheit der Kolonialtruppe mit 3 US-Spähwagen. Die armen Schweine hatten keinen Rückzugsbefehl bekommen und mussten somit auf uns als Verstärkung warten. Das Chaos auf französischer Seite war groß. Selbst für den Viet ging der Rückzug der Franzosen zu schnell, sonst hätten sie nicht so große Lücken gelassen, die wir wieder schließen konnten. Knapp 150 Legionäre in diesem großen Kampf, der über 3.500 Tote und Gefangene von uns forderte. Dazu der Verlust der gesamten Grenzregion. Dinh Lap war von mindestens einem Bataillon Viet Minh besetzt, die auf einer Anhöhe an der R.C. 4 in nördlicher Richtung lagen und auf einem unversehrten Posten mitten in der Stadt. Außerhalb gab es auf den Bergen 2 Posten, die von uns sofort besetzt werden sollten. Auf dem linken Posten waren 5 Deserteure der Artillerie eingesetzt, die sich erst erleichtert zeigten, dass wir kamen. Als dem Ersten das Gewehr abgenommen wurde, war die Freundschaft vorbei. Zwei starben, einer entkam. Der rechte Posten konnte nicht besetzt werden, mehrere MG stoppten die 1. Section. Der Viet war schon oben. Das zeigte sich, als uns 3 Tage später eine Siebel 90 mit hohen Officiers beehrte. Bei einer Schleife kam sie dem Posten ins Visier, und es gab ein ziemlich gutes

Feuer auf die zweimotorige Kuriermaschine, die eilig das Weite suchte. Aus den Funksprüchen am Abend gab es eine ziemliche Rüge für uns, weil keine Warnung ergangen war. Angeblich gab es Verwundete an Bord.

Nachts ein Gegenstoß mit den Spähwagen in die Stadt, die 2. Section aufgesessen. Rückzug mit einem Koch der Viets, der in einem Haus große Reispötte gekocht hatte. Der fertige Reis wurde mitgenommen. Am Tage Angriff auf die Stadt, der Viet ging zurück, und wir konnten in den Posten eindringen. Die Artillerie konnte sich ihre dringend benötigte Munition aus den Bunkern holen, alles noch da. Ein Zeichen, dass der Viet nie mit unserer Rückkehr gerechnet hatte.

Dann bekam der Viet aber über Nacht Verstärkung, wir kamen nicht mehr in die Stadt. Wir gingen so weit vor auf dem Hügel, dass wir mit dem Mortier schießen konnten, 1.600 Meter. Unsere Artillerie begann nun den Hügel der Viets punktgenau einzudecken. Ein grausames Spiel für uns Zuschauer. Nach einer Stunde, Salve um Salve, gab der Viet Minh auf. Gemeinsam kamen sie aus den Gräben und rannten den Hügel hoch zum rettenden Wald. Und die Artillerie hielt dazwischen, verlängerte immer um 50 Meter. Wenn die Viets diese Höhe hatten, waren die Granaten schon da.

Wir sahen, dass eine lange Kolonne Viets im Laufschritt sich auf der R.C. 4 näherte, mit Lasten in der Mitte, die im fliegenden Wechsel getragen wurden. Aber jetzt war die Artillerie leer geschossen, keine Munition, um diesen Anmarsch zu stoppen. Die Lasten entpuppten sich als 8 cm-Werfer, die uns jetzt zum Lauf um unser Leben bringen sollten. Ein Treffer setzte das Funkgerät des Artillerie-Offiziers und dessen Träger außer Gefecht. Die Viet Minh, mindestens ein Regiment, besetzten danach die gesamte Stadt und rückten auch näher. Es wurde an Rückzug gedacht, dann traf das 2. Bataillon unseres Regimentes am 23.10.1950 ein. Wir wurden sofort abgelöst und fuhren zurück nach Tien Yen.

5 Tage hatte eine Compagnie der Legion den Viet aufgehalten, das 2. Bataillon hat dieses Spiel noch eine Woche fortgesetzt. Wir wurden

sofort auf LCT geladen und fuhren die Küste hoch bis Mon Cay. Wieder dieses Scheißgefühl. Auf der anderen Seite des Flusses, dort war China, bloß nicht dorthin schießen, es könnte einen Krieg mit China auslösen. Der Viet zog sich aber ungeniert dorthin zurück, wenn er uns angegriffen hatte. Wache auf der internationalen Brücke und freundliche Grenzgänger. Aber abends, wenn die Fahnen eingeholt wurden und das Brückentor bis zum Morgen geschlossen war, dann war Krieg. Kopf nicht über die Mauer, es könnte knallen.

Einen Kilometer weiter, in der Stadt, waren wir in die Bars und Spielhallen gegangen, als wäre tiefer Frieden. Einmal kam eine Einheit eines Bergvolkes in die Stadt, vertrieben von ihren Posten. Da kam ein Chinese aus einem Geschäft, er wurde von mehreren Soldaten erkannt und versuchte zu fliehen, aber er wurde sofort gepackt und totgeschlagen. Wer weiß, was der Kerl den Partisanen angetan hatte. Wir haben nur gemacht, dass wir wegkamen, nicht dass die Wut noch auf uns einsetzte, denn Weiße waren in dieser Region nicht gern gesehen.

Die kleinen Scharmützel nahmen wir gern hin. Einmal, am 18. und 19.11.1950, wurden die Viets sehr frech. Sie lagen mit ihren MG fast an der Festungsmauer und nahmen das Krankenhaus unter Feuer. Es hatte 2 Stockwerke und war über die Mauer zu sehen. Getroffen wurde keiner. Eine Sprengladung direkt vor der Schießscharte von Kuttels Bunker war da schon wesentlich gefährlicher. Wir schoben verstärkt Nachtwache, denn wir wollten unsere Ruhe haben. Nacht-Embuscaden legten wir nicht, man wollte an dieser Nahtstelle mit China nichts kaputt machen.

Der katholische Geistliche von Dongxing, der zweimal wöchentlich über die Grenze zu uns kam, erzählte uns alle Neuigkeiten, die für uns von Wichtigkeit waren. Er wusste immer die Anzahl der Viet Minh, auf den Kopf genau. Wir hatten das Gefühl, er belog uns. Wenn er seine Ration Wein bekommen hatte, dann sagte er gar nichts mehr. Als der Jeep des Arztes geklaut wurde, da wusste er nicht, wer das gewesen sein könnte. Wie immer, ohne Vorwarnung war unsere Ruhezeit zu Ende.

23.12.1950

Wir gingen auf 2 Lastkähne, die von einem uralten Schlepper an die Seite genommen und dann in Richtung Baie d'Along gezogen wurden. Bloß keinen Sturm oder hohen Seegang, dann saufen wir ab. Rettungsringe oder so etwas gab es nicht. War so ein Heiligabend nicht schön, wie in einer Sardinendose. Verpflegung gab es, aber kein Wasser. Wer die Feldflasche leer hatte, der konnte sich mit Meerwasser bedienen!

24.12.1950
An der Küste um Haiphong

Das Bataillon wurde an die Küste um Haiphong verlegt. Hon Gai, Uong Bi und Quang Yen waren die Stationen. Wir wurden mit vietnamesischen Partisanen aufgefrischt und sicherten die Küstenregion. Immer wieder Aktionen in den Bergen, den Viet aufspüren! Aber der schlug dann im Delta zu.

25.12.1950
Quang Yen

Wir waren in Quang Yen, eine Halbinsel in der Halong-Bucht. Schöne Zeiten brachen inmitten einer Inselwelt an. Kanäle und Mangroven durchzogen die Gegend. Wir liefen Patrouillen, mehrere Tage lang, fingen gezielt Viet Minh-Funktionäre. Soldaten gab es hier nicht. Wir hatten ein Motorboot, zu klein für die große See, aber in den Mangroven ideal. Wir machten den Dschunken das Leben schwer. Geschmuggelt wurde nur nachts, dann fuhren wir nicht, das war Privileg der Marine. Ich machte den Popote Sous-Officier, ein schöner Job, schlief ganz allein im Haus. Nicht ganz alleine - es gab da die schöne Tam. Wir hatten eine glückliche Zeit. Sie kam nur abends, wenn die letzten Trunkenbolde gegangen waren. Ich verriegelte dann das Haus. Jeder wusste das, nur Vasquez nicht. Der wollte entweder einbrechen und

Schnaps klauen oder mich umlegen, eine alte Rechnung von Mon Cay. Er hatte erst uns überrascht, und dann ich ihn. Jetzt lag er wieder im Lazarett, er lernte es einfach nicht. Nach seiner Genesung kam er wieder in den Knast, so wurden wir keine Freunde!

17.02.1951
Viet Tri

Über die Straße fuhren wir via Haiphong und Hanoi wieder an die Grenze des französischen Herrschaftsbereiches nach Viet Tri, dem Zusammenfluss von Rivière Claire und Rouge, der sich kurz vorher mit dem Rivière Noire vermählte.

Der Posten auf der Nordseite war erst kurz zuvor vom Viet genommen worden. Wir begannen mit dem Bunkerbau in Tonkin. Einschalen, betonieren, eine Arbeit, die Spaß machte. Aber Zement, Stacheldraht und Kies aus den Schiffen ausladen, alles auf dem Rücken wie die Kulis, da war man schon happy, wenn man 2 Stunden früher aufhören durfte, weil man nachts auf einen vorgeschobenen Posten musste. Und das war sehr wichtig, denn der Viet ließ nicht locker, zerstörte, was wir am Tage aufgebaut hatten. Er riss die Schalungen ein und klaute die Moniereisen. Nachdem das wegen der vorgeschobenen Posten nicht mehr klappte, gab es fast jede Nacht Störfeuer, die Granatwerfer lagen oft sehr gut. Meinen 19. Geburtstag, an den ich erst abends erinnert wurde, als ich die Wachliste sah, hätte ich fast nicht überlebt, wenn nicht eine der 80er Granaten ein Blindgänger gewesen wäre. Sie klatschte 2 Meter vor mir in den Boden, wo ich stand und pinkelte. Auch wenn ich erst um 20 Uhr merkte, dass ich Geburtstag hatte, war ich nachher voll wie ein Eimer.

Am nächsten Tag trat Maka, unser lustiger, kleiner Tscheche, auf eine Mine. Direkt vor unserem Bunker, kein Mensch hatte uns informiert, dass hier noch ein altes Minenfeld war. Maka wollte einen Eisenträger holen, der gut in unseren MG-Bunker gepasst hätte. Sein Bein riss bis zum Knie ab, er war noch allein aus dem Minenfeld zurückgehumpelt.

Er war später in Sidi Bel Abbès im Foyer als Kassierer und ist 1998 in Bordeaux verstorben.

28.03.1951
Ha Chue

Die 2. Compagnie wurde nach Ha Chue, 20 Kilometer weiter, verlegt. Dort wieder ein 5-Sterne-Bunkersystem errichten. Alles Handarbeit, wir brauchten keine Maschinen, nur Schaufeln und Material. Hier ließ der Viet uns völlig unbehelligt, nachdem wir bemerkt hatten, dass der Fluss die Grenze darstellte. Die sollten wir nicht überschreiten und hatten es auch nie getan, obwohl uns nur 1.500 Meter von den bewohnten Dörfern am anderen Flussufer trennten. Auf unserer Seite waren alle Dörfer verlassen. Wir machten in alter Manier nur nachts Embuscaden, ab und zu wurde mal jemand geschnappt. Meist Frauen, die Handelswaren zum Viet bringen wollten. Aber das sprach sich herum und sorgte für Ruhe im Secteur.

Mai 1951
Port Redon

Wir waren Bunkerbauer auf Port Redon, einer aufgeschütteten Verladestelle mitten im Mangrovensumpf. Zu Anfang über 10 Kilometer nur eine Schienentrasse bis Uong Bi, jetzt gab es eine Autostraße. Die Schienen lagen nur noch an der Verladestelle für Kohle und Erz. Wir hausten in Einmannzelten auf dem Kohlenabraum. Täglich waren wir pechschwarz, aber ringsum war ja viel Wasser. Kein Baum, kein Haus, nur Abraum und Kohlenstaub, dafür Tag und Nacht Schiffe und Dschunken, die entladen werden mussten. Baumaterial für den Bunkerbau, Schotter und Zement und vor allem Stacheldraht auf 70 Kilo-Rollen - wer hatte sich so etwas Perverses ausgedacht. Als Beleuchtung liefen 2 oder 3 LKW, die die Scheinwerfer eingeschaltet hatten. Dann kam mal ein Aggregat, das 5 Glühbirnen zum Leuchten brachte.

Ich prolongiere für 6 Monate und übernehme als Chef du Groupe Mortier die beiden Mortier 60.

Ein Taifun, der uns völlig unerwartet überrollte, überschwemmte alles. Meine gesamte Ausrüstung wurde ins Meer gespült, nur der Granatwerfer, der unter 2 Kisten Munition lag, blieb zurück. Wir überlebten nur, weil wir unter die Planen der LKW gekrochen waren, ein LKW kippte auch noch um.

Die Dschunken überstanden alles, die Vietnamesen haben die Boote geflutet. Während des Taifuns lagen sie auf Grund, bei der nächsten Ebbe haben sie die nassen Zementsäcke über Bord geworfen, und die Boote schwammen wieder. Wir hatten uns alle auf die etwa 2 Meter höheren Gleise gerettet.

Nach 6 Wochen wurden wir abgelöst, wir waren jetzt in Uong Bi und bauten die gesamte Stadt zu mit Bunkern, diese Stadt wurde uneinnehmbar. Ungefähr 50 Bunker, auch wenn der erste schon vor Fertigstellung den Hang hinunterrutschte.

Juni 1951

Die Legionäre murrten nicht, aber die Krankenzahlen stiegen, vor allem Hautkrankheiten beklagten alle. Hitzepocken und Zementkrätze hatte jeder.
Irgendwann wurden wir durch die 1. Compagnie abgelöst und wir hatten Ruheposten in Uong Bi, das hieß, wir durften wieder die Betonbunker ausschalen. Eine mörderische Arbeit, die Verschalung war aus Eisenholz, in der Nässe und Hitze in den Bunkern konnte man das Holz nur mit Handbeil und Brechstange wieder ausschlagen. Die Sägen gingen nicht einen Zentimeter ins Holz. Jeder hat nur 10 Minuten gearbeitet, dann wurde abgelöst, die Jungs waren am Ende. 20 Minuten Pause und wieder rein in die Sauna.

Der Viet hatte Mitleid mit uns und begann eine neue Offensive, und wir mussten 30 Kilometer weiter nach Dong Trieu, die Cote 13 zurückerobern. Die Araber hatten mal wieder eine Stellung verloren. Wir begannen legionsmäßig am gleichen Tag mit dem Wiederaufbau. Der Viet saß auf den Hügeln über uns und machte uns das Leben schwer. Wir verloren 3 Mann durch einen Unfall, alles Freunde aus meiner Gruppe: Caporal Strnad, ein Tscheche und ein super Mann, erschoss seinen Zeltgenossen, den Schwäble Horst, als der seine MP aufnahm und auf Wache gehen wollte. Völlig aufgelöst kam er ins Gruppenzelt und erzählte es uns, keiner hatte es bemerkt. Wir stürmten ins Zelt, um Schwäble zu helfen und Sergent Assad machte den armen Strnad fertig. Weil Assad ihm die MP weggenommen hatte, rannte er in das Minenfeld und blieb im Stacheldraht hängen. Broda, auch ein Tscheche, wollte ihm helfen, ihn zurückziehen, da löste Strnad eine Mine aus und beide starben. Wenn Assad diese Nacht nicht beim Compagnie-Chef geschlafen hätte, dann hätten wir noch einen Toten gehabt in dieser Nacht! Wir konnten die 3 Kameraden auch nicht beerdigen, noch in der Nacht wurden wir abgelöst und gingen wieder in den Kampf.

14.07.1951
Nationalfeiertag

Die 3. Compagnie machte die Ouverture de Route, wie immer und alltäglich. Viele Leute waren mit nach Haiphong zum Défilé gefahren. Die restlichen 17 Legionäre mit Sergent Petrovic, die die Straße bis zum Senegalposten öffnen sollten, überleben nicht. Nur einer, der aus der Hose musste und 100 Meter zurück war, entkam der Embuscade. Alle wurden furchtbar hingerichtet. Von diesem Tag an wurde die Arbeit reduziert und täglich wieder Patrouillen in die Berge geschickt. Wir hatten viel Glück, keine Verluste, dafür waren nachts auf einmal alle Kulis aus dem Camp verschwunden. Dann 15 Partisanen, die auch die MG von den mit Partisanen besetzten Posten mitnahmen.

Jetzt waren 2 Jahre Indochina um, die meisten Kameraden fuhren zurück nach Nordafrika. Auch fast alle Officiers, nur der harte Kern blieb. Diesen Aderlass hat die Compagnie nie verdaut, es kam kaum Ersatz.

November 1951

Über Haiphong nach Hanoi und Digue Day. Der Viet vollführte eine Großoffensive im Reisdelta. In ewigen Endloskolonnen rollte auf den aufgeweichten Deichen alles, was sich bewegen konnte, gegen den Viet. Der Viet fuhr eine Schlappe ein, da sich das Wetter besserte. Die Flugzeuge mit Napalmbomben und die Artillerie leisteten ganze Arbeit. Wir brauchten nur die Leichen zu zählen, selten war eine Waffe zu finden. Die Viets hatten eine Gabe, ihren Toten die Waffen abzunehmen. Oder waren die ganzen Einheiten ohne Waffen und warteten auf unsere? Die Offensive dürfte General Giap mindestens um die 10.000 Soldaten gekostet haben.

Während wir eine Mittagspause machten, wurde nur einen Kilometer weiter eine Nachschubkolonne angegriffen. Ohne uns groß zu bewegen, konnten wir eingreifen und dem Viet das Laufen beibringen. Wir feuerten in die Kolonnen der Viets, die offenbar die LKW entladen sollten. Die haben uns wohl übersehen gehabt und wir konnten voll in ihre Seite halten. Ein Scheiß-Blutbad! Trotzdem waren die Verluste bei unserer Kolonne enorm. Der Viet setzte ungeheuer viele Leute ein, das kannten wir noch nicht.

Der Krieg hatte jetzt andere Dimensionen angenommen. Mal eben mit einer Section 3 Tage in die Berge gehen und ein bisschen den Viet beobachten, das war vorbei. Jetzt sprach man nur noch von Regimentern und Divisionen.

7.11.1951
Marschbefehl des I/5.Bataillons

Das I/5. R.E.I. wurde wieder in das G.M. (Groupe Mobile) 2 integriert und am 7.11.1951 in Du Ka Thong am Fluss Day stationiert.

_9.11.1951_
Marsch nach Cho Ben

Unser Bataillon-Chef Masselot war über das Ziel hinausgeschossen, hatte den Day überqueren lassen und im Morgengrauen Cho Ben eingenommen. Eine Stunde später sprangen 2 Bataillone Fallschirmjäger über uns ab. Wir sollten den Absprung nur sichern. Aber es fielen Schüsse durch die Paras, die in uns Viets sahen. Diese Verluste gingen natürlich auf das Konto unseres Batailloners. Und General Charpentier drehte natürlich am Rad, unser Masselot hatte nie ein großes Ansehen bei der Führung. Wir wurden sofort vom 3. R.E.I. abgelöst und über Hanoi wieder nach Son Tay, am Fuß des Mont Ba Vi, gebracht.

_10.11.1951_
Beginn Operation Tulipe

Beginn der Operation Tulipe mit dem Ziel: Einnahme von Hoa Binh. Damit wieder Einfluss auf die Muong-Region genommen und der Druck der Viet Minh-Divisionen auf das Delta gelockert wurde. Außerdem sollten wir die Kontrolle über die R.C. 6 gewinnen, die, von China kommend, eine befahrbare Strecke für LKW bis Hoa Binh war und auch einen Abzweig nach Laos über Mai Chau und in das Delta nach Süden bot – ein wichtiger Versorgungsweg des Viet Minh also.

Das 1. B.E.P. (Fallschirmjägerbataillon der Legion) sprang in die Calcaires von Cho Ben ab. 2 Compagnien des I/5 R.E.I. lagen schon auf der Lauer und griffen nach der Landung sofort ein. Wir sammelten die Fallschirme des B.E.P. ein, das sich an die Verfolgung der flüchtenden Viets machte. Leider mussten wir 2 Legionäre bergen, die den Sprung nicht überlebt hatten. Am nächsten Tag wurden wir abgezogen, im Eiltempo bis an den Fuß des Mont Ba Vi. Die Fahrt dauerte den ganzen Tag, alle Straßen waren mit Truppenkolonnen voll. Wir hatten Vorfahrt, das war schon verdächtig. Am nächsten Morgen wurden alle Alten der Compagnie, die schon 1949 in Hoa Binh waren, in ein Zelt gebracht und dort von Officiers des Stabes befragt. Man wollte wissen, wie weit wir damals am Schwarzen Fluss und am Mont Ba Vi waren, gab es befahrbare Straßen usw. Und es wurden Fragen zu Hoa Binh gestellt.

Wir hatten im November 1949 mit einem Einsatz in Hoa Binh in der bis dahin friedlichen Muong-Region einen Krieg ausgelöst, der zum Verlust der Region von Dien Bien Phu bis Hoa Binh führte. Selbst Hoa Binh musste aufgegeben werden. Alle Befragten bekamen keinen Ausgang mehr in das Dorf. Man wollte verhindern, dass die Barfrauen uns ausfragen konnten. Am nächsten Tag begann die große Operation Tulipe. Das G.M. 1 ging entlang des Schwarzen Flusses, wir durften direkt über den Gipfel des Mont Ba Vi klettern.

Das Bataillon auf halber Höhe, die Section Montagne als Gebirgsaufklärerzug ganz oben. Nachschauen, ob kein Viet Minh versteckt war. Mit 12 Stunden Verspätung waren wir auch am Fluss, wurden für eine Viet-Einheit gehalten und bekamen richtig Zunder von unseren Maroc-Kameraden. Dafür hatten wir am nächsten Tag ihre Verpflegung, die bei uns abgeworfen wurde, verschwinden lassen. Wir hätten sonst auch noch deren Nachschub schleppen müssen. Der Viet, der in dieser Gegend eigentlich immer der Herr war, war natürlich abgetaucht. In dieser wilden Bergregion, in der es nie mehr als 100 Meter freie Sicht gab, war das kein Problem.

Der Viet verhielt sich getreu der Mao-These: Wenn der Feind mit großer Zahl in die Offensive geht, dann vergrabe die Waffen und bleibe 2 Tagesmärsche entfernt in Wartestellung, bis der Feind die Suche einstellt!

Minen und Fallen gab es reichlich. 3 Bataillone Fallschirmjäger sprangen in Hoa Binh ab, das G.M. 3 öffnete die R.C. 6, gefolgt vom G.M Sud, die die freigemachten Stücke sicherten. Die Marine befuhr den Fluss, die ersten LCT nahmen das I/5. R.E.I. auf, und wir landeten 12 Stunden nach der Einnahme von Hoa Binh ebenfalls dort.

Die 2. Compagnie wurde sofort auf der Nordseite von Hoa Binh auf der R.C. 6 gelandet. Direkt an der Fährstelle war eine Werft des Viet. Vier fast fertige Fähren lagen am Ufer in der Tarnung. Die Häuser am

Ufer waren Garagen für LKW und die Lagerhallen waren unterirdisch. Darüber waren nur kleine Chan-Nya, die typischen kleinen Wohnhäuser der Thai. Spuren von LKW waren nicht festzustellen, später wurden unter anderem Kanister mit Altöl gefunden. Zum ersten Mal Beweise, dass der Viet Minh über Kraftfahrzeuge verfügte.

Die 2. Compagnie bekam den Berg an der Fähre als Stellung zugewiesen. Cote 196 („Höhe" 196), ein Felsen 196 Meter über dem Fluss.
Ein im Halbkreis gelegenes, nördliches Ufer, circa 3.000 Meter lang mit beidseitigen Steilhängen. Erst Elefantengras, dann Buschwerk und jede Menge Urwaldriesen, völlig zugewachsen. Unsere Partisanen hauten erst einmal einen Pfad nach oben, dann begann der Aufstieg. Mein Zug, mit den Granatwerfern und Mitrailleusen (schwere Maschinengewehre), benötigte 2 Stunden für den Erstaufstieg. Zum Glück waren keine Viets oben, die hätten uns mit einem Handtuch totschlagen können, wir waren total erschöpft. Niemand hatte uns gesagt, dass der Aufstieg zum Gipfel so steil war, und es war so heiß. Als wenn der Vulkan Ba Vi für uns eingeheizt hätte. Am Gipfel konnten wir uns nur mit Seilen hochziehen und sichern. Kein Strauch oder Gehölz zum Festhalten.

Es war kein Viet zu sehen. Nach den Meldungen sollten hier 2 Bataillone Viet Minh liegen. Eine grobe Einteilung der Stellungen und schon ging die Schanzarbeit los. Freie Sicht schlagen, erst 10 Meter, dann Stellungen und Laufgräben, dann Schussweitenverlängerung, Bunkerbau und zuletzt Latrinen. Unser Chef betonte immer wieder, dass wir mit Artilleriefeuer des Viet zu rechnen hätten. Zimmerleute und Bergmänner waren gefragt, und wir gingen erstmals mit unseren Bunkern in die Tiefe. Zum Fluss hin eine Festung, über den Gipfel blieb etwas Wald. Küche, Essraum, Infirmerie, Waschräume und Toiletten wurden dort gebaut, nicht einsehbar für den Viet. Auf dieser Seite waren auch das Dorf, ein großer See und ein weites Tal, da konnte nicht viel Unheil drohen.

Während der Fertigstellung unserer Festung erhielten wir viel Besuch von Officiers und Journalisten, selbst ein General machte die Aufwartung. Alle bestaunten unser Werk, alles Handarbeit. Es wurde die so genannte Maginot-Arbeitszeit eingeführt: 4 Stunden Arbeit, 4 Stunden

Wache, 4 Stunden Schlaf, jeweils für 1/3 der Section. Von der Straße bis auf den Kamm mussten Treppen gebaut werden, denn im Lehm war ein Abrutschen lebensgefährlich. Eine Serpentinentreppe für den Aufstieg, eine Steiltreppe für den Abstieg. Später kam noch ein Mulipfad dazu, denn wir bekamen wieder mal 5 dieser treuen Helfer von Marokkanern gestellt.

Ein Officier der Artillerie kam und schoss seine Geschütze bis auf 50 Meter vor die Stellungen ein. In die Artillerie hatten wir immer ein großes Vertrauen. Er beobachtete fast eine Stunde die riesige Kalkwand, die 400 Meter hoch und breit bis in das Zentrum der Stadt reichte und dort senkrecht abfiel. Diese Calcaires reichten mehrere Kilometer parallel zum Fluss nach Norden. Wir waren ebenfalls parallel daneben, aber auf der anderen Flussseite. Wir hatten keine Waffen, um hinüber zu schießen. Im Gespräch erklärte ich dem Officier, dass wir diesen Berg schon 1949 aus der Nähe erkundeten und seine zahlreichen und riesigen Höhlen gesehen hatten, wie auch den legendären Wasserfall. In diesem Berg könnten Tausende Menschen sich sicher vor Granaten und Bomben aufhalten - mit frischem Quellwasser. Der Officier erläuterte dann den Officiers und Sectionschefs, dass der Berg bereits vom Viet besetzt war. Marokkaner, die den Berg besetzen sollten, waren ganz gewaltig in Nahkämpfe geraten und geschlagen worden. Es sei eine Frage von Tagen, dann sei der Viet vorne an der Steilwand, also mitten in Hoa Binh.

Die Artillerie hatte bereits die Stellungen verlegt und war jetzt am Flussufer. Der Flugplatz, der direkt unterhalb der Steilwand lag, wurde mit aller Eile zum Ufer verlegt. Der Viet hatte bereits große Geschütze im Einsatz am Schwarzen Fluss und versuchte, die Flussverbindung zu unterbrechen. Der Nachschub kam fast nur mit den LCT und Fähren von Hanoi über den Roten Fluss, bei Son Tay in den Schwarzen Fluss.

Wir bekamen ein 7,5 cm-Gebirgsgeschütz, das unsere Mulis hochschleppen mussten. Ein Sergent der Artillerie blieb bei uns, unterrichtete eine Gruppe Legionäre unter Führung von Miguel Martinez, der in Spanien schon mal so eine Kanone bedient hatte. Wir erhielten per Luftpost durch JU 52 sieben Mitrailleusen Cal. 50 und Scherenfernrohre.

Innerhalb einer Woche war die Höhe 196 eine starke Festung, jeder tote Winkel war mit Aushub aufgefüllt, das gesamte Gestrüpp und alle Bäume waren in 150 Metern Entfernung zu einer meterhohen Hecke aufgehäuft, durch die es kein Durchkommen gab. Die Hecke war auch noch mit Minen gespickt, und wir waren sehr tief unter der Oberfläche artilleriesicher eingegraben. Wir konnten wieder unserem Job nachgehen. Aufklärer nachts rausschicken und die Gegend ausspähen, wie nahe die Viets schon waren.

Wir bestreiften regelmäßig dieses große Muong-Dorf, das westlich von uns an einem großen See lag. Kauften dort Frischgemüse und natürlich Fische, wir ließen auch Bestellungen dort für unsere Sonntagsmenüs. Wir hatten Muongs als Partisanen in der Compagnie, die alle aus der Gegend stammten und somit den besten Kontakt zu den Bewohnern besaßen. So wussten wir alles in dieser Ecke über die Bewegungen des Viet Minh. Unsere Muongs setzten sich mit Genehmigung des Compagnie-Chefs auch schon mal ohne Waffen und Uniform ab und versuchten, ihr Heimatdorf zu erreichen. Meist ohne Erfolg, der Viet hatte die Bergvölker, die nicht mit ihm kooperierten, ausgelöscht oder weit von der Frontlinie vertrieben.

Neben dem Ausbau unserer Höhe „Mon Repos“ betrieben wir intensive Aufklärung in Richtung Cho Bo, das wir aus den 49er-Kämpfen kannten. Der Rest des Bataillons war schon bald in der Bewegung eingeschränkt, der Viet hatte die in die Stadt hineinragenden Calcaires sehr früh besetzt, und diese Felsen konnten wir nie wieder erobern. Der Viet konnte von oben in die Suppenteller sehen, das bekamen die Artillerie und vor allem die Flugzeuge auf der ersten Rollbahn sehr früh zu spüren. Zehn bis zwölf JU 52-Transporter standen zerschossen dort in den Wiesen.

Wir waren mehrmals bis Lang Mo gekommen, hatten die einheimischen Muongs, die bei jedem Spähtrupp 100 Meter vorausgingen, als Jäger mit Armbrust oder Kräutersammler getarnt. Wir wussten, dass die Viets eine Division von Cho Bo bis nach Lang Mo verteilt hatten. Dieser Einsatz war ja dann auch der Anfang vom Ende der Festung Hoa Binh. Von nun an war klar, dass der Ring zugezogen wurde.

Runter ins Tal, zum Schwarzen Fluss. Das dauert einen Tag. Man erwartet die 2. Compagnie, weil wir die einzigen waren, die sich schon mal in der Gegend aufgehalten hatten und wir erinnerten uns mit Grauen an diese Aufklärungen.
Der Compagnie-Chef und die meisten Sous-Officiers waren neu, also konnten wir lügen, denn wir wussten, das würde die Hölle werden. Und wer wollte schon freiwillig als Erster in die Hölle gehen? In tiefer Nacht erreichten wir das Tal, dort war der Teufel los. Unzählige Einheiten lagen eng zusammen, und es kam zu Schusswechseln zwischen den eigenen Einheiten. Der Viet Minh haute mit seinen Granatwerfern von der anderen Flussseite voll dazwischen. Diese Nacht der Hilflosigkeit konnte so schnell keiner vergessen. Wir wünschten uns lieber oben auf den Ba Vi. Nicht bewegen, weil sofort irgendeiner losballerte und der Viet sein Werferfeuer schön gleichmäßig verteilte. Man wäre unweigerlich in den Geschosshagel der Nachbareinheit geraten.

Ohne Widerstand konnten wir am nächsten Tag in dieser schlimmen Vegetation vorgehen, die ein Vorwärtskommen nur auf Wegen und Pfaden erlaubte. Seitlich war ein Eindringen in den Dschungel hier nur mit den Haumessern möglich. Der Viet hatte Stellungen gebaut, alle 200 - 300 Meter eine neue Linie. Uns wurde es mulmig, wo steckte denn General Giap mit seinen Divisionen? Irgendwann würde er zuschlagen, jetzt aber erst mal mit Fallen und Minen, in jeder Spielart. Ich tappte auch in eine Falle und riss mir das rechte Bein völlig an dem angespitzten Bambus auf. Ich schrie noch: „Bambus!", um meine Kameraden zu warnen. Erst jetzt fiel uns auf, dass die Gräben rechts und links der Wege gelblich schimmerten. Hier waren Tausende von angespitzten und an der Spitze vergifteten Bambusstäben in den weichen Boden gerammt worden. Bambus an sich war schon giftig, und wer sich an ihm verletzte, musste meistens operiert werden. Und wer das bräunliche, klebrige Mark in die Blutbahn bekam, war oft verloren. Die Verletzung schwoll im Handumdrehen dick an. Zum Glück hatte ich noch die alten, bewährten US-Gamaschen an, die reichten bis zum Knie. Sonst wäre das Bein weg gewesen. Die Viets hatten die Bambusstäbe an den Schnittstellen angebrannt und danach mit Scheiße eingeschmiert, es gab zum Glück nur eine eiternde Wunde. Danach war die Nachfrage nach diesen Gamaschen wieder sehr groß.

Der Viet hatte sich überhaupt einige ganz einfache Bambusfallen ausgedacht. Auf den Dschungelpfaden wurden Löcher gegraben, angespitzte Bambusstöcke mit der spitzen Seite nach oben eingesteckt und mit Zweigen und Laub abgedeckt. Während wir nach Drähten für Sprengfallen suchten, übersahen wir die Fallgruben. Bei den gespickten Straßengräben reichte ein Gewehrschütze in weiter Entfernung. Ein paar Schüsse in Richtung der Gruppe und alles sprang in den Graben, wo die „Zahnstocher" lauerten.

Wir kamen ganz schlecht voran, jeder Meter musste untersucht werden, und wer seitwärts in den Bambus wollte, der musste selbst sehen, dass er nicht auf eine Mine trat. Wir erreichten den Felsen „Notre Dame", der noch so viele Opfer fordern sollte, weiter gingen wir nicht! Dieser mächtige, aus dem Dschungel hoch aufragende Fels war so oft schon das Ziel unserer Späheinsätze der Section Montagne gewesen, erreicht hatten wir die „Dame" nie! Und diese Dame sah in den nächsten Wochen noch so viel Blut und Tote.

Das war eine verfluchte Gegend zum Sterben, hier war alles feindlich! Alles feucht und glitschig, nebelverhangener Bambus- und Elefantengras-Dschungel! Die Douglas C 47, die unseren Nachschub abwerfen sollte, konnte uns nicht ausmachen. Rauchzeichen sahen sie nicht, keiner wusste, wie die Piloten auf Leuchtkugeln reagierten! Sie warfen unseren Nachschub blind ab. Die Lastschirme dann aus dem Dschungel zu holen, war eine mühselige Drecksarbeit. Die Kisten hatten immer ein Gewicht von 50 Kilo, die man mit Bambusstangen wegtrug. Fast alle waren verletzt und hatten aufgerissene Uniformen. Dann war das Zeug, das wir geborgen hatten, nicht einmal für uns. Die Rationen mit der Halbmond-Kennzeichnung (Verpflegung für Mohammedaner) schmeckten uns auch, aber US-Munition, die wir nicht gebrauchen konnten – das tat weh. Geborgen werden musste die Munition jedoch unbedingt, sonst wurden wir vom Viet Minh damit beschossen, der wartete doch nur auf die Fehlwürfe. Aber alles hatte ein Ende.

Mehr zur Verpflegung aus der Luft

Bei Operationen mit 1 Bataillon, das waren damals ungefähr 800 Mann, gab es immer Probleme mit dem Nachschub, denn Straßen, und besonders Brücken, waren vom Viet geklaut worden. Und zu Fuß waren wir nun eben langsamer als die Viet Minh, die immer barfuss waren und nie großes Gepäck hatten - einen Schlauch mit 2-3 Kilo Reis um die Schultern und ihre Waffen!

Wenn die Legion oder die Colonial 2 Tage marschiert waren, dann wurde die Verpflegung knapp. 3 Tage „Ration Individuelle", das waren 9 Dosen und der Rucksack voll. Wenn dann noch Krabben, Alligatoren-Amphibienfahrzeuge oder, selten, Panzer mit dabei waren, dann gab es Spritprobleme. Wenn bei den Operationen ein Groupement mobil - also 4 Bataillone - beteiligt war, dann brauchte man die Flieger immer, denn der Transport mit LKW war eben fast nie möglich!

Wenn der übliche Morgennebel weg war, dann wurden die Erkennungstücher ausgelegt, und dann kamen die Kameraden der Luft!

Meistens Douglas Dakota C46 oder C47, die mit 250 km/h die Lasten abwarfen, Verpflegung nur an Papierschirmen, da blieb kein Auge trocken.

Meistens war der Schirm zerrissen, und die Collis knallten dann ein paar Zentimeter in den Boden. Das Menue war dann vorgemischt, wenn die Kilodosen 1/3 kleiner waren. Es gab nur 3 Menüs: Elsässer Sauerkraut, weiße Bohnen oder Linsen. Man freute sich, wenn man uns mal mit den Arabern verwechselte und wir die Ration mit dem Halbmond bekamen. Es war alles für den täglichen Gebrauch in den Kisten, Toiletten- und Briefpapier, Zigaretten, Brühwürfel und Nestlé-Kaffee in Tuben usw. Und Rotwein gab es, als Konzentrat, der musste mit warmem Wasser verdünnt werden. Wir streckten ihn mit Fruchtsaft, bis er trinkbar war, dann als Glühwein, brrrr! Alles Paletti, wenn die Kisten heil ankamen - die Legionäre der Luftversorgungscompagnie in Hanoi, die die Collis aus den Flugzeugen warfen, das waren Erfinder!!

100 Liter Benzin in einem 200-Literfass, das mit Papierseilen dicht umwickelt war, das kam fast immer unversehrt an. Aber das war schon Arbeit für die alten Tanten JU 52, diese Piloten, das waren Künstler.

Eingeschlossen im Posten auf 30x50 Meter, da hatten wir alles von der JU bekommen, z.T. ohne Fallschirm. Reissäcke, halb gefüllt und mit 300 Patronen für die Gewehre angereichert, ohne Schirm aus 20 Metern Höhe, das knallte. Da musste man schon im Bunker sitzen, bis der Segen unten war! Auch die Werfermunition, gleiche Manier, nur die Zünder mit Fallschirmchen, die obligaten Flaschen Pastis ebenso. Nicht ein Tropfen Pastis war uns verloren gegangen!

Und zum Ende, wenn die JU keinen Beschuss erhielt, dann hat sie unsere Post mitgenommen. Eine lange Bambusstange, an der oben ein geflochtener Hühnerkorb angebracht war, in dem die Post war, wurde aufgestellt. Wie immer am Fahnenmast, der oben am Wachturm war. Aus der großen Seitentür der JU hing ein Kabel mit einem Anker, in der Tür lagen die Legionäre und konnten irgendwie den Anker etwas steuern. Und dann schwebte die JU an, man glaubte, sie fällt herunter, wenn sie mit dem Anker am Korb war. Sogleich gab es Vollgas, uns hatte es die Chapeaus vom Kopf geblasen. 2-3 Versuche, dann war der Hühnerkorb oben. So viel zu unserer Verpflegung aus der Luft, zur Regenzeit war das Problem groß, uns zu finden, aber dem Viet hat das Zeug auch geschmeckt!

Eine Besatzung hatte mal dem Viet Minh die Telefonleitung von Langson bis Dong-Dang auf diese Weise gekappt, das war bestimmt die einzige Telefonleitung, die der Viet Minh je hatte.

21.11.1951
Verlegung nach Hoa Binh

Am 21.11.1951 kam eine große Flottille von LCT und Lastbooten den Fluss hinauf. Die Schiffe nahmen das Nordufer laufend unter Beschuss. Dann legten 2 LCT an und nahmen uns Spitzenleute an Bord. Die 2.

Compagnie wurde per Boot nach Hoa Binh gebracht. Mehrere Bataillone des G.M. 1, die den Schwarzen Fluss besetzen sollten, waren nie in Hoa Binh angekommen, aber auch nicht zurück nach Son Tay. Nicht nur das 8. PBC, vietnamesische Fallschirmjäger, war völlig aufgerieben worden, als der Viet zurückkehrte und den Fluss abriegelte und damit die Rückkehr der Marine nach Hanoi unterband.

Das 1. und 2. B.E.P. wurden aus Hoa Binh abgezogen und griffen nochmals von Son Tay aus in den Kampf um den Mont Ba Vi ein. Auf dem gleichen Weg, den wir während der Fluchtphase des Viet Minh genutzt hatten, um nach Hoa Binh zu gelangen.

Der Kampf dauerte bis Mitte Januar, dann gab man auf: Der Viet war Sieger im Kampf um den Mont Ba Vi geblieben und wir saßen in der Falle. Mit uns die Flussmarine, denn die Rückkehr über den Schwarzen Fluss war bis Viet Tri zu. 20 Kilometer waren beide Flussufer vom Viet besetzt, da kam nur noch ein Schlachtschiff durch. Noch lief der Nachschub auf der Straße, aber die 20 Kilometer durch die Calcaires hatte der Viet sehr bald unter Kontrolle. In 2 Embuscaden auf die Fahrzeugkolonnen gingen über 100 LKW mit Ladung und Mannschaften verloren. Aus und vorbei, die Straße war jetzt auch zu!

Am nächsten Morgen ging eine Section Fallschirmjäger verloren, die auf dem Massiv observieren sollte. Die 13. Demi-Brigade der Legion, am Nordrand links und rechts des Flusses gelegen, wurde beim Holzholen in die Flucht geschlagen. Unser tagsüber vorgeschobener Posten meldete Fährverkehr über den Fluss. Die Artillerie bekam von uns die Koordinaten, und ein Hagel zog über die Fähren her. Das war das letzte Mal, dass der Viet tagsüber in Sichtweite Truppen übergesetzt hatte. Drei Fähren kamen steuerlos zu uns getrieben, eine blieb 2 Kilometer vorher im Gestrüpp hängen. Die Toten darauf konnten wir noch Tage mit dem Fernglas beobachten, kein Mensch hatte sie je geborgen.

Es knallte immer und immer heftiger, der Viet schoss jetzt seine Artillerie ein. Mit einem großen Nachtangriff drang er in Hoa Binh ein und sprengte fast alle Artillerie-Geschütze. Das Hospital wurde ausgeräumt, die Ärzte gefangen genommen. Wir saßen oben in unserem

Château Montagne und sahen als Zuschauer zu, wie die Jagdbomber abgeschossen und die JU 52 bei Landungen und Starts mit der PAK beschossen wurden. Uns wurde das Wasserholen auch schwer gemacht. Es war nur noch nachts möglich, und beim kleinsten Geräusch ballerten die Granatwerfer der Viet los. Flussüberquerungen waren nur im Geschosshagel möglich.

Am 12.12.1951 sollte die R.C. 6 in Richtung Norden weiter besetzt werden, um die bestehende Verbindung Richtung Laos zu unterbrechen. Angeblich wollte eine Spähergruppe von uns Motorengeräusche gehört haben. Die beiden „Hörer" gaben später zu, dass sie sich irgendwo versteckt und geschlafen, aber keine Geräusche gehört hatten.

Irgendwo in den Bergen zwischen Dong Ha und der Grenze zu Laos in Khe Sanh (später berühmt bei den Amis als Stützpunkt) wurden wir die Gejagten. In den Bergen versuchte der Viet, uns zu stellen. Wie immer war die Section Montagne weit von der nächsten Einheit entfernt. Der Rückmarsch war schwierig - immer die Dörfer umgehen und dem Viet keine Chance geben, eine Embuscade zu legen. Das hätte das Ende bedeutet. Irgendwann war die Kraft am Ende, wir mussten eine Pause einlegen. Ein kleiner, freier Platz, keine 20x50 Meter, reichte. Die Section legte sich in Rundumstellung, die meisten schliefen sofort. Der Rest kramte aus dem Rucksack etwas Essbares und das war nicht viel. Alles an Gewicht war bei so einem Eilmarsch längst weggeflogen. Ich hatte nur noch die üblichen Kekse aus der Rationskiste, 3 salzige und 3 süße in einer Packung. Mit einer Alu-Tube Nescafé wurde damit eine Suppe kalt angerührt. Wer hatte, rührte noch eine Marmelade in Pastenform hinein, fertig war eine Mahlzeit!

Und Bobby saß erwartungsvoll vor mir und hatte genauso einen Hunger wie wir. Aber es fand sich nichts im Rucksack, was der Hund so mag: keine Wurstdose, kein Käse oder Sardinen. Die Kekse wollte er nicht, also machte er die Runde zu den anderen Legionären. Aber alle boten nur Kekse an und so ging er selbst zu Lieutenant Poisson, der ihm aber nichts abgab. Er gab das Betteln auf, kam zu mir und schlürfte widerwillig von meiner Kaffeesuppe, trockene Kekse fraß er nicht. Dann, beim Weitermarsch, sahen wir einen Wasserbüffel mit einem Kalb im Reisfeld stehen. Bobby jagte los, trennte das Kalb von der Mutter und trieb das Kalb zu uns in die Kolonne. Die Büffelkuh hinterher, wollte ihr Kalb beschützen. Das Kalb kam aus dem Reisfeld auf den Pfad und rannte mich um, weil ich nicht für das blöde Kalb ins Wasser springen wollte. Als der Hund bemerkte, dass wir das Kalb nicht erschossen, ließ er ab und das Kalb kehrte zur Mutter zurück. Bobby wollte für Frischfleisch sorgen, aber wir hatten andere Sorgen. Lieber hungrig bleiben und dafür aber ein Schlupfloch finden, um in sicheres Gebiet zu kommen.

Bobby war längst nicht mehr nur der Hund der 2. Section, er war der Chef! Wenn die gesamte Compagnie antrat, dann drehte er seine Runde um die gesamte Compagnie. Erschien der Compagnie-Chef vor der Truppe und nahm die Meldung des Adjudanten entgegen, dann saß Bobby in Hab-Acht-Stellung neben dem Adjudanten. Nahm der Chef anschließend die Front ab, ging Bobby mit ihm, den Blick auf die angetretenen Legionäre gerichtet. Einen Schritt vor dem Offizier, als wenn er damit andeutete: Hier bin ich der Chef!

Und dann kam diese Operation in der Regenzeit. Landung mit einem LCT an einem Nebenarm des Roten Flusses im Delta. Wir sollten den Rückzug einer Einheit absichern. Der Viet führte dort eine Offensive durch, die Regenzeit war dafür günstig. Zumindest die Luftunterstützung fiel aus, denn die Sicht war gleich null, da kam kein Jagdbomber und auch keine JU 52 mit Nachschub. Landung und ein Dorf besetzen – hier sollten unsere Vietnamesen zurückkommen. Das Dorf war nicht verlassen von der Bevölkerung, sondern überfüllt mit Flüchtlingen aus der Kampfzone. Es regnete ohne Pause und wurde nicht richtig hell. Echte Regenzeit, schlimmer ging es nicht. Das nächstgelegene Dorf, nur 300 Meter weiter, war schon vom Viet Minh besetzt. Trat man aus der Deckung in das Reisfeld, dann zwitscherten die Gewehrschüsse unangenehm um die Ohren. Vom Dorf sah man nur einen grauen Schatten, Stellungen waren nicht auszumachen. Unsere Granatwerfer versagten, die Treibpatronen waren feucht geworden. Ein Probeschuss flog nur knapp 40 Meter weit und landete fast in unserer eigenen Stellung. Also erst mal die Treibladungen trocknen, schwer bei diesem Waschküchenwetter.

Nur Bobby fand alles toll, er hatte eine läufige Hündin gefunden, musste erst einige Mitbewerber wegbeißen und hatte uns und den Rest der Welt vergessen! Die Hündin zierte sich und ließ sich nicht decken, beide trollten sich immer weiter in die Felder. Einige wollten beide gesehen haben, als sie in das vom Viet Minh besetzte Dorf liefen. Am Nachmittag Besprechung der Offiziere mit den Lieutenants der Landungsboote. Die waren auch in das Feuer der Viet Minh geraten, also ging eine Section mit zurück zum Flussufer, um den Rückzug zu sichern. Dann begann der Viet Minh mit Werferfeuer auf das Dorf. Ohne Rücksicht darauf, dass das Dorf mit mindestens 1.000 Frauen und Kindern total überbesetzt war, die den Kampfhandlungen ausweichen wollten.

Der Befehl zum Rückzug kam und wir zögerten nicht. Das Problem war Bobby! Der Viet Minh mag sich gewundert haben, warum die Legion auf das Werferfeuer mit „Bobby, Bobby!"-Rufen antwortete. Aber in der Tat, jeder der Section hatte mit voller Kraft gerufen, jedoch vergebens. Alle Mann waren schon an Bord der Landungsboote, da war ich immer noch auf dem Deich und hatte auf Bobby gewartet und gehofft, dass der blöde Köter endlich bellte und seine Rückkehr ankündigte. Auch eine Salve aus „seinem" MG, das er kannte, half nicht. Er war nicht zu sehen. Auch nicht im Suchscheinwerfer des LCT, der noch einmal alles bis zum Dorf ableuchtete, in der Hoffnung, Bobbys Augen würden im Scheinwerferlicht aufglühen. Vergebens! Etwa 10 Minuten hatte der Lieutenant auf mein Bitten hin noch gewartet, dann gab er den Befehl zum Ablegen. Es war auch höchste Zeit, der Viet Minh hatte unseren Abzug bemerkt, und wir wurden schon gefährlich von beiden Seiten mit Gewehrfeuer eingedeckt. Als die ersten Viets im Scheinwerferlicht zu sehen waren, bekamen sie von uns noch einen letzten Abschiedsgruß. Bobby war verloren, mit seinem Croix de Guerre am Halsband war auch für den Viet Minh klar, dass hier ein Legionär bei ihnen aufgetaucht war. Wir wünschten Bobby einen schnellen Legionstod - ein Schuss und alles wäre vorbei.

Die Praxis der Vietnamesen, einen Hund zu töten und zu essen, das war uns leider zu sehr bekannt. An Bord des LCT waren nicht nur meine Tränen geflossen, alle wurden weich. Wir hatten einen Kameraden verloren. Die 2. Compagnie hat nie mehr einen Hund aufgenommen.

Dezember 1951
Zurück im „Château 196"

Ein Regiment Vietnamesen mit Panzerunterstützung, die von einer Section der 3. Compagnie geschützt wurde, ging vor. Wir lagen oben darüber im Château, wurden nicht informiert. Alles geheim. Nach 6 Kilometern war alles aus. Der Viet hatte auf Lauer gelegen, es war doch nicht alles geheim. Eine Stunde dauerte der Kampf, dann war das Regiment restlos weg, angeblich desertiert. Mit 3 Panzern und 2 Spähwagen kamen 16 Legionäre zurück, das war der erste Schlag des Viet Minh. 1.600 Soldaten und circa 30 Fahrzeuge weg und 22 Legionäre der 3. Compagnie, davon 4, unter ihnen Bruno Fleischer, die von den rückwärts flüchtenden Panzern überrollt wurden, während die Legionäre die Viet Minh abschossen, die bereits auf dem Panzer lagen und diesen sprengen wollten.

Jetzt kamen die Schläge des Viet immer schneller. Mitte Dezember waren die französischen Truppen am Schwarzen Fluss und Mont Ba Vi aufgerieben, das 8. BPC, Fallschirmjäger mit Vietnamesen gemischt, völlig zerlegt, die Marokkaner ebenfalls. Der Fluss war dicht, es gelang dem Viet, einen großen Transporter zu versenken. Damit war für die Marineeinheiten in Hoa Binh der Nachhauseweg versperrt.
Die Straße von Hanoi nach Hoa Binh wurde für eine Nachschubkolonne zur Falle. Alle LKW mit Nachschub gingen in Flammen auf, nachdem der Viet sie entladen hatte, ohne die Reifen zu vergessen. Die brauchte der Viet dringend als Sandalen für seine Sturmeinheiten, die zweite Reihe kam schon in Strohsandalen.
Der Viet Minh kam täglich immer näher, die Festung wurde schon mit 80 mm-Werfern und landende JU 52 mit schweren MG beschossen. Die Werfer versuchten die Flugzeuge zu treffen.

Weihnachten war am Steilfelsen ein beleuchteter Viet Minh-Stern aufgehängt, der riesige Pendelbewegungen machte. Die Ari brauchte fast 2 Stunden, bis der Stern getroffen wurde. Ein schönes Schauspiel. Am nächsten Tag war auf dem Berg eine riesige Fahne gehisst, die hielt den ganzen Tag stand, bis eine Hellcat sich der Sache annahm und eine Napalmbombe drauflegte. Er hatte aber auch reichlich Zunder bekom-

men und drehte sofort in Richtung Heimat ab. Da waren bestimmt 20 MG zu hören.
Alle Einheiten hatten jetzt Feindkontakt, der Viet war voll da, nur wir oben auf dem Château 196 sahen bei allen Gefechten zu. Unsere Streifen entdeckten am Flussufer eine Stellung der Viet, die sofort mit mehreren MG auf unsere paar Leute losballerte und auch die Verfolgung aufnahm, das war auch ein ganz neuer Zug des Viet Minh.

In der Nacht zum 30. Dezember versuchte der Viet, das 2. Bataillon der 13. Halbbrigade der Legion zu überrennen. Das Bataillon lag, genau wie wir, außerhalb der Festung in Xom Pheo – auf der rechten Seite des Flusses, aber in Richtung Hanoi. Dort, wo die R.C. 6 vom Flussufer abbog und in die Berge ging, war die wichtigste Position der Festung. Diese Nacht galt als Camerone der 13. D.B.L.E, die schon 1940 in Narvik/Norwegen gekämpft hatte und seitdem ununterbrochen im Einsatz war. Dem Feind gelang es, in die Stellungen einzudringen. Jetzt kam der berühmte Befehl der Legion: Artilleriefeuer auf die eigene Stellung für 15 Minuten! Der Viet zog sich im Morgengrauen mit verheerenden Verlusten zurück. Er ließ selten seine Toten und Waffen zurück, aber an diesem Morgen mussten die Legionäre über 800 tote Viets aus ihrem Posten schleifen. Und die ganze Wucht des Angriffes ging nur gegen die 5. Compagnie, der Rest des Bataillons konnte auf Grund der Länge des Postens nicht helfen.

Der Flugplatz wurde nur noch in Notfällen benutzt, die 2. Landebahn wurde im Eiltempo planiert, lag aber schon im Feuer der sehr effektiven kleinen Geschütze des Viet. Unsere Artillerie, 10,5 und 15 cm, ballerte Tag und Nacht und musste dem Gegner auch schwere Verluste zugefügt haben.

07./08.01.1952
Großangriff des Viet auf Hoa Binh

In der Nacht vom 7. auf den 8.Januar 1952 startete der Viet seinen ersten Großangriff auf Hoa Binh. Wir sahen, dass die Leuchtspurgarben unten

in der Festung in alle Richtungen gingen, da musste ein Chaos herrschen. Die Artillerie des Viet feuerte zum ersten Mal pausenlos in unsere Stellungen unten in der Stadt und wir konnten ihre Stellungen aufgrund des Mündungsfeuers genau bestimmen.
Pausenlos versuchte auch unser Funker, unsere Artillerie-Leitstelle zu erreichen, vergebens. Also holten wir 4 unserer CAL. 50 aus den Bunkern und schossen dann in Richtung der Viet-Artillerie. Die alte Methode Abschussfeuer bis Abschussknall ergab 3 bis 4 Kilometer Entfernung. Die Entfernung zum Ziel war zwar riesig, der Viet hatte das Feuer in Richtung Stadt aber eingestellt und uns dafür unter Feuer genommen. Offenbar wirkte unser Störfeuer. Die Einschläge waren aber ebenso ungenau wie unsere, so dass es uns nur ein Lächeln entlockte.

Die Wahrheit kam im Morgengrauen zum Vorschein. Die halbe Compagnie in der Festung ging zum Gegenangriff über. Was war geschehen? Der Viet hatte alle Stellungen umgangen, unsere Artillerie bis auf 3 Geschütze gesprengt, die Offiziere gefangen genommen, das Hospital geplündert. Die Ärzte waren weg und auch sonst in den Stabsquartieren alles, was der Viet benötigte.
Beim Rückzug war der Feind aber dem 3. Bataillon der 13. D.B.L.E in die Quere gekommen, das endlich den Durchblick hatte und zum Gegenangriff überging, als sie aus dem Inneren heraus angegriffen wurden. Der Viet wollte durch die Stellungen der 13. auf dem kürzesten Weg in die eigenen Stellungen zurück. Die Senegalesen der Artillerie, die an ihren Geschützen standen und feuerten, die hatten nie damit gerechnet, dass die Viets schon mit den Haumessern hinter ihnen standen und auf den Angriffsbefehl warteten. Wie immer hatte sich der Viet eingeschlichen und erst, nachdem alle in Position waren, angegriffen.

Alle Einheiten der Legion beteiligten sich an der Säuberung der Stadt, aber was half es. Die 14 Geschütze waren hin, die Rohre mit Plastiksprengstoff abgesprengt. Zum Glück waren noch drei 10,5 cm unversehrt. Aber die Schlagkraft war weg. Neue Geschütze konnte uns niemand bringen.

Wir, die 2. Compagnie, zogen die Arschkarte. Da wir zum ersten Mal in der Festung waren, durften wir den Rollfelddienst versehen. Wenn eine JU landete, mussten wir sofort die Collis bergen, die während des Rollens schon von den Packern (Legionäre, die nicht sprungtauglich waren) rausgeworfen wurden. Wenn die JU dann sofort wieder zum Start drehte, wurden die Verwundeten in die JU geschleppt - so muss man das wirklich nennen. Die Verwundeten lagen mit uns im Schutzgraben, direkt am Rollfeld. In die JU kam immer derjenige, der am nächsten beim Flieger lag. Mein Freund Harry Strohbach aus Hünxe, 13. DBLE, ist mir immer noch dankbar, dass ich ihm in die letzte JU geholfen hatte.

Nach der Artillerie schaltete der Viet die Luftwaffe aus. Die Versorgungsflüge der Dakotas aus aller Herren Länder wurden von Jagdbombern gesichert. Pausenlos wurde Napalm abgeworfen und mit Bordkanonen auf die Calcaires und die Seitentäler geschossen. Anfang Februar kam dann die DCA (Flak) des Viet Minh zum Einsatz. 12 Hellcat formierten sich zum Angriff. Offensichtlich Anfänger, denn alle Flieger drehten, wie an einer Perlenschnur, 2 Ehrenrunden. Dann genauso der Sturzangriff auf die Steilwand. Als die erste Hellcat zu feuern begann, kam die Antwort von unten. Die Hellcat verlor Teile und stürzte in den Felsen. Die zweite Hellcat machte einen Looping und brennend verschwand sie im Dschungel. Nr. 3, schon im Sturzflug, bekam Treffer, zog flach ab und überflog uns in ganz geringer Höhe, der Motor war schon aus. Er schaffte eine Bauchlandung im Stacheldraht der 13. DEMI, die den Piloten rettete. Angeblich konnte er kein Französisch, die Hellcat hatte keine Nationalitätskennzeichnung, nur einen Tiger auf dem Leitwerk. Ich hatte es nicht gesehen. Bei unserem nächsten Rollbahneinsatz war die Hellcat bereits ausgebrannt, der Viet hatte sie noch völlig zerstört!

Danach gab es keine Jagdbomber mehr am Himmel, die Transporter warfen ihre Lastfallschirme aus großer Höhe ab. Die meisten landeten im Niemandsland und wurden nachts vom Viet Minh geborgen. Die JU 52 brachten neue Rohre für die 10,5 cm Artillerie, Benzin und unsere Verpflegung - alles im Tiefflug ohne Schirm, die Munition lose in Reissäcken. Das klappte und wurde schon seit Jahren auf eingeschlossenen Posten so gehandhabt. Aber die Verluste an JU 52 stiegen, beim Beladen mit Verwundeten wurden die Flugzeuge mit einem Granatenhagel vom Viet Minh eingedeckt. Hochachtung für die Piloten, die immer wieder landeten! Wir sahen mindestens 6 Junkers, die beim Start getroffen wurden und brennend abhoben oder zu Bruch gingen.

Unser Château 196 war fast unbehelligt, nur der Nachschub über den Fluss war ein Risiko. Sobald die Fähre startete, die nach einem Treffer von einem Jeep auf unsere Seite gezogen wurde, setzte Werferfeuer des Viet Minh ein. Selbst wenn unsere Wasserholer im Fluss ihre Kanister füllten, begann der Werfer mit Störfeuer. Der Kessel wurde immer enger, unsere anderen Compagnien in der Festung konnten sich nicht mehr bewegen. Sofort wurde aus den Calcaires das Feuer eröffnet. Und nie bekam man den Viet Minh zu sehen, so gut waren diese Soldaten getarnt.

Beim Beschuss mit unserer 7,5 cm-Kanone gab es einen Rohrkrepierer – 3 Verletzte, und die Kanone war Schrott. Die Artillerie aus Hoa Binh half uns nicht. Die wenigen Rohre, die den Angriff überlebt hatten, wurden nur noch für die Verteidigung eingesetzt. Zwölf JU 52 mit Bomben unter den Tragflächen überflogen uns in kaum 100 Metern Höhe und warfen die Bomben in das Dorf. Frankreich war arm, und wir spürten das. Wegen der starken Flak der Viets griffen keine Jagdbomber mit Napalm mehr an, jeder Angriff war Selbstmord.

Die Versorgungsflugzeuge, alles Zivilmaschinen, darunter sehr viele US-Gesellschaften und auch welche aus der Schweiz, waren oft am Himmel und warfen die Fallschirme nur noch aus großer Höhe ab. Damit landete ein großer Teil des Nachschubs oft beim Viet, jeder sollte was abkriegen. Wir beneideten die Jungs von der 13. Demi und unserer 1. und 4. Compagnie nicht, die diese Fallschirme bergen mussten. Der Viet knallte oft dazwischen, wenn er wieder genügend Werfermunition per Luft bekommen hatte.

Einmal kam ein B29-Bomber, machte 3 Anflüge in großer Höhe und warf dann einen herrlichen Bombenteppich auf die Calcaires, die mit Verzögerung alle gleichzeitig explodierten. Ein seltener Anblick, der Berg aber hatte sich ordentlich geschüttelt. Zum Glück hat das III/13. Bataillon zwischen den Anflügen seine Stellung verlassen, fluchtartig auf Befehl, denn der Bombenteppich begann schon mitten in dieser Stellung. Außer den zerstörten Bunkern keine Verluste.

21.02.1952
Rapport beim Compagnie-Chef
Beginn des Ausbruchs aus dem Kessel

Am 21.02.1952 wurden alle Sections-Chefs zum Rapport beim Compagnie-Chef bestellt. Angeblich sollten Beförderungen besprochen werden. Eigentliches Thema war: Wie brechen wir aus dem Kessel aus, da ein Angriff der Viet-Divisionen 304, 308 und 312 bevorstand. Unsere Compagnie hatte die schwerste Aufgabe, nur deshalb wurden wir jetzt schon unterrichtet. Die Besatzung in der Festung erfuhr es erst am Morgen. Wir mussten erst einmal unbemerkt unseren Berg verlassen und zur Festung übersetzen.

Meine Section ging auf Suche nach Bambusstäben zum Transport der Waffen. Wir hatten kein Glück, der Bergbambus zerbrach sofort. In das Muong-Dorf konnten wir nicht mehr gehen, dort war bereits seit Tagen der Viet Minh einmarschiert. Also ohne Tragestangen. Die Kulis verfluchten es, dass wir ihre Bambusstäbe in unserem Zaun verarbeitet hatten.

Irgendwann hängte ich meine Kampfjacke an einen Absperrpfahl zum Minenfeld und vermisste sie erst nach Stunden. Als ich die Jacke holte und anziehen wollte, kroch eine circa 2 Meter lange Schlange aus einem Ärmel und verschwand im Minenfeld. Mehrere Vietnamesen hatten das beobachtet und kamen aufgeregt zu mir.

„Chep, du haben viel Glück jetzt die nächsten 100 Jahre. Grüne Bambusschlange ist sehr giftig, wenn sie dich nicht getötet hat, dann ist das ein Glück für Alle!" Ich war gerührt und musste mir auf die Zunge beißen, denn die Leute wussten nicht, was uns bevorstand.

Gegen 18.00 Uhr wurden alle Außentore geschlossen und vermint, damit keiner auf die Idee kam, jetzt noch zu desertieren. Es gab ein sehr reichliches Essen, gemeinsam mit den Muongs und unseren vietnamesischen Kulis, auf die wir immer angewiesen waren. Irgendjemand fing dann an, die Mulis zu erschießen. Das waren ja formal Soldaten und durften nicht in die Hand der Viets gelangen. Mitnehmen war verboten.

1.00 Uhr und wir verließen den Posten. Waffen mit Lappen und Handtüchern umwickelt, wie gehabt bei Nachteinsätzen, und ins Tal geschlichen. Nichts wurde gesprengt oder vermint – wir wussten ja nicht, ob wir durchkamen oder wieder zurück mussten. Die schweren 12,7 mm blieben bis auf 2 ebenfalls stehen und wurden aber unbrauchbar gemacht. Ich hatte in meinem Bunker ungefähr 3 Tonnen Werfermunition, alles blieb, wie es war. Nur die Munition für die beiden rückstoßfreien Kanonen wurde komplett mitgenommen. Deshalb hatten wir auch am Nachmittag noch ein Preisschießen veranstaltet, damit die Munition weniger wurde.

Ohne Zwischenfall erreichten wir den Fluss. Das Übersetzen klappte hervorragend, einige Werfergranaten schlugen ins Wasser. Die Viets hatten den Jeep gehört, der die Fähre zog. Aber es wurde ja jede Nacht übergesetzt. Im Eilmarsch durchquerten wir die Stadt, klauten noch einen Lauf für unsere 12,7 mm von einem LKW der Artillerie, weil Jonny Hansen einen Lauf beim Besteigen der Fähre am Fluss verloren hatte. Dichter Nebel, wie jede Nacht in der Flussniederung. Am Behelfsflugfeld mussten wir den Morgen abwarten. Die Marine und die Pioniere am Flussübergang wussten nichts von dieser Aktion, sie hätten im Dunklen auf uns geschossen.

Mit dem ersten Morgenlicht waren wir am Ufer und wurden sofort übergesetzt. Prompt begann die Artillerie des Viet zu feuern, da hatte einer die Aktivität der Fähre gemeldet. Jetzt kommt der Hammer: Wir stoppten direkt an der Landungsstelle. Als die Ersten, die übergesetzt wurden, mussten wir uns schnell eingraben und Stellungen bauen. Dann wurden wir die Schlusslichter und hatten bis 12.30 Uhr diese Stellung zu halten, bis alle Truppen dieses Ufer erreichten – das war die Rechnung für 3 Monate als Zuschauer auf unserem Château 196! Die Pioniere der Legion kamen zu uns und halfen uns beim Eingraben. Sie wollten wissen, was passiert war. Niemand hatte eine Information.

Wir warteten, aber es passierte nichts, es kamen keine Truppen zum Übersetzen.

Die Flussmarine musste mit Schweißbrenner ihre 4 cm Bofors-Kanonen zerschneiden. Die hätten doch in ihren Panzerungen noch bis zum Schluss feuern können, aber Befehl war Befehl.

Gegen 8.00 Uhr kam Bewegung auf. Fahrzeug auf Fahrzeug stand in der Reihe, 2 LCT und die Pionierfähre fuhren jetzt mit voller Fahrt über den Schwarzen Fluss, der hier gut 250 Meter breit war. Wir staunten, wie viele Jeeps im Kessel waren. Zum Teil fuhren Officiers solo auf die Fähre. Die LKW standen schon mehrere 100 Meter lang in der Reihe. Es waren zu Beginn der Operation fast 15.000 Soldaten in Hoa Binh.
Die Fallschirmjägerbataillone wurden ausgeflogen und hatten von außen immer wieder versucht, die R.C. 6 zu öffnen. Als Kampfeinheiten waren jetzt nur noch unser I/5 R.E.I., das III/13. D.B.L.E., ein Bataillon Kolonial-Fallschirmjäger und die 2 Tabor der Marokkaner im Kessel sowie der ganze Stab, Pioniere, Artillerie und Sanitätseinheiten.

Von Norden her wurde geräumt, unser Bataillon kam endlich. Die 4. Compagnie sollte 500 Meter weiter in Stellung gehen und den Rückzug sichern. Der Rest bis Xom Pheo ging. Der Posten der II/13. DBLE kämpfte schon seit den Nachtstunden die Straße in Richtung Hanoi frei.

Da kamen Paul Kieffer und Hannes Gutbier mit 2 Kulis. Sie schleppten einen Körper in einer Zeltplane. Paul war total fertig, blasser im Gesicht als je zuvor. „Wir bringen Stary mit, der ist einfach umgefallen und sagt keinen Pieps mehr!"
Stary, der Alte, das war der Senior der Compagnie, ein Kosake und eine Seele von Mensch. Russischer Unteroffizier, in deutscher Gefangenschaft in die Wlassow-Armee eingetreten. Auf dem Balkan war er in einer SS-Reiterstaffel an den Partisanenkämpfen beteiligt. Von den Engländern 1945 in Klagenfurt entwaffnet und vor der Auslieferung an die Russen in die Legion geflohen. Unsere gute Seele war jetzt tot und nicht den Tod gestorben, den er sich immer gewünscht hatte: als Soldat von einer Salve zerrissen werden. Wahrscheinlich war er einem Herzschlag erlegen. Wir legten Jury auf einen LKW und fanden ihn nie wieder. Er galt daher als vermisst.

Gegen 9.00 Uhr war der verdammte Nebel weg, eine Stunde früher als sonst, und der Viet bekam auf diese Weise mit, dass wir uns zurückzogen.

Ringsum dröhnten die Büffelhörner, wir kannten das Signal zur Genüge: Angriff! Jetzt kam Hektik auf, das Signal ließ allen das Blut in die Beine sacken. Ein Artillerie-Feuer setzte ein, da hätte der Führer seine Freude dran gehabt, zum Glück sehr ungenau.
Später wurde klar, weshalb diese Ungenauigkeit vorlag. Der Viet hatte von den Chinesen auch unsere Geheimwaffe, die rückstoßfreien Kanonen, bekommen. Die Chinesen hatten sie, ebenso wie die Franzosen, von den Amis bekommen. Sie entwickelten für diese Waffe, die mit 800 m/sek eine ungeheure Rasanz, aber nur eine Reichweite bis 1.500 Meter besaß, eine andere Granate. Sehr viel langsamer, aber bis zu 5 Kilometer Reichweite. Und damit wurden wir jetzt eingedeckt. Da die Zieleinrichtungen aber nicht angepasst wurden, gab es diese schlechten Ergebnisse. Wir waren nicht böse darüber.

Die Marokkaner kamen schon abgehetzt an, sie wurden vom Viet aus ihren Stellungen vertrieben.

Dann sahen wir erstmals eine Division Viet Minh-Kämpfer über den Flugplatz auf die Stellungen der 13. D.B.L.E. zulaufen. Der Hügel war einfach schwarz, wie von einem Ameisenvolk, wenn das Nest zerstört wurde. Uns schwante Böses! Wenn jetzt 2 Jagdbomber mit Napalmbomben kämen, einige Tausend würden verschmoren. Aber es kamen keine Jagdbomber. Die Angst vor der Überzahl der russischen Flakgeschütze hatte sich bei der Armée de l'Air breit gemacht.

Ich hielt mit unseren Werfern und der rückstoßfreien Kanone voll in die heran rauschende Menge hinein. Wir hatten uns ja schon durch Testschüsse auf die richtige Entfernung eingeschossen. Ein Colonel der Kolonialtruppe wollte uns schon an den Kragen, da er meinte, ich wollte auf seine Leute schießen. Dann hatten wir unseren Compagnie-Chef in Form gesehen, als er den Colonel förmlich in den Graben schleuderte.
Und alle, die einen Feldstecher hatten, beobachteten, wenn ein Viet-Granatwerfer in Stellung gebracht wurde, der uns aus den Löchern treiben sollte. Jedes Mal war es uns gelungen, diese Höllendinger mit der Kanone auszulöschen, und das mindestens fünfmal. Leider hatten viele Kameraden der 13. Demi nicht mehr das Ufer erreicht, die Viets waren einfach schneller zu Fuß. Da wurde es einem schon kalt in der

Magengegend, wenn man zusehen musste, wie die Kameraden eingeholt und zu Boden geschlagen oder erschossen wurden.

Ein LCT gab den Geist auf, angeblich Schraubenschaden. Die Marines wurden von der Fähre aufgenommen, der LCT trieb steuerlos den Fluss hinunter. Die Marine sprengte ihre Schiffe und ging zu Fuß, die Officiers wurden von Jeeps aufgenommen. Pausenlos rettete man nur noch Soldaten, keine Fahrzeuge, die Fahrer waren alle schon geflüchtet. Es kam noch ein LKW der Artillerie an, der nur mit Verwundeten der 13. beladen war und von einem verwundeten Sous-Officier der 13. gesteuert wurde. Die Viets kamen im Laufschritt und trieben die Bérets Rouges und die 13. vor sich her.
Endlich war unsere Schussdistanz erreicht, wir hielten jetzt voll drauf - erst die Werfer, dann die Kanonen und beide Cal. 50. Diese waren erhöht, konnten also unsere fliehenden Kameraden ohne Gefahr überschießen. Wieder suchte jeder, der ein Fernglas hatte, den Gegner ab, vor allem nach Granatwerfern oder MG-Stellungen, damit wir diese sofort auslöschen konnten. Aber gegen die anstürmenden Bui Doi waren wir machtlos, das waren ja Tausende. Die warfen sich auch nicht hin, wenn Hansen oder Seifert, die beiden Schützen an den 12,7 cm, einen vollen Gurt (105 Patronen) auf eine Stelle hielten. Mittlerweile schoss die Artillerie des Viet in ihre eigenen Reihen, war ja gut so. Die hatten offenbar auch keine Funkverbindung!

Jetzt kamen noch ein Sherman-Panzer und ein Sanka vom Flugplatz mit mächtig Staub zur Fähre. Das waren die letzten Fahrzeuge. Der Sanka in den LCT, der Panzer auf die Pontonfähre. Beim Abfahren war der Sherman-Fahrer wohl zu nervös, ein Ponton ging zu Bruch, die Fähre begann zu sinken. Der LCT fuhr jetzt langsam wieder in den Fluss, dann ein Knall, der LCT brannte und trieb ab. Ende der Rettung. Die Marine hatte viel zu früh ihre LCT versenkt, die hätten noch einige LKW retten können, die zum Teil noch mit Verwundeten beladen an der Landestelle standen.
Einzigartig die Leistung der Pioniere auf der Schlauchbootfähre. Die fuhren, bis der Viet schon direkt am Ufer war und mit Gewehren auf die Pontons schoss. Am anderen Ufer standen noch viele Kameraden und gaben Zeichen. Einige sprangen ins Wasser und versuchten, zu uns

herüberzuschwimmen. Sie trieben aber alle vorbei, die Strömung war zu stark! Andere warfen ihre Waffen ins Wasser und zogen die Jacken aus, saßen im weißen Unterhemd da. Das hatte dieselbe Bedeutung wie das berühmte, weiße Taschentuch am Gewehr.
Außer den Panzern und gepanzerten Sturmgeschützen kam dort kein Fahrzeug mehr durch. Aufgereiht wie eine Perlenkette bekam jedes Fahrerhaus einen Schuss ab. Ein abscheulicher Anblick, als wir uns dort als Letzte durchzwängen mussten. Die toten Fahrer ließ man sitzen, manchmal kamen auch noch Hilferufe aus den Fahrzeugen. Aber das war nicht mehr unsere Sache, wir hatten unsere Aufgabe erledigt und waren jetzt die Hasen, die gejagt wurden. General Giap ließ ganz präzise schießen. Die Motoren blieben ganz, die brauchte er schließlich noch.

Ich wurde vom Colonel der Artillerie aufgefordert, mit der 5,7cm-Kanone die nicht übergesetzten Fahrzeuge zu vernichten. Ich hatte nur mit der Hand auf die vielen Legionäre gezeigt, die neben den Fahrzeugen standen, und erwidert: „Die Legion schießt niemals auf Legionäre!" Er fing an zu schreien, ich solle seinen Befehl befolgen, sonst würde er mich bestrafen lassen! In dieser Situation kam bei mir echter Frust auf. Ich antwortete, dass ich nur von einem Officier der Fremdenlegion einen Befehl entgegennehme und machte mit der Hand das Schwanzzeichen: Verpiss Dich! Das bekam auch unser Bataillons-Chef Masselot mit. Er schiss mich kurz zusammen in seiner sehr eigenen Art: „Caporal, wir reden, wenn wir Hoa Binh verlassen haben, über die schlechten Manieren und die Art, einen Befehl zu verweigern. Das war zwar korrekt, aber einem Colonel den PIS anzeigen, das ist eine Beleidigung eines Offiziers! Sie werden nie Sergent, und wenn ihr noch 2.000 Viets tötet, ich habe mitgezählt! Fertig machen zum Abzug, ihr seid die letzte Section des Bataillons an der Fähre. Caporal, ich bin stolz auf die 2. Compagnie. Euer Chef ist verwundet, ihr müsst ohne Officier kämpfen, deshalb bin ich bei der Compagnie geblieben! Jeder Chef de Section ist jetzt verantwortlich, dass keine Legionäre zurückbleiben. Die Kulis bleiben auf Befehl hier. Es gibt Rebellen unter ihnen. Wo ist der Chef de Section?"
„Das bin ich, mon Capitaine!"
„Merde!"
„Zu Befehl, mon Capitaine, das habe ich auch verstanden!"

Alles kapiert, nichts wurde so gemacht wie befohlen! Wir servierten doch nicht unsere Kulis den Viet zum Schlachten! Die armen Kerle waren doch von uns wie Freunde behandelt worden. An Hungertagen hatten wir von ihren Reisportionen mit Dörrfisch gegessen. Aber auch nur, wenn wir 2 Tage Hunger litten, sonst war das nicht essbar für einen Europäer. Mein Kuli, Bao, schleppte schon Monate meinen Rucksack, zusätzlich zu 100 Zündern für die Werfergeschosse, die zerlegt transportiert wurden. Die so ausgesuchten Kulis bauten auch die Granaten zusammen, wenn volles Rohr geschossen wurde, besonders heute.

Nachdem der Alte mit seinem „Radio" (Funker) wieder in Deckung gegangen war, sagten wir unseren Kulis, dass sie die weggeworfenen Stahlhelme sammeln und aufsetzen sollten. Der eine den Plastikhelm und der nächste den dazugehörigen Stahlaufsatz. Handtuch drunter als Polster, fertig. Die Kulis hatten schon unsere Uniformmäntel an, jetzt sahen sie wie richtige Soldaten aus.
Fertigmachen zum italienischen Angriff: das Zeichen zum Abzug. Da kam der Alte wieder aus dem Schutzgraben. „Wer hat denn diese Scheiße zu verantworten?"
Es liefen plötzlich 200 Muongs durch unsere Stellungen. Alte, Frauen, Kinder, 2-3 Kühe, alle mit Bambustragen und vollen Körben. Die Muongs aus der Stadt wollten mit uns fliehen. Es war ja nicht der erste Rückzug mit der gesamten Bevölkerung, die vom Viet nichts Gutes zu erwarten hatte. Aber wie waren diese Leute über den Fluss gekommen? Nur gut, dass es keine Viets waren, die plötzlich zwischen uns standen. Die Leute konnte man nicht halten, sie liefen einfach auf dem Weg weiter. Also mussten wir warten, denn wir konnten nicht dazwischen mitlaufen. So wurden 5 Minuten verdammt lang. Wir waren die letzten 30 Soldaten, der Rest von uns war schon im Laufschritt weg. Jonny Hansen schoss immer noch mit der 12,7cm. Ganz allein hockte er unten in der Böschung. Sein Lader war schon mit einer Verwundung zu Fuß losgelaufen, er ließ sich nicht mehr festhalten. Endlich kam Jonny aus der Böschung und war happy. In dieser Situation konnte er noch fröhlich sein und mit seinem herrlichen Dänisch-Englisch-Deutsch sagen: „Kalle, war ich nicht the King. 25 Kisten habe ich rausgeballert, das hat noch nie jemand geschafft. Geh ich in den Bau, weil ich die Douzette da unten gelassen habe, dann sage ich, dass du mir niemand

zum Tragen gegeben hast. Dann gehst du mit mir im Bau! Aber die Muni ist alle, kein Schuss mehr da."

Irgendwie hatte ich den Eindruck, dass wir an der Fähre den Abwehrkampf allein trugen, dass nur bei uns gekämpft wurde.

Der Rückzug bis Xom-Pheo, circa 3 Kilometer, war die Hölle. Immer am Flussufer ohne Deckung entlang, rechts neben der Straße flaches Gelände. Schilf und Elefantengras standen durch Napalm und Brände nur noch kniehoch als verkohlte Stümpfe. Kaum begehbar und von der 13. DEMI vermint. Die tapferen Legionäre hatten aber einen Laufgraben rechts der Straße ausgehoben, der etwas Schutz vor dem Viet bot. Der hatte fast überall das Ufer auf der linken Seite erreicht und beschoss uns mit Gewehren und MG. Unser Glück war die große Kolonne der Zivilisten vor uns, die in Panik auf der Straße dicht gedrängt liefen. Das hielt die Viets vom Dauerfeuer ab. Wir folgten mit etwas Abstand in der Deckung des Laufgrabens und bekamen serienweise Schläge von Granatwerfern, die wir ziemlich gut überstanden. Der Viet schoss immer 4er-Serien. Da man die Granaten nicht hörte, wenn man beschossen wurde, ging man beim ersten Einschlag in Deckung. Nach dem vierten Einschlag Sprung auf, bis zur nächsten Serie. Wir sahen mit einem flüchtigen Blick auf die vielen Toten und verwundeten Zivilisten, die im Graben und auf dem niedergebrannten Feld lagen. Niemand hatte den Zivilisten gesagt, dass hinter einem Stacheldraht ein Minenfeld begann! Vor dem Feuer des Viet Minh waren die Leute natürlich in das Gebüsch geflüchtet. Vor allem die Frauen des Militärbordells lagen alle in dem Minenfeld. Allen voran der Zuhälter, der im weißen Anzug und mit einer dicken Ledertasche vor dem Bauch geflüchtet war. Die Tasche war zerfetzt und die Geldscheine wirbelten durch die Gegend. Kroll konnte es nicht lassen, ungeachtet des Werferfeuers und der Warnung vor dem Minenfeld lief er die 30 Meter in das Feld und raffte die Piaster aus der Tasche des Zuhälters zusammen. Bei einem Besäufnis später in Bac Ninh stellten wir fest, dass das etliche tausend Piaster waren.

Wo die Straße den Flusslauf verließ, kurz vor dem Posten Xom Pheo, standen 2 riesige Bäume an der Straße. Darüber schwebte eine große

Qualm- und Dreckwolke, und laufend knallte es, ganz kurz und schrill – die rückstoßfreien Kanonen, die aber nun vom Viet abgefeuert wurden. Der Graben war jetzt voll. Zivilisten, Kulis, Verwundete, viele Marokkaner, die uns bedeuteten, ebenfalls Deckung zu suchen. Viele Tote lagen ebenso im Graben und auf dem Stoppelfeld, daneben Waffen und Materialkisten. Bis dahin hatten wir nur Tote auf der Straße gesehen.

In einer Deckung machten wir eine kurze Pause. Zählappell, alles bestens, alle Mann und die Kulis da. Die Lasten wurden neu verteilt, damit jeder gut laufen konnte. Ich nahm meinen Rucksack selbst und die Bodenplatte eines 60er-Werfers vor die Brust. Uneigennützig, aber das war die beste Panzerplatte. Durch den Qualm konnten wir jetzt die ganze Misere erkennen. Alle unsere Fahrzeuge standen hier kreuz und quer, viele auf der Straße, der Rest im weiten Halbkreis links im abgebrannten Busch. Alle hatten sich Treffer der 5,7 cm eingefangen. Viele brannten, Munition explodierte, Benzinkanister flogen in die Luft. Das war das Inferno. Von der Legion war nichts mehr zu sehen, waren wir doch die letzten gewesen. Wir hatten genau bis 12:30 Uhr, wie vorgesehen, die Stellung gehalten. Dann ging es raus aus den Gräben und nix wie weg. Erst jetzt ging es für uns in die Hölle hinein, denn wir hatten nicht mitbekommen, dass der Viet auf uns gewartet hatte. Also vorwärts in gebückter Haltung. Wer aufrecht ging, kam nicht sehr weit, der bekam sofort MG-Feuer von der anderen Flussseite. Der Viet hatte nun schon auf der ganzen Länge das Flussufer eingenommen. Flexibel, wie der Viet uns bekannt war, setzte er auch alle Waffen, die er gerade erbeutete, sofort ein. Nachdem wir sehr genau die Lage gepeilt hatten, gab es nur noch einen Befehl: im Schutze der abgeschossenen LKW 100 Meter in das Stoppelfeld, dorthin, wo der Qualm sehr stark war. Immer in einer Reifenspur, dann konnte keiner auf eine Mine treten.
Die Legionäre 1ère classe Krausemann und Hansen machten den Schluss, damit jetzt niemand mehr verloren ging. Das war ziemlich einfach und wir kamen unbehelligt dort an.

Unsere Aktion hatte Wirkung, mindestens 100 folgten uns. Dann lag noch eine freie Fläche vor uns, 100 Meter bis zu einer Mulde. Dort war für uns der Himmel, denn dort stand auch der Bataillon-Chef und gab laufend Zeichen, dass wir kommen sollten. Gut gebrüllt, Löwe Masselot! Die Kanonen schossen immer fleißig in die Fahrzeuge vor uns. Lange konnten wir uns hier nicht aufhalten, dann hätte man uns ein paar Schüsse vor die Nase gesetzt. Angefeuert von meinen Kameraden wagte ich mich dann als Erster aus der Deckung. Arsch auf Grundeis, Luft holen, ein letzter Ruck: „Ich will hier lebend rauskommen!" Und los... 10 Meter, eine kleine Dreckwolke 2 Meter vor mir. Juuiiii, dann eine Sekunde Jaulen, dann eine Explosion! Die Granate war wegen der zu hohen Rasanz vom Boden, ohne zu zünden, wieder hoch geschleudert worden, und dann, wie vorgegeben, nach 1,5 Sekunden explodiert. Jetzt aber Tempo, bis diese Affennasen nachgeladen hatten. Die Zeit reichte, um die Section Mortier et Engines in Sicherheit zu bringen. Dass wir auch im MG-Feuer lagen, habe ich mir dann erzählen lassen. Ich konnte mich an nichts erinnern! Ich bekam einen kräftigen Schluck Atomic (Pastis) aus einer Feldflasche, dann begriff ich erst, dass wir durch das erste Tor der Hölle gekommen waren. Aber noch lagen die 30 Kilometer Gebirge vor uns. Im Chaos von brennenden Fahrzeugen und dem pausenlosen Feuer der Viet Minh auf die flüchtenden Truppen dirigierte ich meine Gruppe in den Posten Xom Pheo, der von der 13. DBLE schon aufgegeben war. Im Schutze der Bunker wurde eine Pause eingelegt. Alle Kulis hatten Schnittverletzungen an den Beinen, wie die meisten Legionäre auch. Die Stumpen des abgebrannten Elefantengrases waren scharf wie Messer. Die Gegend war mit Napalm abgesengt worden, deshalb wurden die Wunden mit Jod desinfiziert und verbunden, denn diese Schnittwunden entzündeten sich sehr schnell.

Mein Kuli Bao kam mit der ganzen Gruppe Kulis zu mir und bedankte sich, dass wir alle Kulis mitgenommen hatten. Sie hörten vom Befehl, die Kulis zurückzulassen. „Chep, du bist unser Óng Sau Lú Ah (Herr mit dem bösen Feuerrohr, hieß aber auch Rein-Raus). Du hast der ganzen Section viel Glück gebracht, weil die Kanone auf dich geschossen und nicht getroffen hat. Das ist alles Glück von der grünen Schlange in der Jacke, die dich auch nicht gebissen hat. Mót Trám Mót Trám (100 Jahre Leben)!" Diese Kulis würden uns nie im Stich lassen.
Nach dem Verbinden sah es verrückt aus – alle Kulis hatten jetzt weiße Füße, und Stahlhelme auf dem Kopf. Es ging geordnet auf den Rückmarsch, wir waren schon wieder fast die Letzten. Von unserer Führung

war nichts mehr zu sehen. Der Bataillons-Chef war mit einem Sanka enteilt. Wir hatten nur einen Officier in der Compagnie, und er war schon seit dem Übersetzen über den Fluss nicht mehr gesehen worden. Er soll verwundet gewesen sein. Wir waren so etwa 2 Kilometer vom Posten Xom Pheo entfernt, da setzte heftiges Gewehrfeuer aus Richtung Xom Pheo ein. Der Viet war also auch über den Fluss gekommen und setzte uns nach.

Also los, Tempo anziehen, Luft zwischen die Fronten bringen. Nach bangen Kilometern im Niemandsland, die steilen Kalkfelsen dicht an der Straße, aus denen jederzeit das Feuer auf uns eröffnet werden konnte, trafen wir endlich gegen 18.00 Uhr auf die ersten Soldaten, die in den Gräben hockten und auf uns warteten. Das 2. B.E.P., unsere Freunde, hatte die Straße in tagelangen Kämpfen freigemacht und sicherte unseren Rückzug. Der Compagnie-Chef der Fallschirmjäger war sehr erstaunt, dass noch eine Section des 5. Regimentes ankam. Er hatte die Information, dass unser Bataillon schon restlos abgezogen sei. Merde, hatte man uns vergessen oder aufgegeben? Also weiter bis zum Stab des 2. B.E.P. Dort bekamen wir einige Rationen zum Essen und einen Rastplatz für die Nacht. Einen Hügel, der am Tag zuvor mit Napalm bombardiert worden war, weil von dort eine Viet-Einheit die Fallschirmjäger beschossen hatte. Ein bestialischer Gestank schlug uns entgegen. Napalm und verbrannte Menschen! Kehrt Marsch! Lieber weiter marschieren, aber nicht so eine Stellung einnehmen. Wortlos zogen wir noch eine Stunde weiter und suchten uns dann unseren Rastplatz zwischen den ausgebrannten LKW. Überbleibsel des Hinterhaltes vom Dezember. Einige Stunden Schlaf, das war's schon.

In der Morgendämmerung zogen sich die Fallschirmjäger zurück. Wir beeilten uns, damit wir nicht wieder die Schlusslichter waren. Hunger ließ sich verdrängen, aber der Durst wurde zur Plage. 24 Stunden waren wir jetzt auf den Füßen, Wasser war nicht zu finden. Brunnen gab es nicht, die Tümpel waren alle verseucht von Napalm und den Toten. Da war kein Trinkwasser zu holen. Gefechtslärm setzte mit der Morgendämmerung vor und hinter uns ein. Der Viet war wieder aus den Verstecken gekommen und wollte uns jetzt den Heimweg verbauen, hatte nicht genug von dem Sieg in Hoa Binh.

Wir kamen sehr gut voran, der gesamte Abschnitt der R.C. 6 war von Truppen besetzt, die unseren Rückzug deckten. Schutz hatten wir, und es gab höchstens mal einen Schluck aus einer Feldflasche eines Legionärs, das reichte auch. Aber die Kulis mussten leiden. Gegen 18.00 Uhr sahen wir die Ebene, wir waren raus aus dem Gebirge. Da kam Stimmung auf, jetzt würden wohl lange LKW-Kolonnen auf uns mit Tee und Bier und etwas zum Essen warten! Selten haben wir so daneben gelegen.

Immer die gleiche Frage bei jeder Einheit:
Wo ist unser Regiment? Wer seid Ihr?
Das 5. R.E.I.!
Unbekannt, zieht weiter, wir warten auf unsere Compagnien, die euch rausholen mussten.
An den letzten Hügeln vor dem Delta legten die Viet Minh ein Dauerfeuer mit Mörsern und schweren MG auf eine Brücke, da war kein Durchkommen. Alles ging längs der Straße in Deckung, wir lagen bald wie die Sardinen in der Dose. Und dann setzte auch noch Werferfeuer auf uns ein. Da kam aber Unmut auf. Wir waren leergeschossen, konnten nicht zurückschießen und waren jetzt die Schießscheiben. Einige Kilometer zurück, auf dem Posten Ao Trach, wo der gesamte Stab lag und die berühmte 15,5 cm-Langrohr-Artillerie stand, gab es Sherman-Panzer und Halftracks mit 4 cm-Bofors-Kanonen. Weshalb kamen die nicht und walzten die Viets platt? Wir dachten und die Generäle machten - nichts. Eine Stunde hatte der Viet Zeit, uns zusammenzuschießen. Wir hatten Glück und entdeckten einen tiefen Schützengraben. Wir hockten zusammengepfercht und warteten. Endlich ein Dröhnen in der Luft, 3 Hellcats zogen eine Schleife über uns, alle standen auf und gaben Handzeichen in Richtung der Viets. Eine Hellcat wackelte mit den Flügeln, ein halber Looping, und trotz des Abwehrfeuers Stechflug genau auf unsere Peiniger. Zwei Napalmbomben auf den Hügel. In den aufsteigenden Flammenpilzen bildete sich noch mal ein Pilz wie ein Atombombenpilz. Das war die explodierende Munition der Viets. Selten war so ein Volltreffer mit so viel Applaus gefeiert worden. Der Weg war frei, weiter ohne Pause, und wenn wir auch bis Hanoi laufen müssten. Denn für uns gab es keine Fahrzeuge, mit uns hatte niemand mehr gerechnet.
Nach weiteren 3-4 Kilometern das erste Dorf. Alles im tiefsten Frieden,

als gäbe es überhaupt keinen Krieg, wenn nur das Grollen der Artillerie nicht in der Ferne zu hören gewesen wäre. Neben einem Reisfeld ein Gemüsebeet, Kohlrabi in Fülle. Und schon war der Óng Sau Lú Ah im Feld und hat für die Section geerntet. Ein zeterndes Weib, und wer stand am Straßenrand: 3 Mann der MP im Jeep. Saubere Uniform, Bügelfalten und die weißen Holzknüppel und auch noch von der Kolonialarmee. Eine kurze Diskussion: „Sie haben gestohlen, einsteigen! Wir sind hier nicht mehr in Hoa Binh, hier ist Recht und Disziplin angesagt."
Natürlich war jetzt Legionsdialekt angesagt, die Coloniale verstanden so gut wie nichts, nur dass sie sich schnell verpissen sollten, wenn sie keine Lust hätten, das Reisfeld in der ganzen Länge ausschlürfen zu wollen! Umringt von 10 hungrigen Legionären und 15 auf Krawall angelegten Muongs waren sie nach Kenntnisnahme meines Namens und der Einheit bereit, das Feld zu räumen.
Die Congai wurde für die Kohlrabi bezahlt. Wir blieben im Dorf und beendeten dort einfach den Rückzug auf unsere Weise. Die Garküche im Dorf machte wohl selten so einen Umsatz, wir hatten 3 Monate keine Gelegenheit gehabt Geld auszugeben. Nach 2 Stunden war der Biervorrat im Dorf erschöpft, aber das hatte gereicht. Wir Legionäre waren alle besoffen und die Muongs konnen den Reisschnaps auch nicht leer machen! Wer in dieser Nacht Wache geschoben hat, ich weiß es nicht mehr, wahrscheinlich unsere Kulis.

Im Laufe des nächsten Tages kamen Fahrzeuge des Regiments und sammelten uns ein. Die Fahrt ging bis in die Regimentsbasis Bac Ninh. Die Schlacht von Hoa Binh war geschlagen - und verloren. Meine Section kam ohne Verluste zurück, mit einem Plus von 7 Waffen. Die Kulis hatten Gewehre aufgesammelt und unter den Mänteln verborgen. Jeder von ihnen wollte erst 10 Viet Minh killen, bevor sie gefangen genommen und geköpft worden wären. Wir mussten noch bis 1.00 Uhr morgens tippeln, dann hatten wir endlich unser Dorf erreicht, das man uns zur Erholung zuwies. Ruhepause, wie in der Legion üblich. Waffenappell, ob auch jeder noch seine Knarre bei sich trug. Eine fremde Waffe mitbringen war nicht schlimm, die eigene aber verlieren, das war eine Katastrophe: Meldung, Bau, Soldabzug.
Wäsche waschen, Haare schneiden und morgens sofort wieder Gewehrgriffe kloppen, das hatten wir ja monatelang nicht mehr geübt.

Nachtrag: Alle 11 Legionäre meines Zuges wurden mit dem Croix de Guerre ausgezeichnet. Hansen und Seifert mit Silber-, der Rest mit Bronze-Stern. Das gesamte Bataillon mit einer Palme an der Fahne.

Ordre général n° 97 en date du 16 février 1950

Le général de division ALESSANDRI
commandant les forces terrestres du Nord Vietnam et la zone opérationnelle du Tonkin

Cite
à l'ordre de la BRIGADE

KRAUSE Karl, Heinz - légionnaire - matricule 54 718 - 5°REI

Jeune légionnaire courageux et plein d'allant. Le 25 novembre 1949 près du village de Cho-Bo au Tonkin, sa section étant entourée par l'ennemi a réussi à neutraliser à la grenade une arme automatique adverse, mettant deux rebelles hors de combat, permettant ainsi à son groupe de se dégager.

CETTE CITATION COMPORTE L'ATTRIBUTION DE LA CROIX DE GUERRE
DES THEATRES D'OPERATIONS EXTERIEURS AVEC ETOILE DE BRONZE

Signé : ALESSANDRI

MINISTERE DE LA DEFENSE

COMMANDEMENT DE LA LEGION ETRANGERE

DIVISION DES RESSOURCES HUMAINES
BUREAU DES ANCIENS

BP 38 MARSEILLE ARMEES

☎ : 04 42 18 82 81
Ritter : 16 535 281
Fax 04 42 18 82 83

A Aubagne, le 06 mai 1998

COMLE/DRHLE/BALE/S1/JPN

D.A. : 54 718

Le général de division Christian PIQUEMAL
commandant la Légion étrangère
Par délégation
Le colonel Georges-Bernard BON
chef de la division des ressources humaines

Caporal Krause hatte während der Zeremonie in der Zitadelle von Bac Ninh Wachdienst. Ich hatte schließlich noch 2 mal 8 Tage Bau abzusitzen. Das hieß Soldabzug und Ausgangssperre. 8 Tage wegen Beleidigung eines Offiziers, 8 Tage wegen mangelnder Subordination - fehlende

Unterordnung gegenüber der Militärpolizei! Deshalb auch keine Auszeichnung. Aber was juckt es die deutsche Eiche, wenn sich die Sau daran scheuert! Noch 2 Monate Kopf einziehen, denn der Schiffsplatz auf der „Pasteur" für die Rückfahrt nach Algerien war bereits gebucht. Wenn ich gewusst hätte, was uns in den nächsten Monaten noch erwartete, hätte ich mir lieber einen Heimatschuss verpassen lassen.

Am Ausbruch von Hoa Binh waren neben dem 3. Bataillon der Legion das II/3. R.E.I., das I/2. R.E.I., das III/5. R.E.I., eine Escadron des 1. R.E.C. und die beiden Fallschirmjägerbataillone der Legion beteiligt. Dazu noch mehrere Fallschirmjägerbataillone der Kolonialarmee plus der Artillerieregimenter und der Luftwaffe.

Später konnte ich aus französischen Büchern erfahren, dass der Ausbruch mit einem Verlust von 600 Soldaten bezahlt wurde. In diesen Verlustmeldungen waren die Zivilisten und die so genannten Supplétives, Partisanen auf der Seite Frankreichs, mitgezählt.

Diese verlorene Schlacht, 60 Kilometer von der Hauptstadt Hanoi entfernt, war keine Lehre für den Generalstab, der 1954 dann die Schlacht von Dien Bien Phu und damit den Krieg in Indochina verlor!

Februar 1952

Aber es geschahen auch Wunder. Ich machte mit Paul Kieffer und Peter Briegel 3 Tage Urlaub in Hanoi. So etwas gab es noch nie, sah nach Mausefalle aus. Bei der Rückkehr wurden wir sofort zu Capitaine Fruchaud bestellt. Ultimativ bot er uns die Verlängerung des Kontraktes um mindestens 6 Monate oder 1 Jahr an. Mit dabei waren die Beförde-rung und das Croix de Guerre ab März 1952.
Meine Antwort: Non! Paul ebenfalls.

Peter sagte Oui, dafür war er kurze Zeit später auch sein ganzes Leben tot und wir zuhause. Allerdings war die Scheiße für uns jetzt noch nicht zu Ende. Es war noch lange hin bis Juli, erst da ging's nach Hause!

Karl-Heinz Krause, 1.3.1952.

10.03.1952
Wir gehen in das Süddelta

Hierzu ein autorisierter Sonderbericht von General Bramoulle. General Bramoulle, geb. 1921 in Dünkirchen, engagierte 1940. Sous-Lieutenant ab dem 01.10.42, erstmals in der Legion 1945, wo er die meiste Zeit seiner Karriere verbrachte. Den Kampf in Indochina erlebte er im 5. R.E.I. Dann lange Zeit beim 4. R.E.I in Marokko, dann wieder 5. R.E.I. Von 1969 bis 1971 war er Regimentschef in Madagaskar beim 3. R.E.I. Danach wurde er zum General ernannt und 1974 pensioniert.

Der Bericht des Generals ist in Kursivschrift gehalten, meine Anmerkungen dazu in Normalschrift:

Zum 1. Bataillon durch Versetzungsbefehl Nr. 8 vom 24.02.1952 durch den kommandierenden Colonel des 5. R.E.I versetzt. Am 5. Mai verließ ich Hongay, die Baie d'Along und das schöne Hotel der Minengesellschaft mit meinem treuen Putzer Horst Löbner. Nach Etappen in Haiphong und Hanoi fand mich ein alter Freund aus der Zeit von Fez/Marokko, Lieutenant Robin im Hotel Metropol in Hanoi. Vorbei die Zeit des Einlebens in Tonkin. Robin war mit einer Section seiner Compagnie zur Erholung in Hanoi. Er nahm mich sofort mit nach Bac Ninh, wo das 1. Bataillon eine Ruhepause machte nach der Schlacht von Hoa Binh. Dort hatte das Bataillon von Anfang Dezember 1951 bis zum Ausbruch am 23.02.1952 Tag und Nacht im Feuer der Viet Minh-Armee gekämpft.
Capitaine Masselot, der das 1. Bataillon kommandiert, ist zur Besprechung in Hanoi. Ich kann mich nicht vorstellen. Im Popote des Officiers lerne ich die anderen Officiers des Bataillons kennen, die auf die Rückkehr des Chefs warten müssen. Capitaine Bogaerts, Adjudant-Major, Capitaine Fruchaud, Chef der 2. Compagnie, Capitaine Barbier, Chef der 3. Compagnie; Lieutenant Leonetti, Chef der CB, Lieutenant Servranckx, Funkoffizier. Niemand wußte von meiner Versetzung, man war erfreut, denn Officiers waren sehr rar im 1. Bataillon. Nicht alle Compagnien verfügten über 2 Officiers, obwohl es 3-4 im Normalfall sein sollten. Capitaine Masselot traf genau zum Diner ein. Für uns ist er ein alter Legionsoffizier, ein wahres Exempel eines Offiziers. Er hat bereits 1944/45 im Elsass beim R.M.L.E gekämpft. Ich kannte ihn schon aus meiner Zeit beim 1/4 R.E.I. in Fez.

Dort war er Adjudant-Major. Wir jungen Officiers hatten ihn schätzen gelernt wegen seiner Härte und seinem Glauben an die Legion. Er war aber auch sehr freimütig und hatte eine tiefe Sensibilität. Zu tief waren seine Erlebnisse im Elsass 1945 bei den verlustreichen Kämpfen im Schnee und Frost gegen deutsche Eliteeinheiten sitzen geblieben. 2 Tage musste er dort in einem zerstörten Half-Track ausharren im Frost, weil deutsche Scharfschützen ihm keine Chance gaben, sich zu bewegen.
Bei seinem Eintreffen knallten die Befehle: Lacabe, Sie sind versetzt, verlassen Sie uns morgen früh, ab nach Hongay zum Regimentsstab. Bramoulle, Sie übernehmen die 4. Compagnie, sofort! Befehl an alle: Das gesamte Bataillon geht heute Nacht zu einer Operation in die Südregion. Eine Transporteinheit kommt heute Nacht und um 03.00 Uhr brechen wir auf! Marschordnung: 3. Compagnie, PC, 1., 4., 2. Compagnie!" Kein weiteres Wort zum Einsatz, danach normales Diner.
Lieutenant Rudloff machte mir die Ehre und besorgte für mich ein Bett mit Moskitonetz in seinem Zimmer. Ich habe nur so viel erfahren, dass die Compagnien Stärken von 80 bis 100 Legionären haben, aber sehr kampferprobt sind. Es kommt kein Nachschub an Legionären, viele haben ihre 24 Monate Indochinaeinsatz bereits vollendet. Ein großer Teil hat freiwillig verlängert und wartet jetzt auf die Rückkehr nach Nordafrika. Mangel auch an Sous-Officiers, Caporale führen Züge, das ist die Funktion von Adjudanten oder Lieutenants. 30 Monate Einsatz ohne Pausen haben Spuren hinterlassen. Aber fast alle Officiers und höheren Sous-Officiers haben schon nach 24 Monaten das Bataillon verlassen.

***10. März, 03.00 Uhr**, dunkle Nacht und ohne Licht. Abmarsch, denn die Garnison ist nicht frei von Granatwerferüberfällen des Feindes. Lieutenant Rudloff präsentiert mir die Compagnie, fertig zum Aufsteigen. Man ist weit weg von der Übernahme einer Einheit in der Garnison. Alles im Kampfanzug, keine Waffe wird mir präsentiert, keine Fahne, keine Ansprache! Stillgestanden, die Zugführer machen ihre Meldung wie gewohnt und bemerken kaum, dass ein neuer Compagnie-Führer da ist. Ich habe das Gefühl, hier laufen die Uhren anders, ich bin nur ein kleines Rädchen. Und voilà, ehe ich mich mit dem Fahrer des Jeep unterhalten kann, haben wir schon Hanoi passiert und durchqueren das Delta von Nord-Ost nach Süd-West. Beim ersten Halt gegen 09.00 Uhr mit Tanken und Frühstück lerne ich schnell die Zugführer kennen. Alles sehr junge Sous-Officiers mit viel Kampferfahrung, denen ich nichts vormachen kann. Ich muss* *feststellen, dass ich eine „gelbe" Compagnie habe, die Mehrzahl sind Eingeborene. Die Legionäre selber sind die Gruppenführer oder die Schützen der schweren Waffen. Die 4. Section besteht nur aus Männern des Nung-Volkes, das aus der Region an der chinesischen Grenze stammt. Sie werden als sehr gute Kämpfer beurteilt, was man nicht von allen Autochthonen sagen kann.*

Am Posten Han Mac zwischen Phu Ly und Nam Dinh verlassen wir die Transporter. Wir kommen im Kielwasser des P.C. an. Es ist 16.30 Uhr, 13 Stunden Fahrt ohne große Pausen im Dauerregen. Alle sind völlig durchnässt. Essen und Trinken gab es bisher nicht. Die Männer verlangen auch nicht danach. Offenbar hatten sie selber vorgesorgt, in Kenntnis derartiger Einsätze. Geschlossen springen die Männer in die Felder und verrichten dort ihre Notdurft. Keiner geht weiter, alles in Sichtweite. Die 3. Compagnie ist sofort abmarschiert, wir haben eigentlich noch keinen Befehl über den Zweck der Operation. Die alten Hasen unter den Legionären haben schon alle den Rücken krumm. Hier ist die Luft eisenhaltig, wird mir so signalisiert. Die 3. Compagnie hat noch keine 500 Meter zurückgelegt, da wird sie auf dem Deich sehr stark unter Feuer genommen. Sie ist voll in die Stellungen der Gegner gelaufen und wird von allen Seiten unter Feuer genommen. Meine Compagnie muss noch das Material von den LKW´s abladen, damit sie wenden und wegfahren können. Die Compagnien haben noch nicht absitzen können, da kommt schon Capitaine Masselot und erklärt mir, wie ich die 3. Compagnie entlasten soll. Er hat in diesem unübersichtlichen Gelände schon den Überblick. Wir wissen noch nicht einmal, wo die 3. Compagnie überhaupt liegt, obwohl das heftige Gewehrfeuer nicht Gutes ahnen lässt.

Ich feuere meine Compagnie an, Männer, deren Namen ich nicht kenne und von denen ich nichts weiß. Das ist ein Tag, vor dem sich jeder Officier fürchtet. Die Männer machen ihren Teil, sind Soldaten, die auch ohne Befehl die richtige Entscheidung treffen, um ihren Kameraden zu helfen. Wir kommen auf einen Deich, 300 Meter rechts von der 3., die jetzt beginnt, sich vom Viet zu lösen. Der kommt jetzt aus seinen Schützenlöchern, um der 3. den Weg abzuschneiden. Jetzt ist es Zeit, wir bringen die 30er MG in Stellung und los geht unser Kampf. Wir stürmen den Deich im Sturmangriff. Genau rechtzeitig, die Werfergranaten des Viet hageln jetzt auf uns herunter. Der Angriff dauert nur einige Minuten, denn jetzt ist der Viet zwischen den Fronten. Er flieht völlig orientierungslos nach allen Seiten, es ist geschafft, der Feind geworfen. Zurück bleiben die Verwundeten und die Waffen. Die Viet versuchen, wieder in die Löcher im Deich zurückzuklettern, um in dem Bunkersystem zu verschwinden. Im Laufschritt rennen die Legionäre hinterher und werfen Granaten in die Löcher, bevor die Viets diese von innen verschließen. Die beiden Deiche laufen in Y-Form zusammen, aus winzigen Löchern feuern die Viets einzelne Schüsse ab. Die Legionäre stehen direkt neben und über den Schießscharten und schießen in diese Löcher, sobald sich ein Viet zeigt. Die 2. Compagnie geht im Laufschritt durch das Getümmel und verfolgt die flüchtenden Viet-Einheiten, die große Verluste erleiden und selbst moderne Waffen wegwerfen, um zu entkommen.

Ein gut ausgerüstetes Regiment der Viet-Division 320 hat seinen ersten Kontakt mit einer Legionseinheit, hier das I/5. R.E.I., sehr verlustreich in einer kurzen Schlacht verloren. Der Deich galt seit Monaten als uneinnehmbar. Viele Einheiten haben hier schon versucht, den Deich einzunehmen. Der Trick, nur eine Compagnie auf den Deich zu schicken, um den Viet zum Gegenangriff aus den Löchern zu locken, war riskant, aber der Erfolg gibt Masselot Recht. Ich war stolz, den ersten Tag Compagnie-Führer zu sein und schon so einen Erfolg verzeichnen zu können. Ich war kein Fremder mehr, die alten Kämpfer meiner Compagnie haben mich anerkannt. Wir überlassen den wirklichen Siegern, der 3. Compagnie, die restliche Säuberung des Deiches. Wir folgen der 2. Compagnie, die weit in die Dörfer eingedrungen ist und dem Viet keine Chance lässt, sich zu sammeln und neu zu formieren. Erst als der Viet sich unter die in Panik fliehende Zivilbevölkerung mischt, wird die Verfolgung aufgegeben. Wir zählen fast 100 Waffen und 25 Gefangene. Das Bataillon hat nur einen Toten zu beklagen. Durch diesen Erfolg ermutigt, beginnt am nächsten Tag die Großoperation Amphibie. Das 2. R.E.C. mit seinen Krabben und Alligatoren greift mit an, nimmt immer wieder Züge von uns auf die Alligatoren und bringt uns so schneller von Dorf zu Dorf. Dörfer, die immer gründlich durchsucht werden müssen, der Viet ist in dieser dicht besiedelten Region in die Bevölkerung eingetaucht. Die armen Leute haben keine Möglichkeit zu flüchten, bleiben in ihren Dörfern und diese werden so manchmal täglich neu von uns eingenommen. Der Viet wehrt sich kaum, aber er kann immer wieder entkommen. Der Generalstab startet die Operation Mercure. Alle verfügbaren Truppen beteiligen sich am Kesseltreiben, man will die 320. Division stellen und vernichten. Am 6. April gelingt es Capitaine Fruchaud mit der 2. Compagnie, eine große Einheit an einen Fluss zu stellen. Der Viet hat keine Chance,

bei Tageslicht zu entkommen. Die 2. Compagnie kann beide Seiten des Dorfes einsehen. Von der Seeseite beginnt ein Trommelfeuer der Marineeinheiten mit allen Kalibern, selbst Bomber greifen mit ein. Erstmalig im Indochina-Krieg verlassen Viet Minh-Soldaten ihre Stellungen und ergeben sich mit ihren Waffen. Die 800 Meter durch das Reisfeld bis zur 2. Compagnie werden ihnen schwer gemacht. Ihre eigenen Kameraden beschießen jeden, der flüchtet. Die 2. Compagnie hat gegen Abend Munitionsmangel. In einer Feuerpause trifft ein Bataillon Senegalesen zur Unterstützung der 2. Compagnie ein. Durch einen Fehler marschieren die Soldaten direkt in das gegnerische Dorf. Alle Rufe und Schreie der Legionäre werden ignoriert, Funkverbindung besteht nicht. Der Fehler ist grauenhaft, die Viets lassen die Senegalesen in alter Manier bis mitten ins Dorf kommen, dann werden sie vernichtet. In der Nacht entkommen die Viets, wieder durch die Reihen der Senegalesen. Enttäuschung bei den Legionären der 2. Compagnie, die am Morgen das Dorf stürmen. Leer! In einer Pagode finden wir fast 50 verwundete und tote Senegalesen. In einem Schützengraben liegen fast 200 tote Viet Minh, und aus den Löchern tauchen mehrere Viet Minh auf, die sich völlig demoralisiert ergeben. 8 Tage gejagt und dann 20 Stunden Trommelfeuer, da kippen auch Viet Minh-Soldaten aus den Schuhen, die sie eigentlich gar nicht haben. Viet Minhs kämpfen barfuss! Die Compagnie Fruchaud hat das Hühnchen 320 gerupft, ohne eigene Verluste. Von See aus landen Pioniere mit Raupen und Baggern, das Dorf wird eingeebnet, wer soll die vielen Toten bestatten.
Und weiter geht die Jagd auf die 320. Division, die dann plötzlich nicht mehr da ist. Diese Taktik des Guerillakrieges kann nur der Vietnamese. Das Bataillon ist erschöpft und kehrt am 12. April zur Basis Bac Ninh zurück.

16. April 1952

Rebellion in den Einheiten. Das Versprechen, einige Monate Dienst auf Posten zu verrichten, kann nicht eingehalten werden. Nach der Schlacht Hoa Binh hat General Giap 3 Divisionen im Delta und setzt sie auch ein. Die 316. Division war in der Nordzone und machte stetig Raumgewinne. Deshalb konnte das Bataillon auch nicht in eine Ruhephase geschickt werden. Harte Strafen für die Rebellen, Capitaine Masselot bat um einen Einsatzbefehl, der prompt erteilt wurde.
Das I/5. R.E.I. war eingebunden in das G.M. 1, und dort war die Legion eben der Spitzenreiter, d. h. die Sturmtruppe. Die Vietnamesen und Senegalesen dienten nur als Verbindungstruppen und zum Schutz der Artillerie und der Pioniere.

Als Ausgleich oder Verstärkung des 1. Bataillons war das 2. Fallschirmjäger-Bataillon der Legion vorgesehen. Das war aber innerhalb der Fallschirmjäger fast immer im Einsatz, so dass das 1. Bataillon immer allein die Speerspitze des G.M. 1 war. Durch diese Struktur standen die Regimenter der Legion nie unter dem Kommando ihres Regimentschefs, der seine Einheiten somit nie entlasten konnte. Das Bataillon übernahm einen Einsatz ohne das restliche G.M. 1. Die Stabs-Compagnie wurde jetzt von Lieutenant Bouley geführt, der wie ich am Abend vor dem Abmarsch eintraf. Kurze Fahrt bis Dinh Banh, 05.00 Uhr morgens Abmarsch Richtung Süd-West. Das erste Bataillon ist eine gut geölte Maschine. Mit einer Sicherheit geht es durch die noch dunklen Dörfer, dass einem der Atem stockt. Keine Minute unnötiger Aufenthalt. Jeder Legionär hält seinen Sicherheitsabstand ein, die Spitzengruppe geht wortlos in Stellung, wenn eine Gefahrenstelle auftaucht. Sie wird von der nächsten Gruppe überrollt und ordnet sich am Ende des Zuges wieder ein. Hier spürt man die Erfahrung der Legionäre, die nun Jahre des Dschungelkrieges hinter sich gebracht haben und diesen Vormarsch als Kämpfer in kleinen Gruppen beherrschen. Der Kampf in Bataillonsstärke ist ja sehr selten geworden. Section um Section geht so in Stellung und sichert die Seiten, der Rest geht im Eilmarsch weiter, die Letzten schließen hinten wieder an. So überholen sich die Compagnien regelmäßig, jeder hat seine Ruhepause, ohne dass die Einheit Zeit verliert. Dichter Nebel, wie immer am Morgen, in den Dörfern werden Einmannlöcher und auch Bunker entdeckt. Die Bevölkerung und das Vieh in dieser dicht besiedelten Region sind verschwunden – das stinkt! Jetzt müssen die Dörfer, die immer ungefähr 800-1.000 Meter auseinander liegen, besetzt werden. Die 3. Compagnie besetzt ein kleines Anwesen, Van Chau Ton. Lieutenant Mié kommandiert die 3., weil Capitaine Barbier krank wurde. Lieutenant Fouquet-Lapar von der 1. wurde ihm zugeteilt, beide sind nicht kampferfahren. Ich bin jetzt vorn, wir machen die Tête! 400 Meter Reisfeld bis zum nächsten Dorf. Der Reis steht hoch, das Feld ist völlig unter Wasser gesetzt. Einer rutscht ab, bis zur Hüfte im Wasser! Hohe Bambushecken um das gesamte Dorf, man kann eine Lehmmauer um das Dorf erkennen. Dai Vi Thuong, in der Karte als befestigtes Dorf eingezeichnet. Vor Wochen hat sich ein Regiment hier eine blutige Nase geholt. Mie meldet über Funk verlassene, aber noch warme Stellungen, der Viet geht durch die Reisfelder zurück!

Wieso sind wir so weit gekommen, ohne einen Schuss? Masselot wird misstrauisch. Die Einheiten rücken auf und werden im Halbkreis um das Dorf postiert. Mehr Einheiten sind nicht da und die Compagnien manchmal weit unter 100 Mann stark. Bei der Rückkehr zur Compagnie spreche ich mit Robin. Er ist nervös, gemeinsam beobachten wir das Dorf durch unsere Gläser. Man kann Leben im Dorf erkennen. Wir sehen eine Gruppe Viets, darunter 2 mit den typischen hellen Bambushelmen. Offenbar Officiers, die ihre Leute in die Stellungen einweisen. In Sekunden sind die schwarzen Männer in der Erde verschwunden. Es ist so weit, kein Zweifel, der Viet erwartet uns. Im Funk graupelt es. „Grün von Soleil - kommen!" „Hier Grün, ich höre!" Lachen im Hörer, wie immer, wenn ich spreche. Wenn ich nervös bin, habe ich einen Sprachfehler, anstatt „s" spreche ich dann „ch". Das macht den Funkleuten schon seit Nhaho Lu eine wahre Freude. Man sagt mir 12 Schuss Artillerie beim Angriff zu. Ein Tröpfchen auf einen heißen Stein, aber besser als ohne Artillerie! Ich habe die beste Ausgangsposition mit meiner Compagnie. Vor uns, 200 Meter vor dem Dorf, sind ein trockenes Reisfeld und ein Gräberfeld. Ideal zur Vorbereitung, die anderen Compagnien müssen schutzlos durch die überfluteten Reisfelder vorgehen. Gegen 13 Uhr erhalte ich von der Artillerie 2 Rauchgranaten genau vor das Dorf. Punktgenau, die Ari muss das Dorf schon kennen.

Anmerkung von mir: Die 1. und die 2. Compagnie hatten die Sicherung aufgegeben und das Dorf von Westen umzingelt. Die 1. ging im Anschluss an die 3. Compagnie in die Reisfelder. Die 2. Compagnie holte weit aus, drang in das Dorf Ma Danh ein, 400 Meter von Dai Vi Thuong entfernt, aber durch eine Wiese und Gräberfeldern mit der Festung verbunden. Da drohte die Gefahr der Umzingelung durch den Viet, aber es entstand eine Lücke zwischen der 1. und 2. Compagnie.

Weiter mit dem Bericht des General Bramoulle:
Man konnte jetzt einsehen, dass unmittelbar vor dem Dorf der Reis abgeerntet war. Ma Danh war voll ausgebaut, Gräben, Bunker, Mannlöcher. Alles „warm", noch keine Stunde verlassen. Einige Zivilisten wurden in den Häusern gefangen. Unsere Muongs brachten sie schnell zum Sprechen. Ergebnis: Das bekannte Regiment 98 mit Unterstützung der örtlichen Chu-Luc-Partisaneneinheiten, die ihre Dörfer so gut befestigt hatten, erwartete uns. Fruchaud setzte umgehend Masselot von dieser Tatsache in Kenntnis. Während wir noch unsere Werfer und sMG in Stellung brachten, ging die 4. Section – Muong – bereits auf der Wiese vor und säuberte die Bunker. Auf der halben Distanz zur

Festung knallte dann das erste MG der Viet los. Unsere Muong waren aber schon zu nahe gekommen, der Bunker wurde gestürmt, das MG 30 erbeutet. Offenbar hatten die Viets auf einen Schießbefehl gewartet, der nicht kam. So eine moderne Waffe hatten wir nicht. Sie wurde auch sofort aus dem Bunker geholt und gegen den Viet beim Sturm eingesetzt. Unheil kam aus dem nächsten Dorf, etwa 2 Kilometer entfernt im Norden. Plop-Plop-Plop-Plop, Granatwerferabschüsse! Voll in die 2. Compagnie, die Viets waren auch eingeschossen. Unser sMG bekam sofort einen Volltreffer, die Bedienung konnte sich noch Sekunden vorher in die Bunker flüchten. Meine Granatwerferschützen hatten die Abschusszeiten laut mitgezählt, da stimmt die Einschlagszeit auf 5 Sekunden genau. Wer dann noch steht, der ist lebensmüde. Der Viet hatte seinen Granatwerfer nicht getarnt. Mehrere Leute meldeten die Stellung an Caporal Krause, den Führer der Werfer der 2. Compagnie. Eine Sache der Ehre, mit 20 Schüssen der unterlegenen 60er-Mortier war der Werfer der Viet weggeputzt. Jubel bei der Compagnie und Lob von Capitaine Fruchaud, der endlich bei seiner Compagnie war. Er war immer sehr lange beim Chef, um die Lage zu besprechen. Jetzt begann das Abwehrfeuer aus Dai Vi Thuong. Die 2. Compagnie wurde am Boden festgenagelt, mindestens 3 sMG hatten uns im Griff. Zum Glück waren die Bunker der Viets da, um sich dort erst mal zu verbergen.

Schwere Kämpfe der 2. Compagnie bei der Besetzung des Dorfes Man Thay. Eigentlich sollte ich mit meiner Compagnie den Angriff führen. Eine Mitrailleuse wurde bereits erbeutet, aber die Angriffszone konnte die 2. Compagnie nicht erreichen. Sie lag unter Werferfeuer aus dem nächsten Dorf. Über Funk hörten wir von dem Erfolg, der Werfer war vernichtet. Bravo der 2. Compagnie. Über Funk forderte nun Masselot, die Werfer der 2. sollten nun auch die sMG-Bunker vernichten. Eine Antwort, vermutlich vom Zugführer der Granatwerfer, brachte Masselot in Rage. „Wir setzen Volltreffer auf Volltreffer auf die Bunker, aber wir können die Bunker nicht ausschalten! Munition schon fast am Minimum. Wenn wir nur eine Sans Recul von Hoa Binh hätten, dann könnten wir jetzt schon im Dorf die Toten zählen! Mit dem Mortier können wir im Reisfeld Enten jagen, hier sind wir am Arsch!" Typische Antwort Masselot: „8 Tage Prison für diese Großschnauze! Keine Croix de Guerre für die Mortiers!"

15.15 Uhr. Endlich schießt die Artillerie, und tatsächlich nur genau 12 Schuss und 2 Nebelgranaten, genau in die Dorfmitte. Wir haben schon erfahren, dass die Flieger uns nicht helfen werden, heute haben uns Gott und der Generalstab verlassen. Und Hoch und Sturm! Die Compagnie erhebt sich aus den Reisfeldern. Zwei Züge im ersten Sturm, 2 weitere Züge folgen. Rudloff mit den 2 Zügen rechts, ich mit den Zügen des Sergent Witt, alles Vietnamesen, und dem Zug des Sergent-Chefs Juanico. Es herrscht Ruhe. Sind die Viets alle gegen die 2. Compagnie eingesetzt, das kann doch nicht wahr sein? Als die ersten Legionäre den Bambuswall erreichen, ist es vorbei. Jetzt knallt das Feuer der Viets los. Viele Maschinenpistolen und Gewehrgranaten und diese erbärmlichen MG mit ihren unendlich langen Salven. Alles knallt in meine Compagnie, die kaum 200 Meter Breite zum Angriff hat. Für den Zug Sergent Witt gibt es nur eine Chance: Stürmen. Wir überqueren den Feldsaum, die Gartenbeete, den Wassergraben und liegen dann im Bambus. Mit der Gruppe des Caporal Percl, meinem treuen Horst und dem Funker robbe ich bis an die mächtige Lehmmauer. Aus dieser Mauer geht das mächtige Feuer auf meine Compagnie nieder. Wir sind im Feuerschutz der Waffen der Viets, die unmittelbar auf der anderen Seite der Mauer liegen. Eine Handgranate explodiert hinter mir, ich spüre die Splitter, die keine Kraft haben. Viele Legionäre sind getroffen, noch mehr vietnamesische Schützen. Jetzt sehe ich, dass Caporal Percl schwer verwundet ist. Wie hat er es geschafft, seine Gruppe bis an die Mauer zu bringen? Seine Legionäre verbinden ihn, er verliert weiterhin viel Blut. Ich spreche ihm Mut zu, er winkt ab, zeigt nur auf die Mauer. Er weiß, wo die Gefahr herkommt. Jetzt ist das Feuer des Viet erheblich stärker, die nachfolgenden Züge sind festgenagelt, können uns nicht erreichen. Ich spreche mit Sergent Witt, der ein MG in den Händen hat und Feuerstöße über die Mauer jagt, um die Viets von der Mauer fernzuhalten, während sich seine Schützen verbinden und erholen. Ich sehe, dass ein anderer Gruppenchef, Sergent Kirsch, ebenfalls schwer verwundet ist. Ich verdeutliche Sergent Witt, sich auf die Ausgangsbasis zurückzuziehen. Er ist nicht meiner Meinung, er will das gewonnene Terrain nicht aufgeben, will das Gelände auch bei einem Gegenangriff sicher in der Hand behalten. Ich bespreche mich mit Rudloff. Er ist auch meiner Meinung, wir gehen zurück in die Ausgangsstellung.

Die 3. Compagnie gibt uns mit allen Waffen Feuerschutz. Wir gehen zurück bis zum Friedhof, in der Hoffnung auf Artillerieunterstützung oder auf Verstärkung. Jetzt setzt wieder Granatwerferfeuer auf uns ein. Die Werfer müssen im Dorf stehen. Unsere Werfer sind nicht bereit, die 1. und 2. Compagnie melden Munitionsmangel für ihre Werfer. Wir müssen die Gräber verlassen und gehen noch weiter zurück. Mein Funker ist mir gefolgt, mein treuer Horst ist bei Sergent Witt geblieben und hat dort ein MG übernommen, der Schütze war gefallen. Ich versuche „Soleil" über Funk zu erreichen und erwarte sein Gebrüll, aber er spricht nicht mit mir. Ich setze blind ab: „Hier Grün, habe große Verluste und habe mich zurückgezogen. Wir sammeln uns und bilden neue Züge! Ich brauche Leute, die unsere Verwundeten aus dem Feuer bringen!" Nur Rudloff spricht mit mir, er ist nur 50 Meter rechts neben mir. Er liegt schutzlos und kann den Kopf nicht heben. Wir vereinbaren den Rückzug, sobald Witt mit seiner Section zurückkommt. Ich robbe auf ein Grab und will versuchen, mit Witt Handzeichen auszutauschen. Witt hat die Position hinter der Mauer verlassen und ist im Dorf. Prasselndes MG- und MP-Feuer, er ist im Häuserkampf verwickelt, anstatt zurückzukommen. Dann – Boum – schwarzes Loch – ich weiß nichts mehr! Als mein Geist zurückkehrt, bin ich auf den Schultern eines Teufelskerls, dem Caporal der Mortier-Gruppe. Arme auf der einen Seite, die Füße schlenkern auf der anderen Seite. Er hat mich fallen sehen und hat mich sofort in Deckung gezogen, schleppt mich bis zum PC! Ich bin noch total groggy, als er mich bei den Sanitätern ablegt. Er gab nur meinen Namen an: „Bramoulle, unser Compagnie-Chef!" und verschwand wieder. Ich wurde verbunden und bekam Spritzen. Ich hatte mehrere Splitter von einer Granate in den Beinen und konnte nicht mehr laufen. „Soleil" Masselot, wie immer sehr brummig, weckte mich mit einem Becher Pernod und verlangte Meldung, die ich klar und umfassend gab. Er hörte geduldig zu, dann kamen wieder seine Härte und Energie zum Vorschein, um die wir ihn so beneideten. „Die 4. Compagnie ist in der Village gewesen? Gab es einen Grund zum Rückzug? Wir wollen dort hinein und Sie kommen heraus. Sie sind verwundet und werden evakuiert, gut für Sie. Wenn ich die Section Witt nicht wiedersehe, dann bekommen Sie Probleme!" Ein unbestimmter Fluch des Alten, ich war das Kommando über die 4. Compagnie los. Ein Verwundeter. Lieutenant Servranckx erschien und nahm mir meine Feldtasche mit den Offiziersunterlagen und Karten ab, die nicht in das Krankenhaus gehörten. Lieutenant Bouley war ebenfalls beim Chef, erstattete Bericht und forderte Luftunterstützung. Médecin-Lieutenant Caretta versuchte nun, den ersten Verwundetentransport aus der Kampfzone zu organisieren, denn schon weit über 30 Schwerverwundete lagen in der Hütte. Ich lag auf einer Bahre und beobachtete jetzt einen Vorfall, typisch für Masselot. Eine Gruppe der 2. Compagnie kam aus dem Reisfeld, verschlammt und abgehetzt. Ein Caporal hatte ein erbeutetes Sturmgewehr mit aufgesetztem Bajonett und dirigierte damit eine Gruppe gefangener Viets, die verwundete Legionäre in Hängematten trugen und auf dem Verbandsplatz ablegten. Die Viets waren auch völlig verschlammt, aber gefesselt. Brutal fragte der Caporal: „Wo ist der Russe?" Gemeint war damit Capitaine Masselot, der in Tunesien geboren ist. Aber Maßlot heißt Butter auf Russisch, und Spitznamen waren in der Legion sehr beliebt. Besonders für Officiers, die den Sinn nicht erkennen und nicht wussten, dass sie mit den Namen gemeint sind. Masselot wusste von diesem Namen und liebte ihn nicht. Er hatte alles mitgehört und ging den Capo sofort an, ich glaubte schon an ein Handgemenge. Schlimm in dieser Situation. Bouley ging schon in der Nähe des Caporals in Bereitschaft. Der Caporal, verschlammt und voller Blut, nahm gerade seine Kampfjacke wieder an sich. Die Jacke hatte vorher als Trage für die Schwerverwundeten gedient. Er ging den Bataillons-Chef furchtlos an. Er forderte Munition für seine Werfer und wiederholte den Vorwurf, dass eine rückstoßfreie Kanone, die man den Compagnien wieder abgenommen hatte, genügt hätte, um den Einbruch in das Dorf zu schaffen. Masselot fragte nur, ob er sich vorhin über Funk schon genauso geäußert habe. Der Capo bejahte das. Masselot wiederholte die Bestrafung (8 Tage Prison), gab aber dem Caporal die Munition der Stabs-Compagnie frei und die Bazooka. Als die Gefangenen wieder mit der Munition beladen waren und der Caporal sie wieder in das Reisfeld trieb, rief ihn Masselot zurück und gab ihm einen guten Schluck aus der Pernodflasche. Lieutenant Servranckx, der den Vorfall ebenfalls beobachtet hatte, sagte mir, dieser Caporal Krause habe sich Capitaine Masselot während der Schlacht in Hoa Binh als sehr kampferfahren gezeigt und sich dort auch mit einem Colonel der Kolonialarmee angelegt. Da hat ihn Capitaine Masselot auch aus der Patsche ziehen müssen.

Endlich war der Kontakt mit der Panzereinheit hergestellt, die circa 3 Kilometer ostwärts vom Bataillon auf einem Deich stand und nicht näher kam. Dorthin wurde ich mit dem ersten Transport evakuiert. Diese Einheit beschoss uns mit Panzergranaten. Man war der Meinung, der Viet befände sich auf dem Rückzug – wegen der Masse der Vietnamesen, die die Verwundeten trugen. Dai Vi Thuong war von 2 gut ausgerüsteten Bataillonen und dem PC des Regiment 98 besetzt. Das Dorf war voll ausgebaut und mit Grabensystemen durchzogen. Auch bei Beschuss konnten die Viets die Stellungen nach Bedarf wechseln. Die umliegenden Dörfer waren ebenfalls so ausgebaut, jedes Dorf konnte immer das nächste unterstützen. So kam es, dass das G.M. 1 überall blockiert war und nicht in den Kampf des Legionsbataillons eingreifen konnte.

Außer den 12 Granaten der Ari gab es keine Unterstützung, auch nicht von Flugzeugen, obwohl die Sicht ab Mittag sehr gut war. Man unterschätze aber nicht den Mut eines Bataillons der Legion, das seinen Kampfauftrag noch nicht zu Ende geführt hat. Die schweren Verluste missachtend, sammelte sich das I/5. R.E.I, der zweite Angriff begann! Der Gegner war jetzt noch stärker. Keine Chance, durch die Reisfelder näher zu kommen. Einzigartig die 2. Compagnie mit Capitaine Fruchaud! Mit dem Werfereinsatz konnten sich die Leute mit der Bazooka den Bunkern nähern und siw auslöschen. Der Einbruch gelang ebenso bei meiner Compagnie, weil Sergent Witt mit seinem Zug die Bresche gehalten hatte. Die 2. Compagnie geriet wieder unter Werferfeuer aus dem Dorf Xom Chien. Ihr blieb keine Wahl, sie musste das Dorf stürmen, wenn sie nicht im Werferfeuer sterben wollten. Capitaine Fruchaud wurde im Werferfeuer in einem Bunker festgenagelt, konnte den Kampf seiner Leute nur durch eine Schießscharte verfolgen. Es wurde wieder ein Kampf der Sergenten und Caporale, die 3. und 4. Compagnie waren ohne Officiers. Rudloff und Mié fielen inmitten ihrer Legionäre beim zweiten Angriff. Lieutenant Fouquet-Lapar wurde schwer verwundet. Mein Freund Robin war der einzige Offizier, der mit seiner Compagnie in das Dorf eindrang. Endlich konnte auch Sergent Witt abgelöst werden, die meisten Männer seiner Gruppe waren ohne Munition, selbst die erbeuteten Waffen waren leergeschossen. Überraschend schnell gab der Viet auf und zog sich in die äußerste Ecke des Dorfes in eine große Pagode zurück. Mit der einsetzenden Dämmerung begann der Viet aus dem Dorf Xom Chien heraus einen Gegenangriff über das freie Feld. Endlich hatten die Panzer begriffen, was hier lief, nach so vielen Stunden! Mit den Panzerwaffen legten sie ein Sperrfeuer auf die leichtfüßigen Viets. Aber der Viet ließ sich nicht stoppen, das Bataillon hatte nicht genügend MG an dieser Dorfseite, um den Viet, mehr als tausend, abzuwehren. Die Viets konnten in das Dorf eindringen und ihre Kameraden befreien. Unter dem Druck der Viets zog sich das Bataillon zum PC nach Van Chai zurück. Das zurückgelassene Material und die Rucksäcke der Legionäre, die ja noch Munition und vor allem Verbandszeug enthielten, wurden bei dem Rückzug aufgenommen. Verwundete wurden aufgenommen, die man für Tote gehalten hatte. Schwer festzustellen, wenn ein Mensch total verschlummt ist und keine Regung mehr zeigt. Es werden einige Verwundete im Reisfeld ertrunken sein, da nicht sofort Kameraden zur Stelle waren! Eine grausame Nacht. Die Viets kamen bis auf Tuchfühlung, um Waffen und Menschen zu finden. Die Legionäre hörten die Rufe ihrer Kameraden aus dem Reisfeld. Wenn der Viet schneller da war, gab es meistens nur einen Schuss, der

Kamerad war tot. Denn der Viet war nur an der Waffe interessiert, den Verwundeten hat er nicht betreut.

Am Morgen wurde das Dorf sofort wieder besetzt, der Viet war gegen 4.00 Uhr abgezogen. Er hatte es nicht geschafft, alle seine Toten und Waffen zu bergen. Gegen Mittag traf endlich Verstärkung und Nachschub ein. Sofort wurde das Dorf Xom Chien besetzt. Kein Widerstand, das T.D. 98 und die Partisanen waren verschwunden. Das Dorf wurde noch 2 Tage vom Bataillon Masselot besetzt. Jede Nacht kamen noch versprengte Viets an, riefen die Parole und wurden natürlich reingelassen!

Alle befestigten Dörfer wurden durch Pioniere mit den Caterpillars platt gewalzt. Immer wieder sackten die Ungeheuer von Raupenschleppern in die Tunnelsysteme unter den Häusern ein, die noch voll von Zivilisten und Partisanen waren. Verwundete Viets waren auch darunter. Es gab noch Widerstand aus diesen Bunkern. Lieutnant Bouley erhielt bei der Durchsuchung der Tunnels einen tödlichen Treffer. Der Preis für die Eroberung der Festung Dai Vi Thuong war sehr hoch. 39 Legionäre, 7 Sous-Officiers und 3 Officiers getötet, 105 Legionäre und 3 Officiers, die schwerverwundet evakuiert wurden. Keiner weiß, wie viele Legionäre noch leichtverwundet den Kampf zum Siege führten. Das Bataillon Masselot hat an diesem Tag die Hälfte seiner Männer verloren. Niemand hat die Toten unter den Partisanen, Vietnamesen, den Muongs der 2. Compagnie und den Kulis, die immer treu im Feuer ihren Dienst verrichtet haben, mitgezählt. Unvergessen die Leistungen der Section Witt, die fast ihren gesamten Bestand verloren hat. Er war so stolz auf seine Partisanen. Die Verluste des Feindes wurden nie genau bekannt gemacht, nach der Zahl der erbeuteten Waffen dürfte der Viet mindestens 200-300 Soldaten verloren haben!

Welch ein Bataillon! Und welche Bereitschaft eines jeden einzelnen Legionärs, diesen unmöglichen Sieg herbeizuführen. Fast ohne eine Kommandostruktur, die durch die hohen Verluste unter den Officiers nicht mehr gegeben war. Ich verstehe jetzt, weshalb der Maréchal de Lattre bei der Schaffung der G.M. darauf beharrte, dass immer ein Bataillon der Fremdenlegion die G.M. anführen musste. Vielleicht kein Zufall, dass das I/5. R.E.I. das G.M. 1 anführte.

Ich kehrte nach 6 Wochen Hospital in meine Compagnie zurück. Die Einheiten waren längst wieder in andere Operationen eingebunden, die Schlacht Dai Vi

Thuong war vergessen. Irgendwann sah ich all diese Helden wieder, die Namen vergessen, die Gesichter aber für immer eingeprägt. Leider aber war ich auch allzu oft auf dem Friedhof in Hanoi, wenn wir unseren Toten die letzte Ehre erweisen durften.

Das war für mich die letzte Operation in Tonkin. Ich hatte echt Muffe, dass ich die Rückfahrt auf der „Pasteur" nicht mehr erleben würde.

Mai 1952

Nach der Schlacht von Hoa Binh von November 1951 bis Februar 1952 folgten ohne Pause weitere Einsätze im Delta – bis hin zu den schweren Kämpfen um das befestigte Dorf Dai Vi Thuong. Im April 1952, nachdem das 1. Bataillon des 5. Infanterieregimentes 43 Tote und 130 Verwundete zu beklagen hatte, sah sich die Generalität doch genötigt, das Bataillon als Kopfeinheit aus dem Verband des G.M. zu entlassen. Die Moral war nach fast 15 Monaten Einsatz ohne Ruhepausen nicht mehr die beste und es fehlten einfach Legionäre und Officiers. Bei Dai Vi Thuong waren 3 Compagnie-Chefs unter den 4 gefallenen Officiers und die Compagnien hatten meist nur einen Officier.
Wir von der 2. Compagnie hatten unseren Capitaine Fruchaud nun bereits seit Juni 1951. Der restliuchen der Officiers verließen uns nach Ablauf ihrer 24 Monate Dienstzeit in Indochina. Der Anfang vom Ende!

Fruchaud kam von irgendeiner Colonialeinheit und war kein Legionsoffizier. Er wurde auch nie einer, wurde nie respektiert, weil er einfach zu feige war. Das war bei der Legion für einen Officier auch fast ein Todesurteil. Ich hatte in diesem Jahr keine 20 Sätze mit ihm gewechselt, aber die wenigen hatten es dann auch in sich. Wir mochten uns einfach nicht!

Das Bataillon übernahm die Basis Bac Ninh vom 3. R.E.I. Bac Ninh, 40 Kilometer nordwestlich von Hanoi, die am Ende des französischen Herrschaftsbereiches lag – in den Bergen, wo wir nach dem Verlust von Hoa Binh nichts mehr zu sagen hatten.

Karl-Heinz Krause mit Luc, dem Sergenten der Muongs, in Phu Man 1952.
„Luc, einer meiner treuen Annamiten in schweren Stunden."

Karl-Heinz Krause mit Harry, dem Wiener Operettensänger, in Phu Man 1952. "Wir hatten schon genug Schuhe, aber in den schlammigen Reisfeldern lief man barfuss besser."

Die 2. Compagnie übernahm 2 Posten ostwärts von Bac Ninh, wie immer weit draußen, circa 15 Kilometer von der Basis entfernt. Dafür war es ein sehr gut ausgebauter Posten inmitten von sehr friedlichen Dörfern. Es gab noch andere Posten in der Gegend, davon einer mit Senegalesen ganz in unserer Nähe.

Phu Man war ein Posten mit einer Compagnie Vietnamesen, mit denen wir kaum Kontakt hatten. Es gab eine Vereinbarung untereinander: Lauft nicht nachts in der Gegend herum! Wir machten Legionsdienst, das hieß, dass wir nachts unterwegs waren, und wer dann so umherlief, der hatte schlechte Karten. Nachts wurde nicht gefragt, da knallte es! Die Senegalesen waren sofort damit einverstanden und übernahmen dafür die Ouverture de Route bis zu uns. Täglich musste die Straße auf Minen kontrolliert bzw. nachgesehen werden, ob sie überhaupt noch da war. Der Viet hatte gerne mal nachts 50 Meter abgetragen, wenn ihn unser LKW-Verkehr störte.

Beliebt waren die Nachtembuscaden, da waren wir immer im Vorteil, und man konnte gut verdienen. Stellten wir eine Gruppe Einheimischer, kontrollierten wir ihre Waren gründlich, ob Waffen darunter waren. Die Schmugglerinnen trugen immer viel Geld am Körper, im Haarzopf oder im Busentuch. Die Vietnamesinnen kannten keinen BH!

Also haben wir diese Embuscaden zur Nachtzeit übernommen, wenn sich die Nachschubtransporte des Viet Minh durch unsere Postenketten schleichen wollten. Meistens waren es nur Frauen, selten von Bewaffneten begleitet. Aber auch diese Frauen waren Viet Minhs, die tagsüber in aller Ruhe ihre Waren einkauften und diese nachts dann in großen Gruppen zum Viet trugen.

Der Erbauer des Postens Phuc Man war ein Könner gewesen. Zum ersten Mal, dass wir einen Posten besetzt hatten, ohne sofort neue Bunker oder Sperren zu erbauen. Alles war hier zu unserer Zufriedenheit. Ein mächtiger 3-stöckiger Turm, massiv gemauert. Das Erdgeschoss war als Rückzugsmöglichkeit für die gesamte Besatzung geeignet. Der Eingang zweifach verwinkelt, wie in der Maginot-Linie. Alle Häuser gemauert mit Eisenbahnschwellen unter den Dächern und somit mörsersicher.

Alle Außenmauern mit verschließbaren Schießscharten und auf allen Ecken MG-Bunker.

Der Posten war mit der 2. Section plus meiner halben Section Granatwerfer und einer Section Muong, die hier mit ihren Frauen zum ersten Mal auf Posten zusammenleben durften – ein ziemlich unterbesetzter Posten. Jeder hatte reichlich Platz, aber nicht alle Schießscharten hätten im Angriffsfall besetzt werden können. Wir hatten eine 12,7 mm Douzette, eine Flakabwehr auf der 3. Etage, auf der 2. Etage zwei Cal. 30 mit Wasserkühlung auf Rolltischen. So konnten damit alle Schießscharten benutzt werden. Mitten im Posten ein 81 mm-Werfer (made by Afrikakorps), noch in Rommel-Gelb. Wir hatten unseren Zwerg, den 60er-Werfer, sofort auf dem Dach neben der 12,7 mm Mitrailleuse stationiert. Falls wir überrollt werden sollten, konnten wir vom Turm noch mörsern. Da wir keinen Officier hatten, brauchte ich auch niemanden zu fragen. Der Postenchef, Sergent-Chef Assad, ein Araber, hatte sowieso kein Interesse an derlei Dingen. Sein Vertreter, unser Oldie Sergent Franz Sippli, kümmerte sich nur um den Teich vor dem Posten. Dort angelte er täglich und nörgelte rum, wenn wir dort badeten und dadurch seine Fische vertrieben. Ein Verpisserposten, wovon wir 2 Jahre geträumt hatten!

Da die Legion niemals ruhte, wurde fleißig in den Dörfern kontrolliert und der Nachttransport von Material zum Viet durch Embuscaden gebremst. Der Erfolg war sehr stattlich. Einige wussten nicht mehr, wie sie ihre erbeuteten Viet-Piaster ausgeben sollten. Es wurde gepokert und gezockt, natürlich nur mit der Viet Minh-Währung, die ungefähr 1:20 zum Franc stand.

Dann sollte der Compagnie-LKW mal wieder nach Bac Ninh fahren. Verpflegung, Post und vor allem Bier holen. Das war nicht so einfach, die Straße war nicht unbedingt sicher und außer von unserem LKW wurde sie nicht benutzt.
Der LKW selbst war auf dem Compagnie-Posten am Fluss stationiert. Also Ouverture de Route, jeder Posten bekam die Hälfte der Strecke. Man kam sich immer entgegen, für uns waren es so knapp 4 Kilometer.

Ich bekam die Order, mit 5 Legionären den LKW-Transport nach Bac

Ninh zu sichern. Der Weg bis zum Vietnamesenposten war sicher, aber dann kamen 6-7 Kilometer, da gab es keinen Posten. Danach, in der Nähe von Bac Ninh, waren wieder Posten, die die Straße im Blick hatten. Also, bis auf eine Mine war eigentlich nichts zu erwarten. Assad erlaubte nur ein MG, ich hätte gern 2 mitgenommen. Mit 6 Mann plus Fahrer konnte man mit 2 MG schon eine Menge unfreundlicher Menschen im Zaum halten. Mit unseren MPs war schon nach 100 Metern Feierabend.

Um uns aber ganz abzusichern, hatten wir uns einen besonderen Trick einfallen lassen. Wir machten für die Marktfrauen aus dem Dorf auch den Schnellbustransport mit unserem LKW. Klar, denn wenn ihre Frauen auf unserem LKW standen, würden ihre Männer uns nicht in die Luft blasen! Trick 17 klappte auch an diesem Tag, als wir die Order bekamen. Am Dorfplatz standen schon 6 oder 7 Marktfrauen und wollten mitfahren, um in Bac Ninh ihren Reis zu verkaufen. Für den Erlös kauften sie dann Waren ein, die sie später im Dorf an uns weiterverkauften. Wir hatten immer für unseren Frühschoppen bei den Marktfrauen eingekauft: Bier, Soda, Eier, Zigaretten und die unnachahmliche Soup Chinoise, die leckere Hühnersuppe. Die bekam unser Koch nie so hin.

"Meine liebste Marktfrau aus Puc Man, die Ahn-Mai!"

Wir nahmen die Frauen auf und los ging es. Nur einmal musste der Fahrer anhalten. Etwas lag an einer Flickstelle aus Ziegelsteinen auf

der Straße. Das waren oftmals Minenverstecke! Unter dem frisch eingebrachten Ziegelschotter konnte man gut eine Mine verstecken. Nur den Schotter etwas fest treten, und die Stelle sah aus wie vorher. Ich stieg aus dem LKW, um die Stelle zu überprüfen. Es war aber nichts zu erkennen, also rollte der Wagen über die Flickstelle in eine Pfütze und spritzt mich von oben bis unten voll mit einer roten Brühe von Ziegelsteinschlamm. Meine Ausgangsuniform war am Ar...!
Ohne weitere Probleme kamen wir in Bac Ninh an. Die Frauen mussten schon vor dem Ort runter vom Laster, denn das war absolut nicht erlaubt. Der Fahrpreis von 7 Flaschen des guten Hummel-Biers wurde schon während der Fahrt einkassiert. Die Zeit der Rückfahrt hatten die Frauen nicht erfahren, man bestellte nicht seinen Henker zur festen Uhrzeit! Trau, schau wem!

Wir waren nicht mit in die Basis gefahren, denn keiner hatte Lust, Bataillons-Chef Masselot in die Arme zu laufen oder sonst einem Etappenhengst. Kurz vor dem Depot stiegen wir ab und instruierten den Fahrer, an welcher Bar er uns wieder aufnehmen sollte. Es war sowieso immer die gleiche, die Bar de la Légion! Wir hüteten uns, in eine Bar der Araber zu gehen oder der Artillerie, wir waren doch nicht auf Zoff aus.

Wir wollten mal was Gekühltes trinken, egal ob Bier oder Pernod, aber kalt sollte es schon sein und natürlich von netten Congais serviert. Wir waren nicht allein in der Bar, Jungs von anderen Compagnien waren da und Fußkranke aus dem Hospital, alle zur besten Arbeitszeit. Wir mussten schon ein wenig auf die Police militaire achten, denn mit voller Bewaffnung auf eine Fete in einer Bar, und das mitten in der Basis, das war nicht gern gesehen!

Und es war ein Gefühl, als ob es Weihnachten wäre! Hoch die Tassen, morgen können wir schon tot sein. Nach einiger Zeit fiel mir ein, dass wir doch die Post mitbringen sollten. Da Herbert Kichle noch einigermaßen frisch aussah, hatte ich ihn zur Basis Post holen geschickt. Kichle kam zurück, natürlich ohne Post. Der Vaguemestre, der Mann, der für Geld und Post zuständig war, sei nicht im Büro gewesen. „Also gehst du noch mal, bevor wir losfahren. Die Jungs haben schließlich Anspruch auf Post aus der Heimat!", lautete meine Entscheidung.

Die Runden flossen und der Fahrer kam nicht, um uns abzuholen. Es wurde aber langsam Zeit, also hatte ich Kichle wieder in die Base geschickt, die Post zu holen und nach unserem GMC zu schauen. Kichle kam wieder zurück und grinste bis über beide Ohren. „Caporal, die Post ist weg und unser GMC auch!"
„Wie weg, geklaut oder auf eine Mine gefahren, oder was?"
Andere Alternativen kamen für mich nicht in Frage. Der Brauer und Hartmann zogen ihre Jacken gerade, das Képi in den richtigen Winkel geschoben, so dass man den Alkoholpegel bereits am Képi ablesen konnte.
„Capo, wir gehen mal die Lage peilen, der Kichle ist doch doof, so'n Scheiß labern, LKW weg."
Und weg waren sie. Nach 10 Minuten kamen beide wieder und lachten. Kichle hatte Recht, der LKW war weggefahren, ohne uns. Die Wache am Tor hatte bestätigt, dass der Fahrer nach uns mit einem Sergent des Stabes suchte und weggefahren war. Das war aber schon vor 2 Stunden!

Jetzt wurde ich aber munter und schaute auf die Uhr. Au weia, es war schon 15 Uhr, wo waren denn die Stunden hin. Nur ein paar Bierchen getrunken, ein Barmädchen vernascht, zweimal Soup-Soup gegessen und alle Kameraden mal begrüßt. Das kostete Zeit, wenn man nicht dauernd auf die Uhr schaute. Ich war ja die längste Zeit in Indochina gewesen und wartete auf den Marschbefehl nach Haiphong zum Schiff. Da schmeißt man schon mal eine Runde mehr, zumal der Barbesitzer auch die Viet Minh-Piaster annahm. Zwar zu einem Betrügerkurs, 1:50 oder mehr, je nach Nachfrage. Aber im Grunde war mir das völlig egal, Hauptsache, er nahm es überhaupt und wir konnten auf Ho Chi Minhs Kosten mal einen heben!

Also los und jetzt doch in die Base, aber eilig. Niemand wusste etwas über den Verbleib des LKW. Sollte der Idiot alleine gefahren sein? Wir wollten es nicht glauben, dass er die Rückfahrt alleine angetreten hatte und uns sitzen ließ. Alles Suchen half aber nichts, der LKW war nicht mehr in der Base! Hartmann ging noch in die Funkbude, aber die „transmission" hatte auch Pause. Kontakte zu den Compagnien wurden morgens früh und nochmals gegen 23 Uhr gehalten, da war auch nichts zu erfahren.

Die Zeit wurde knapp, zu Fuß wären es Stunden, und nicht das gesamte Gebiet war so sauber, dass man als Gruppe mal eben da durchlaufen konnte. Also noch mal zum Posten am Haupttor. Der wachhabende Sergent, piekfein im Tenue und legionsmäßig hochnäsig, besah mich von oben herab.

„Hast du ein Schwein geschlachtet oder eine Jungfrau gevögelt, deine Hose ist ja rot! So läuft kein Kuli in Bac Ninh herum, Caporal!"
Um jeden Ärger zu vermeiden, gab es keine direkte Antwort, wir wollten nach Hause. Ich meldete mich ganz korrekt ab.
„Gruppe Krause geht jetzt zu Fuß zurück zum Posten Phuc Man. Sollten wir in eine Embuscade laufen, dann hört ihr das, wir haben keinen Funk. Falls unser LKW auftauchen sollte, der muss dann bis morgen hier bleiben, seine Eskorte geht zu Fuß nach Hause."
Der Idiot fragte noch, wo denn Phuc Man läge! Da, wo die 2. Compagnie sich befand, da war auch Phuc Man.
„Allez, en route!"

Durch die Stadt, noch schnell mit kühlem Bier eingedeckt, und dann los. Probleme gab es schon, die richtige Straße in Richtung Phuc Man zu finden. Auf dem LKW sitzend interessiert es doch niemand, der Fahrer musste doch wissen, wo er langzufahren hatte. Sollten wir etwa die Einheimischen fragen? Da hätten wir uns sofort selber abschießen können. Aber wir hatten Glück. Es näherte sich unser Sanka, begleitet von einem Dodge 4x4, der besetzt war mit Legionären der Base. Ein Winken, sie stoppten. Sie waren unterwegs zur 3. Compagnie, dort hatte es einen Toten gegeben, der musste abgeholt werden. Das lag auf der Strecke zu unserem Posten, wenigstens die ersten 4 Kilometer. Wir durften auf dem Blechsarg im Sanka Platz nehmen und haben natürlich nichts davon erzählt, dass wir den Weg nicht kannten. Der uralte Sergent der Infirmerie (Sanitäter), grauhaarig und langer Vollbart, machte sich doch Sorgen um uns. Wir kannten uns schon ewig. Er riet uns, zurück zur Base zu gehen. Er wollte uns nicht am nächsten Morgen zerschossen aus einem Reisfeld ziehen. Wir wollten aber zu unserem Posten, dort wurden wir in der Nacht noch als Wache gebraucht. Also fuhr er uns noch etwa 2 Kilometer über den Abzweig zur 3. Compagnie hinaus. Dann wurde es ihm zu brenzlig, er wendete und ließ uns ziehen.

Da standen wir mitten im unbefriedeten Gebiet. Delta, Reisfelder links und rechts des Deiches, schön mit kleinen Deichen abgegrenzt. Wir auf dem Hauptdeich. Immer geradeaus, wie immer mit großem Abstand, jeder hatte die Augen offen. Das war für uns nichts Neues, auch wenn wir alle voll wie die Haubitzen waren. Die Dörfer kamen näher an den Deich heran, aber das war nicht in unserem Interesse. Solange die Dörfer 300-400 Meter entfernt waren, bestand keine Gefahr für uns. Aber wir konnten schon beobachten, dass die Reisbauern und die Frauen aus den Feldern gingen, wenn wir näher kamen. Langsam kamen doch Einigen Bedenken, ob Caporal Krause richtig gehandelt hatte. Kichle meinte, eine Nacht im Knast wegen Trunkenheit wäre besser gewesen, als sich jetzt hier durch die Dörfer zu schlängeln.

Aber dann kam die Lösung unseres Problems. Eine Kolonne der schwarz gekleideten Frauen mit ihren Körben an der Tragestange kam uns entgegen. Ob Marktfrauen, Transportkolonne der Viets oder Frauen von der Feldarbeit, das war uns egal. Ab in Deckung, kommen lassen! Als sie auf unserer Höhe waren, schnatternd wie die Enten, wie es nur Vietnamesinnen können, fuhren wir hoch und schrieen: HALT!

Die Frauen stoben auseinander, als ob der Blitz eingeschlagen hätte. Die hatten schon ihre Erfahrungen mit derartigen Spielen der Soldaten gesammelt! Aber wir hatten 12 Frauen in der Gewalt, die Maschinenpistolen hatten doch Wirkung gezeigt, obwohl niemand einen Schuss abgegeben hatte. Der Rest der Weiber floh in die Reisfelder. Unsere vietnamesischen Sprachkenntnisse reichten, um ihnen begreiflich zu machen, dass sie mit uns marschieren mussten. In die Gegenrichtung, was den Frauen überhaupt nicht in den Kram passte. Als sie merkten, dass wir nicht auf ein Liebesabenteuer aus waren, besserte sich die Stimmung und wir zogen los. Sechs Frauen voran, wir in der Mitte, 6 dahinter, sie waren unser Schutzschild. Ich hatte vorsorglich schon mal den Rest meiner Viet Minh-Piaster an sie verteilt, das brachte ein friedliches Gefühl auf. So ging es flott vorwärts und wir mussten schon aufpassen, dass wir Schritt halten konnten. Mit 20 Kilo Reis in den Körben machten die Frauen ihren Wiegeschritt und waren ganz schön schnell. Da ging uns mit dem reichlichen Bier im Bauch doch ein wenig die Puste aus. Keine Störung durch die Viet Minh, kein Hinterhalt. Die örtlichen Partisanen hatten

nicht registriert, dass 6 Legionäre sich zwischen den 12 Marktfrauen befanden.
Einmal führte der Deich mitten durch ein Dorf, da war Spannung angesagt. Die Gesten der Frauen hatten uns jedoch beruhigt. Unbeschadet kamen wir in Sichtweite unseres Vietnamesen-Postens. Wir stoppten und bedankten uns bei den Frauen. Jeder kramte noch mal ein paar Viet-Piaster raus und verteilte sie als Belohnung. Für uns war es doch fast wertloses Geld, da unsere Vietnamesen es nicht annahmen.
Die Congai, die immer neben mir war, verabschiedete sich wahrscheinlich wegen des Geldes ganz freundlich. Wir haben uns später auch noch mal auf dem Markt in Thang Van gesehen und freundlich gegrüßt. Nicht alle Frauen waren so freundlich, und einige hatten die große Klappe, als sie merkten, dass wir sie zurückschickten. Die bekamen natürlich keine Piaster.
Bevor unser Vietnamesenposten uns bemerkte, waren die Frauen weg und wir marschierten wie die Helden in einem Westernfilm mit strammer Haltung in Richtung Heimatposten. Die Partisanen des Vietnamesenpostens hatten uns wie immer sehr misstrauisch gemustert. Wir waren natürlich ganz stolz und ohne Gruß vorbeigezogen!

Unser Posten hatte schon das Tor geschlossen, der Stacheldrahtverhau war zu und vermint, es wurde ja dunkel. Aber er hatte uns schnell erkannt und das Tor wurde rasch wieder aufgemacht. Sergent Sippli empfing mich persönlich und war erleichtert, dass wir vollzählig zurück waren. Und dann kam die Gretchenfrage: Was war passiert, wo waren der Fahrer und der LKW?
Der hatte uns sitzen lassen und war abgehauen. Aber hier angekommen war er auch nicht. „Seid ihr denn alle nur besoffen?"
Fragen von beiden Seiten und keiner hatte die Antwort.
Dann Sergent-Chef Sippli ganz ruhig zu mir: „Sag mal, wo habt ihr denn das FM (Maschinengewehr) gelassen?"
Ach du grüne Neune, wo war das MG? Hartmann hatte es unter einer Plane auf dem LKW versteckt! Es wurde erst mal Stillschweigen vereinbart. Alles klärte sich am nächsten Tag. Der LKW hatte starken Ölverlust und wurde zur Reparatur zur Genie gebracht. Die war aber in der Basis der Artillerie in Bac Ninh. Der Fahrer hatte schon das Material aufgeladen und fuhr deshalb mit, denn sonst wäre das Bier usw. in der

Werkstatt verschwunden. So lag unser MG noch unversehrt unter der Plane. Niemand hatte es gefunden und niemand hatte es je vermisst!
Der Vaguemestre, der Postmann, war auch informiert, dass wir unsere Post holen wollten, aber zum einen Aperitif, ähnlich wie wir, im Kasino hängen geblieben.
Das war der letzte Streich von Caporal Krause in Indochina.

Juli bis Anfang Dezember 1952
Gespräch über mögliche Dienst-Verlängerung

Etwas mehr als 5 Monate Urlaub in La Calle/Algerien nach 3 Jahren Einsatz Indochina. Bei dem anfänglich miesen Sold in Algerien war das Bankkonto aus der Extrême-Orient-Zeit natürlich erheblich geschrumpft!

"Erinnerung an meinen Urlaub in Algerien im Dezember 1952."

Rückkehr nach Sidi Bel Abbès. Große Bekanntmachung an einer Tafel: Wer prolongieren möchte, sofort zum Chef der Compagnie, die letzten Tage vor der Entlassung werden keine Anträge mehr angenommen. Irgendwann hatte uns der Chef des DCRE, Colonel Thomas, gesehen. Am nächsten Tag Rapport beim ihm, das hieß: Urlaubsschnitt der Haare weg, also wieder Bürstenschnitt. Uniform à poil, also Waschen und Bügeln. Orden und Regimentsabzeichen anlegen und warten und warten, bis wir Audienz hatten.
„Caporal Krause, Matricule 54718, 58 Monate Service, meldet sich zum Rapport!"
„Ich kenne dich!"
„Oui, mon Colonel, ich war bereits seit 1948 in Ihrem Bataillon in Tunesien und war auch in Indochina immer in der gleichen Compagnie, der 2e Cie!"
„Ich erinnere mich, wer hat jetzt das Kommando der 2e?"
„Das war Capitaine Fruchaud!"
„War er gut? Ist mir nicht bekannt!"
„Die Capitaines Minard und Darès waren sehr gute Compagnie-Chefs! Beide mort pour la France! "
„J'ai compris, Caporal. Ich habe Ihre Unterlagen hier liegen. Sie wollen den Vertag verlängern und zurück zu ihrer Compagnie, die jetzt in Laos ist. Sie sind Caporal Au Feu, ohne Lehrgang, deshalb kann ich keine Beförderung zum Sergent aussprechen, Sie sind ab sofort Caporal-Chef. Verlängerung um 3 Jahre, d'accord? In 4 Wochen bist du bei der 2. Compagnie!"
„Mon Colonel, ich wollte nicht prolongieren, ich bin krank und will erst mal nach Deutschland."
„Denke einen Tag nach und melde dich bei Capitaine Pissard! Der Nächste!"

Der Abend war gelaufen, 2-4 Liter Rouge, und ich war nicht beim Capitaine Pissard, und wurde am 10. Februar 1952 entlassen! Drei Jahre Indochina, von Einsatz zu Einsatz, irgendwann hatte man die Schnauze voll. Die ersten Monate in diesem wundervollen Land, mit nur einzelnen Gefechten, haben den Eindruck eines arbeitsreichen Ferienlagers hinterlassen. Die schönsten Congais und die beste Soupe Chinoise haben hier ihre Wirkung erzielt.

Das änderte sich aber von Monat zu Monat, bis es zum Schluss zu einem reinen Kampf ums Überleben wurde.

Mit dieser Geschichte enden meine Aufzeichnungen nach 4 Jahren Krieg in Indochina.
Und übrigens, die Russen von ganz zu Anfang meiner Schilderungen haben weder meinen Bruder noch mich gesucht!

Handschriftliche Aufzeichnungen von Karl-Heinz Krause während seiner Dienstzeit in der französischen Fremdenlegion.

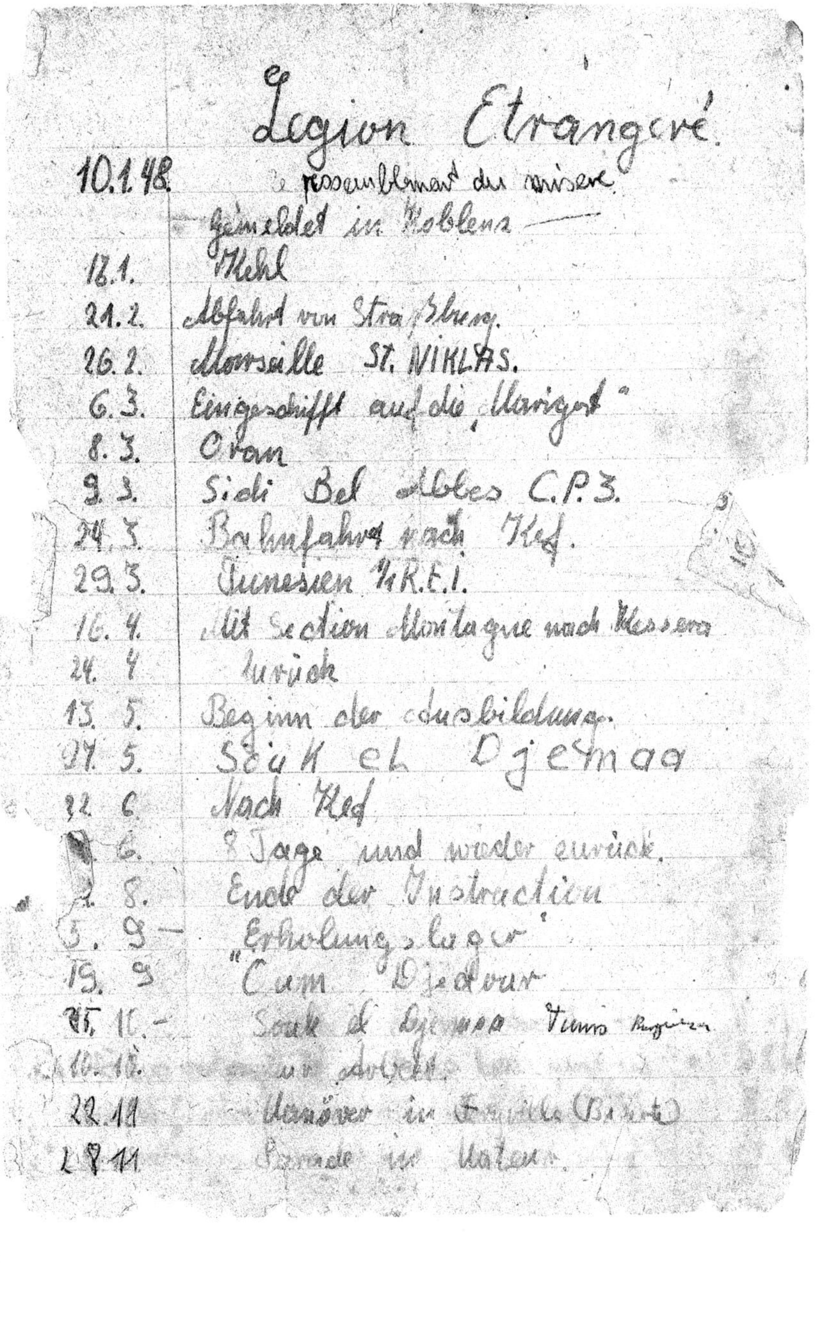
Legion Etrangère
10.1.48 rassemblement du misère
Gemeldet in Koblenz
18.1. Kehl
21.2. Abfahrt von Straßburg.
26.2. Marseille ST. NIKLAS.
6.3. Eingeschifft auf die „Marigot"
8.3. Oran
9.3. Sidi Bel Abbes C.P.3.
24.3. Bahnfahrt nach Kef.
29.3. Tunesien 4 R.E.I.
16.4. Mit Section Montagne nach Messera
24.4 zurück
13.5. Beginn der Ausbildung.
27.5. Souk el Djemaa
22.6. Nach Kef
[illegible].6. 8 Tage und wieder zurück.
[illegible].8. Ende der Instruction
5.9 – „Erholungslager"
19.9 „Cum Djedour"
25.10. – Souk el Djemaa Tunis [illegible]
10.11. [illegible]
22.11 Manöver in [illegible] (Bizerte)
28.11 Parade in [illegible]

– 4.11. Cote 13 in der Nähe von Dong Triea.
5.11 Ab Haiphong – Hanoi – Digue – Day
12.11. Cho – Ben ! Damals war's schön und heute: zum 2. Mal Pere
15.11 Zurück bis Savemah. Nähe Sontay – M. Bavie
17.11 Links von Bavi in die Berge und an
20.11. den Schwarzen Fluß. mur
22. morgen mit G.C.Ts nach Hoa Binh. und dort in
Phuong. Dann auf Cote 196 fest eingebaut
[illegible] 1.1.52 2eme Prolongement. ungef. 30 Bunker gebaut (Artisan de Montaugen)
4eme Hanoi Ziemlich trocken in der Kehle aber eisenhaltige Luft.
[illegible] 2.52. Ernannt R.A.S. dieser daß ich Capo bin.
Ben Nouyc. Ziemlich schnelle und keiner Mundsack einpassende bis
zum alten Hospital. morgens 6 Uhr mit Tracken
feuer bis zum Fluß. gegen 9 Uhr wurde es deutlicher
gegen 11 zweimal hinunterlauf auf die Masse gelegt
Nom Phro – Ao-Trach und ohne mit den Wimpern zu zucken ca. 30 km.
getippelt bis 18.30 ! gut geschlafen!
25.2.52. Weiter in flotter Tempo und endlich um Uhr ein paar
Poste LtChapeau TDEP. Minuten, 3 km und dann lagen wir 1 km vor den
Bergen und erhielten trotzdem unerwarteten Befehl
die letzte Übung. Gegen 6–7 Uhr. War das Wasser alle
aber die waren zuhaus von Nepal und 15 cm.
Gegen 1 Uhr morgens, nach 6 [illegible] Kilometern [illegible]
und um 3 Uhr in einem kl. Dorf für 3 Tage

Anhang

Duftsuppe PHO BO

Mein 100x erprobtes Rezept für die vietnamesische Spezialität der Rindfleisch- und Hühnersuppe. Jeder Ancien der Indochinaeinheiten der Légion étrangère bekommt Heimweh, wenn er die Suppe riecht, und nicht nur meine Freunde von damals fragen an, wann es wieder Suppe gibt! Man benötigt den größten Suppentopf, legt einen zerteilten Ochsenschwanz hinein, dazu Markknochen und anderes Suppenfleisch, alles frisch vom Metzger des Vertrauens! Wenn es kocht und abgeschäumt ist, Gemüse rein, Karotten, Porree, Sellerieknolle, Zwiebel - alles grob geteilt. Eine ganze Knofi-Zehe, wird als Würze gebraucht! Und ein Stück Ingwer nicht vergessen, sonst kommt kein Geschmack an die Suppe.

Und die Gewürze:
1 EL Pfefferkörner
Lorbeerblatt
Pimentkörner
Muskatnuss
2 Nelken
1 Zimtstange
Sternanis
frische Chilischoten

Fischsauce Noug-Manh, aber sparsam, besonders die helle aus Thailand, ist sehr salzig. Oder Sojasoße, aber kein Maggi oder Worcestersauce! Die Brühe muss kräftig schmecken. Der Topf sollte voll sein, man braucht viel Suppe, und dann kochen lassen auf kleiner Flamme, mindestens 4 Stunden – also am Vortag bereits zubereiten! Nicht stark salzen, die Fischsoße ist sehr salzig!! Gemüse raus, das Ochsenschwanzfleisch ablösen, es muss abfallen, sonst hat die Suppe zu wenig gekocht! Markknochen in den Abfall, das Suppenfleisch anderweitig verarbeiten (Fleischsalat), Ochsenschwanzfleisch ganz kurz schneiden, wegstellen.

Suppe entfetten und zum Essen wieder heiß machen. Etwas davon abnehmen und ein Paket chinesische Eiernudeln darin weich kochen. 100 Gramm Reisnudeln, die durchsichtigen, mit einer Schere klein schneiden und in den Suppentopf geben.
Jetzt gut abgehangenes Rinderfilet oder Roastbeef in hauchdünne Scheiben schneiden und in Fisch- oder Sojasoße marinieren. Man kann auch anderes Rindfleisch nehmen, z.B. Tafelspitz, kostet die Hälfte, das muss aber 2 Stunden am Stück mitkochen, abkühlen und in hauchdünne Scheiben schneiden, wie das Filet.
Jetzt kommt der Super-Duft! Korianderkraut sehr fein geschnitten und Zitronengras, ebenfalls fein gehackt, die letzten 30 Minuten in die Suppe geben. Zur Not gibt es das gefriergetrocknet, und etwas Petersilie oder Schnittsellerie, bis es duftet! In Schalen das Rindfleisch, fein gehackte Frühlingszwiebel und Korianderkraut, Garnelen oder Shrimps, ebenfalls mariniert, oder was sonst das Herz begehrt, auch Entenfleisch gebraten und in feinen Scheiben - wie beim Chinesen - alles schmeckt!
Die Suppe muss sehr heiß auf den Tisch, am besten im Fonduetopf. Jeder hat seine chinesische Suppenschale oder auch normale Suppentasse, Nudeln rein, Zutaten drüber, dann Suppe drauf und einschlürfen, mit Essstäbchen nachhelfen, bis dass der Suppentopf den Boden zeigt. Die Zutaten kann man auch mit Spießen im Suppentopf vorgaren, wer kein rohes Fleisch oder Shrimps mag, die Suppe wird davon nur besser.

PHO GA Hühnersuppe

Alles wie oben, nur als Grundsuppe ein Suppenhuhn. Aber tatsächlich ein Suppenhuhn, keine Hähnchen oder Kapaun, da müssen noch 30-40 kleine Eigelb an der Karkasse hängen. Beim Geflügelhändler am Wochenmarkt bestellen.
Auch 4 Stunden oder mehr köcheln lassen, das Muskelfleisch behalten und klein schneiden. Wer es mag, auch von der Brust.
Gewürze wie oben, aber jetzt mit Curry und Gelbwurz-Curcuma. Die Suppe soll dann sehr gelb sein, aber unbedingt entfetten, denn die gelben Fettaugen sehen nicht gut aus! Da kann ich nur noch guten Appetit wünschen, und denkt daran, das ist ein Essen und keine Vorsuppe.